매우 만족,
정원오입니다

매우 만족

정원오입니다

도시를 바꾼
47가지 장면과
진심으로
일하는 마음

정원오 지음

SIGONGSA

책 머리에

2000년에 성동구로 이사 왔다. 그리고 25년이 흘렀다. 그중 절반 가까이 되는 시간을 구청장으로 살아왔다. 구청장이 되고 나서는 매일 성적표를 받는다는 마음으로 하루를 보낸다. 공식적으로 평가받는 선거는 4년에 한 번이지만, 행정은 365일 단 하루도 멈추지 않는다. 일상이 쉬지 않듯 민원도 쉼 없이 이어지고, 그때마다 주민들의 표정과 목소리는 나를 다시 돌아보게 하는 또 하나의 성적표가 된다.

그 성적표가 매번 두렵기만 했던 것은 아니다. 긴장과 설렘이 늘 함께 있었다. 때로는 아프게 다가왔지만, 그 시간들은 나와 내가 사랑하는 도시를 더 단단하게 만든 배움의 과정이었다. 날카로운 지적은 나를 바로 세웠고, 따뜻한 격려는 다음 걸음을 내딛게 했다. 그렇게 쌓인 시간 속에서 정책은 더 섬세해지고, 행정은 조금 더 균형을 갖추게 되었다. 결국 행정은 언제나 겸허해야 하고, 성적표를 꾸준히 유지하려면 한결같은 태도가 필요하다는 것을 배웠다.

2025년 임기 중 마지막으로 한국리서치를 통해 구정에 대한 연간 정기 여론 조사를 진행했다. 성동구민 92.9%는 "성동이 일을 잘하고 있다"고 답했고, 그중 절반에 가까운 48.6%는 "매우 잘한다"고 평가했다. '매우 잘한다'는 응답이 2015년 8.8%에서 6배 가까이 오른 것이다. 생활 환경에 대한 '매우 만족' 또한 5.8%에서 36.4%로 크게 증가했다. "성동구민임이 자랑스럽다"는 응답은 열 명 중 아홉 명에 달했고, "생활 속 불편이 생겼을 때 성동구청에 이야기하면 해결된다"고 믿는 시민도 71.3%였다. 성과가 신뢰로 이어지고, 신뢰가 공동체의 자부심으로 확장되는 흐름을 확인할 수 있었다.

이 변화는 우연이 아니다. 휴대 전화에 남겨진 짧은 문자 민원부터 30년 넘게 묵은 숙원까지 모두 정책의 출발점이었다. 현장에서 얻은 단서들이 행정의 방향을 먼저 알려주었고, 성동의 변화는 그 단서들을 놓치지 않으려는 노력 속에서 만들어졌다. 시민들이 달라진 일상을 꾸준히 체감할 때, 도시가 달라진다는 것을 나는 보아왔다. 도시의 성장은 요란한 이벤트가 아니라, 일상의 균형을 세밀하게 조정하는 정교한 시스템에서 비롯된다는 사실도 그 과정이 일깨워주었다.

이 책은 그동안 받아온 4,000일이 넘는 성적표 가운데 주민들께 좋은 평가를 받은 정책들을 골라 묶은 기록이다. 내 자랑처럼 보일 수 있으나 단언컨대 아니다. 성동에서 시작된 정책들이 이 도시를 넘어 다른 도시에도 작은 도움이 되기를 바라는 마음으로 엮었다. 지방자치는 자율과 경쟁 속에서 피어나는 나눔으로 성장한다. 시행착오와 경험을 솔직히 공유하며 서로를 더 나은 방향으로 이끄는 과정이 지방자치의 본질이라 믿는다. 좋은 정책은 어느 한 사람의 성취가 아니라, 생각과 실험이 이어져 커지는 공공의 자산이다.

1995년 지방자치단체장과 지방의회를 모두 뽑는 첫 지방선거가 열린 지 어느덧 30년이 되었다. 민주주의 역사로 보면 길지 않은 시간이지만,

그 30년은 분명 도시들을 바꾸어왔다. 오늘날 국가 경쟁력은 중앙정부의 노력만으로 완성되지 않는다. 도시의 역량이 서로 연결되고 맞물릴 때, 그 협력과 배움 속에서 1+1이 2를 넘어 3이 되는 시너지가 만들어진다. 이러한 축적이 쌓일 때 비로소 국가의 힘이 탄탄해진다.

지방자치의 일꾼들은 주민들의 이야기를 들을 때 가장 많은 것을 배우고, 동시에 가장 큰 책임감을 느낀다. 행정의 문을 두드리는 시민이 있기에 지방자치는 깊어지고, 도시는 단단해지고, 더 따뜻해진다.

이 책이 더 나은 지방정부를 꿈꾸는 예비 출마자에게는, 정책에는 결국 시민이 원하는 것을 정확히 듣고 충분히 살피며 크든 작든 시간을 들여 완성해야 한다는 단단한 원칙이 있음을 전할 수 있기를 바란다. 행정은 큰 구호보다 작은 사실을 오래 바라보는 일이고, 서두르기보다 정확히 갈 때 더 큰 힘을 낸다는 것을 성동에서 배웠다. 이 책의 정책들도 그런 마음으로 쌓아 올린 것들이다.

공직을 꿈꾸는 이들에게는, 행정의 성과가 아이디어만으로 만들어지지 않는다는 점, 그리고 치밀한 추진력과 세심한 끈기 같은 느린 덕목이 시민의 신뢰를 지탱한다는 점을 전하고 싶다. 충분히 확인한 뒤 움직이는 태도는 반드시 더 좋은 결과로 이어진다.

그리고 시민들에게는 이 책이 '생활 속 불편은 행정이 해결할 수 있다'는 안심이 이어지는 계기가 되기를 바란다. 행정은 그 기대에 부응하기 위해 시민이 원하는 일을 끝까지 해내겠다는 다짐을 품고 나아가야 한다. 행정은 언제나 시민의 일상에서 시작되고, 그 일상을 더 나아지게 할 작은 변화들을 오래 듣고, 다시 살피고, 꾸준히 실천할 때 도시가 달라진다고 믿는다.

성동구청장으로 살아오며 가장 깊이 배운 것은 "행정이 어디에서 출발해야 하는가"에 대한 답이었다. 나는 이 답을 늘 시민에게서 찾았다. 크고 작은 제안, 일상의 불편을 전하는 한마디, 변화에 대한 기대와 응원의 말들까지, 모두가 행정의 방향을 잡아주는 나침반이었다. 행정의 출발은 언제나 시민의 바람에서 비롯된다는 사실을 이곳에서 분명히 배웠다.

도시를 살피는 일에는 멀리 내다보는 시선이 있어야 하지만, 동시에 가장 가까운 일상을 놓치지 않아야 한다. 나는 그 둘을 함께 가져가는 행정을 하고자 했다. 도시가 어떻게 성장해야 하는지 고민하는 한편, 주민 한 사람의 하루가 조금 더 편안해지는 변화가 무엇인지 늘 살피려 했다. 그래서 지금도 이웃과 함께 배우고, 함께 고민하고, 함께 움직이고자 한다. 행정이 시민과 멀어지지 않을 때 비로소 도시의 미래도 단단해진다고 믿는다.

이 책을 쓰며 지난 25년 가까이 이웃으로 지내온 성동구민들을 떠올렸다. 이제는 허물없는 친구라 불러도 어색하지 않을 분들이다. 12년 만에 꺼내는 나의 이야기는 여러분의 이야기이기도 하다. 여러분 덕분에 나는 행정가로서, 정치인으로서, 그리고 한 사람으로서 성장할 수 있었다. 어려운 날에는 버팀목이자 선생님이 되어주었고, 기쁜 날에는 함께 기뻐해주는 따뜻한 마음이 있었다. 그 모든 것들이 오늘의 나를 만들었다.

이 책이 '우리'가 함께 만든 시간의 기록이 되고, 앞으로 이 책과 함께 더 나은 도시를 꿈꿀 '우리'에게 희망과 용기가 되었으면 한다. 성동에서 쌓아온 신뢰와 기대는 앞으로 내가 걸어갈 길의 가장 큰 힘이 된다. 처음 약속했던 그대로, 늘 곁에서 힘이 되는 정원오로 남고 싶다.

— 2025년 세밑, 정원오

차례

책 머리에   004

PART 1   소통은 일 잘하는 행정을 만든다

문자를 보내면 구청장이 읽고 답하다 ○구청장 직통 문자 민원 시스템   013
주민의 하루에 행정의 시간표를 맞춰보다 ○성동구청 야간·토요 민원실   018
시민에게 행정의 공간을 돌려주다 ○성동책마루   023
혼자 해결하기 힘든 생활 불편을 해결하다 ○착착 성동 생활 민원 기동대   029
작지만 확실히 필요한 생활 밀착 행정을 시작하다 ○칼갈이·우산·자전거 수리 서비스   033
지역의 오랜 숙제이자 염원을 풀다 ○지역 숙원 사업 해결   037
대화와 설득의 행정, 35년 갈등을 대화로 풀다 ○마장동 불법 먹자골목 이전   050
갈등을 상생으로 전환해 청년 주거 문제를 해결하다 ○성동한양 상생학사   056
협력으로 전봇대 없는 거리를 만들다 ○거버넌스 기반 전봇대 정비 사업   062
주민이 행정을 만들다 ○주민 참여 거버넌스   069

PART 2   정성을 담은 기술은 시민을 지킨다

가장 먼저 체험하는 미래의 장을 만들다 ○성동 AI·미래기술 체험센터   081
도시의 위험을 실시간으로 살피다 ○스마트 도시 통합운영센터   090
첨단 기술로 땅 밑까지 철저히 관리하다 ○성동형 지하 안전 관리 시스템   100
물이 샐 틈을 허락하지 않다 ○성동형 침수 피해 예방 시스템   106
똑똑한 행정을 위해 빅데이터를 활용하다 ○빅데이터 분석 플랫폼   114
혼자 사는 어르신을 위해 IoT·AI 기술을 활용하다 ○스마트 안부 확인 서비스   123
발달 장애인 생활 밀착형 보호 기술을 지원하다 ○스마트 인솔 지원 사업   128
스마트폰으로 주민과 행정을 연결해 안전을 지키다 ○산책로 범죄예방 시스템   132
개인 정보 유출 걱정을 없애다 ○개인 정보 파기 서비스   138
K-방역의 표준 모델을 제시하다 ○코로나19 위기 관리·일상 지원 시스템   143
흡연자·비흡연자 간 갈등을 기술로 해결하다 ○성동형 스마트 흡연 부스   150
마음까지 따뜻해지는 한 끼를 생각하다 ○효사랑·아이사랑 맛집, 원플러스원 식사 지원   155
카페에서 버려지는 커피 찌꺼기를 재활용하다 ○커피 찌꺼기 재활용 사업   162

PART 3 포용은 가장 확실한 성장의 원리다

새로운 방식으로 지역 일자리를 만들다 ○성동 미래 일자리 주식회사 설립 및 운영 조례	171
돌봄을 경력으로 인정하다 ○경력 보유 여성 존중 및 권익 증진에 관한 조례	176
사회를 돌보는 노동자를 돌보다 ○필수 노동자 보호 및 지원에 관한 조례	180
아이 낳고 키우기 좋은 성동을 생각하다 ○임신·출산 통합 지원 패키지	185
청년의 독립을 환영하고 응원하다 ○청년 1인 가구 주거 정착 패키지	192
동네 골목에서부터 자원 순환이 시작되다 ○푸르미 재활용 정거장	197
아이와 함께하는 모두가 행복한 공간을 만들다 ○성동아이사랑복합문화센터	204
도시 전체가 아이들을 위한 교실이 되다 ○온 마을 체험 학습장	212
아이들의 등하굣길을 행정이 책임지다 ○워킹 스쿨버스	219
만성 질환 관리의 첫걸음을 함께하다 ○등록 관리와 합병증 예방, 고혈압·당뇨병 사업	226
구청에는 믿음직한 의사와 간호사가 있다 ○효사랑 건강 주치의	232
모든 어르신의 대상포진 걱정을 함께 덜다 ○어르신 대상포진 무료 예방 접종	236
따뜻하게 씻을 수 있는 목욕도 복지다 ○성동구 공공 목욕탕	240

PART 4 공간을 바꾸면 도시가 바뀐다

방치됐던 공간을 핫플레이스로 바꾸다 ○유휴 부지 활용, 주민 휴식 공간 명소화	249
낙후된 공장 지대를 세계가 주목하는 성수로 키우다 ○플랫폼 원칙 기반 성수동 도시재생	262
도시가 축제가 되고 축제는 미래가 되다 ○크리에이티브×성수	278
스스로를 안전하게 지키는 힘을 기르다 ○성동생명안전배움터	287
보행자와 지구를 위한 미래형 버스 정류장을 만들다 ○성동형 스마트 쉼터	294
교통사고를 줄이는 횡단보도를 만들다 ○성동형 스마트 횡단보도	305
걷는 사람을 위한 작은 배려로 지구를 살리다 ○겨울 온열 의자, 여름 그늘막	309
한 뼘의 경사로로 모두를 환영하는 도시를 만들다 ○모두의 1층 조성 사업	314
다양한 시민이 즐기는 도서관을 만들다 ○모두의 도서관 조성 사업	318
최저 주거 기준의 한계를 보완하다 ○성동형 위험 거처 개선 사업	323
이동이 편리하면 도시가 커진다 ○성공버스	329
추천사	336

매우 만족,
정원오입니다

소통은 일 잘하는 행정을 만든다

구청장 직통 문자 민원 시스템 ○ 성동구청 야간·토요 민원실 ○ 성동책마루 ○ 착착 성동 생활 민원 기동대 ○ 칼갈이·우산·자전거 수리 서비스 ○ 지역 숙원 사업 해결 ○ 마장동 불법 먹자골목 이전 ○ 성동한양 상생학사 ○ 거버넌스 기반 전봇대 정비 사업 ○ 주민 참여 거버넌스

문자를 보내면 구청장이 읽고 답하다

구청장 직통 문자 민원 시스템

주민의 바람을 생각하다

"민원을 넣었지만 답이 없다", "구청에 전화해도 부서만 이리저리 돌릴 뿐, 도와주는 사람이 없다"는 이야기는 여전히 우리 사회에서 종종 들려오는 공공 기관에 대한 불만이다. 행정 시스템과 디지털 민원 창구는 갈수록 발전하고 있지만 정작 주민이 체감하는 행정과의 거리는 좀처럼 가까워지기 어렵다. 특히 고령자, 1인 가구, 다문화 가정 등 다양한 주민의 불편은 여전히 기존의 전화, 방문, 온라인 창구만으로는 해결되지 않는 행정의 벽으로 남아 있다.

행정에서도 종종 민원 업무를 다른 사업이나 정책보다 사소하거나 일회적이거나, 개별적인 문제로 치부하는 경우가 많다. 사회적으로도 불평

등이나 안전 같은 거대 담론에 비해 덜 중요하게 여기는 인식이 존재한다. 그러나 민원民願은 말 그대로 주민의 바람이다. 주민이 원하는 모든 일이 곧 민원이고, 이는 결국 우리가 함께 이루고자 하는 목표다. 지방정부는 주민의 일상과 가장 가까이 있는 기관이다. 그렇기에 주민의 바람을 가장 먼저 듣고, 가장 빠르게 응답해야 하는 곳이 바로 지방정부다.

구청장에게 문자를 보내 민원을 넣다

구청장으로 일하는 동안 가장 많이 받은 질문 가운데 하나가 "어떻게 휴대 전화 번호를 주민들에게 공개하게 되었느냐"였다. 사실 이 시작은 거창한 계획이 아니었다. 2014년 첫 지방선거 때 사용했던 번호로 선거가 끝난 뒤에도 종종 질문과 민원이 들어왔고, 나는 자연스럽게 답을 했다. 그 대화가 조금씩 쌓였고, 주민들은 그 번호를 기억해주었다.

2018년 재선 선거를 치르는 동안 그 번호로 다시 많은 민원이 도착했다. 그때 생각했다. "어차피 주민들이 이 번호로 연락을 주신다면, 아예 공식적인 소통 창구로 삼자.", "복잡한 절차없이 문자 한통으로 누구나 나에게 의견을 보낼 수 있구나.", "불편한 점, 궁금한 점은 간단히 사진을 찍어서 보낼 수 있으니 쉽게 이용하실 수 있겠구나." 그 생각이 성동구만의 소통 행정의 출발점이었다.

구청장 직통 문자 민원 제도는 시행 이후 모든 민원과 건의 문자를 내가 직접 확인하고 답변하는 방식으로 운영되고 있다. 간단한 민원은 구청장이 관련 부서에 즉시 지시해 당일 처리 원칙으로 회신한다. 도로 파

구청장 직통 문자 민원 안내 이미지

손이나 가로등 고장, 쓰레기 방치 같은 생활 불편 사항은 대부분 당일 중 현장 조치 후 결과를 문자로 알린다. 긴급하거나 여러 부서가 연계되는 사안은 내가 직접 현장을 방문하거나 부서장들과 함께 해결책을 논의한다. 예산이 들거나 시간이 오래 걸리는 민원은 처리 단계와 예상 기간을 직접 설명한다. 충분히 설명하면 대부분 이해하고 기다려준다. 반복되거나 다수가 불편을 호소하는 사안은 내가 직접 챙겨 정책 회의에서 주요 안건으로 다룬다.

이 과정을 통해 타 부서로 민원을 떠넘기거나, 서면만으로 형식적인 답변을 주던 관행이 크게 줄었다. 구청장-주민-담당 부서 간 실시간 소통이 가능해지면서 책임 행정의 문화가 성동구에 정착됐다. 현재 연간 약 7,000건의 민원이 문자로 접수되고 있으며, 2025년 5월 기준으로 하루 평균 20건 이상의 민원이 나에게 닿고 있다.

소통이 혁신을 낳다

문자 민원의 가장 큰 강점은 현장성이다. CCTV로는 확인하기 어려운 귀중한 현장 보고서가 된다.

성동구의 17개 동 중 11개 동이 언덕이 많은 경사지로 이뤄져 있어 겨울철 제설이 특히 중요하다. 스마트 시티 통합 관제 센터를 통해 실시간 상황을 모니터링하지만, 주민이 보내주는 문자 정보는 더 빠르고 구체적이다. "OO동 XX 부근 제설함에 염화 칼슘이 곧 떨어질 것 같아요.", "골목 안 그늘진 곳이 빙판길이라 위험해요."

문자 민원 제도는 단순한 소통 창구를 넘어 새로운 정책의 출발점이 되기도 했다. 민원에 답하며 고민하는 과정에서 정책의 씨앗이 자라났다. 코로나19 시기 한 주민의 "선별 진료소 줄이 너무 길고 감염이 걱정된다"는 문자는 전국 최초의 '선별 진료소 대기 안내 시스템'으로 이어졌다. 은행의 번호표 시스템에서 착안한 이 정책은 실시간 대기 인원 안내와 혼잡도 정보 제공으로 감염 위험을 줄였다.

2022년 4월에는 "성수동에 흡연 구역을 만들어달라"는 문자가 도착했다. 흡연자와 비흡연자 간 갈등이 잦던 지역 특성을 고려해 직접 현장을 찾았다. 주민 의견을 듣고 함께 고민한 결과, 같은 해 12월 성동형 스마트 흡연 부스가 설치됐다. 음압 시설로 담배 냄새가 외부로 새지 않고, 내부에는 냉난방과 공기 정화 장치가 갖춰져 흡연자와 비흡연자 모두의 만족을 얻었다.

"주차 차량의 휴대 전화 번호가 범죄에 악용될 수 있다"는 민원은 서울시 최초의 주차 안심 번호 서비스 도입으로 이어졌다. 이밖에도 65세 이상 대상포진 무료 예방 접종, 아픈 아이 병상 돌봄 서비스 등, 성동구의 주요 복지 정책 또한 문자 민원에서 시작됐다.

구청장 직통 문자 민원 소통은 주민 한 사람의 일상에서 행정 혁신의 변화를 만들어냈다. 주민의 문자가 행정의 방향에 긍정적인 영향을 주고, 새로운 정책을 만들며, 더 가까운 지방 행정을 실현하고 있다. 이 제도는 이후 서울 중랑구, 양천구, 광진구, 금천구, 서대문구, 서초구, 동대문구, 광주 서구와 광산구 등 전국 여러 지방자치단체로 확산됐다. 성동구의 구청장 직통 문자 민원 제도는 행정과의 거리를 뛰어넘어 현장에서 즉시 응답하는, 지방정부 소통 행정의 상징으로 자리매김했다.

주민의 하루에
행정의 시간표를 맞춰보다

> 성동구청 야간·토요 민원실

과감하게 민원실의 문을 열다

평일마다 일터로 나가야 하는 직장인, 가족에게 급한 민원 업무를 부탁하기 어려운 1인 가구, 집안일과 생계를 모두 책임지는 주민 모두에게 평일 9시부터 18시까지라는 행정 기관의 전통적인 업무 시간은 종종 불편과 제약으로 다가온다. 주중에 틈을 내기 어렵거나 업무가 급한 이들에게 방문을 해야만 처리할 수 있는 민원은 늘 고민거리다.

성동구는 강남과 광화문 등 주요 오피스 지역과 접근성이 뛰어나다. 왕십리역은 2호선, 5호선, 경의중앙선, 수인분당선이 지나가는 그야말로 사통팔달의 지역이다. 그럼에도 불구하고 관공서 방문의 높은 진입 장벽은 늘 고민거리였다. 맞벌이 부부의 주거지로 각광받지만, 평일 행정 기

성동구청 1층 국민 행복 민원실

국민 행복 민원실 현판식

관의 업무 시간과 직장인의 근무 시간이 겹치다보니 민원 처리를 위해 시간을 내기가 어렵다는 주민들의 목소리가 꾸준히 이어졌기 때문이다. 이러한 불편을 해결하고자 나는 주민의 하루에 행정의 시계를 맞춰보기로 했다. 더 나아가 2020년 2월부터는 토요 민원실까지 공식 확대 운영하며 누구나 주말에도 필요한 행정 서비스를 받을 수 있도록 민원실의 문을 과감히 열었다. 주민의 시간표에 기꺼이 자신의 업무 시간표를 맞춘 우리 공무원들에게 늘 고맙다. 그에 따르는 보상과 대가는 법에서 정한 것 이상으로 더할 순 없지만, 내 마음만큼은 늘 그 이상이다.

열린 민원으로 주민 시간을 존중하다

월요 야간·토요 민원실에서는 여권의 접수·교부뿐 아니라 등·초본, 인감 증명서, 본인 서명 사실 확인서, 가족 관계 증명서, 과세 증명 등 각종 제증명 서류 발급이 가능하다.

토요 민원실 시행 초기에는 월 1회(매월 첫째 주 토요일), 9시부터 13시까지 운영했다. 그러나 코로나19가 감소세에 본격적으로 들어선 2023년 3월부터는 여권 신청을 대표적으로 한 민원 업무 수요가 증가했기 때문에 월 2회(매월 첫째, 셋째 주 토요일)로 확대 운영하고 있다. 그래서 성동구가 전국에서 여권 발급이 제일 편리한 곳이라고 온라인에서 익히 소문이 났다는 이야기도 있다. 한 시민은 본인이 사는 지역에서는 주말에 여권을 만들 수 없어서 KTX를 타고 올라왔다고 했다. 빠른 출국을 위해 국가대표 축구 선수도 다녀갔다.

운영 인력 역시 팀장, 여권 업무 담당, 제증명 담당 등 분야별로 꼼꼼히 배치해 신속하고 정확한 민원 응대가 이뤄지도록 했다.

주민의 입장을 세심히 고려한 성동구의 민원 서비스 혁신은 각종 정책

전국 유일 8년 연속 민원 서비스 종합 평가 수상

평가에서 지속적으로 인정받고 있다. 행정안전부와 국민권익위원회 주관 민원 서비스 종합 평가 8년 연속 최우수 기관 선정, 행정안전부 주관 국민 행복 민원실 3회 연속 인증, 서울특별시 민원 행정 서비스 평가 4회 연속 최우수 구 선정 등, 국가와 서울시의 평가에서 연이어 최상위 등급을 받고 있다.

특히 민원 서비스 종합 평가는 행정 기관을 대상으로 민원 행정 전략과 체계, 민원 제도 운영, 국민 신문고 민원 처리, 고충 민원 처리, 민원 만족도 등 5개 항목 20개 지표를 종합적으로 평가하는 제도다. 성동구는 2017년 첫 평가부터 2024년까지 한 해도 빠짐없이 최우수 기관으로 선정되어 전국 최초이자 유일한 기록을 달성했다.

성동구는 앞으로도 시간과 장소에 구애받지 않고, 주민이 실질적으로 체감할 수 있는 최고 수준의 민원 서비스 혁신을 꾸준히 이어갈 계획이다. 이처럼 촘촘한 민원 서비스 확대와 생활 가까이에서 느낄 수 있는 행정 편의 제공을 통해, 주민 한 사람 한 사람의 시간과 필요를 존중하고자 한다. 성동형 민원 행정은 지방정부가 기존 관행에서 벗어나 실제 삶에 도움이 되도록 유연하고 실질적으로 변화해가는 대표적 사례로 자리 잡고 있다.

시민에게 행정의
공간을 돌려주다

성동책마루

공공 청사의 문턱을 낮추다

공공 기관의 유휴 공간이 주민 모두에게 열려 있는 문화 쉼터로 바뀐다면 어떨까. 성동구는 구청사, 평생학습관, 문화복지회관 등 공공 건물 내 활용도가 낮던 1층 로비와 주요 공간을 책과 만남, 문화 행사가 어우러진 열린 쉼터로 재탄생시켰다. 성동책마루는 누구나 편하게 들러 책을 읽고 쉴 수 있는 북카페이자 주민 만남과 소통의 장소로 조성됐다. 주민들은 연중무휴인 이 열린 공간에서 독서와 휴식, 소모임, 전시, 문화 공연 등을 즐기고 있다.

성동책마루는 구청 로비에서 민원을 처리하기 위해 기다리는 구민들을 보다가 시작됐다. 대부분의 공공 청사 1층은 민원인들이 대기하는 공간으로 존재한다. 공공 기관이기 때문에 쾌적하고 관리도 잘되어 있으며, 누구나 쉽게 접근할 수 있다. 단순히 일시적으로 지나치는 공간으로만 남겨두기에는 아쉬운 부분이 많았다. 이런 공간을 구민들에게 더 의미 있고 활용도 높은 장소로 만들면 어떨까 하는 고민에서 성동책마루가 탄생했다.

그러나 그 시작이 쉽지는 않았다. 오랫동안 공공 청사는 주민들에게 경직되고 닫힌 공간이라는 이미지가 강했다. 하루에도 수백 명의 민원인이 방문하는 곳이자 1,000명이 넘는 공무원이 일하는 공간의 입구에 과연 도서관이 적합할까 하는 의문도 있었다. 하지만 성동구가 만들고자 한 도서관은 기존과 달랐다. 조용히 책만 읽는 도서관이 아니라 웃음소리와 대화가 오가고, 신분증 없이 누구나 쉬어갈 수 있는 열린 도서관, 생활의 일부가 될 수 있는 공간을 그리고자 했다.

닫힌 공간에서 열린 문화로 바뀌다

책마루 조성 계획 수립 당시에는 공공 청사를 열린 공간으로 재구성해 상시 개방한 사례가 드물었다. 그래서 주민들이 거리낌 없이 청사를 편하게 방문해 휴식 공간으로 활용하기 어렵지 않을까 하는 의견도 있었다. 누구나 쉴 수 있는 공간을 만들면 노숙자나 일부 사람들이 오랜 시간 자리를 점유해 본래의 취지대로 일반 주민들이 널리 이용하지 못하고 오히려 청사 방문을 꺼리게 될 수도 있다는 우려도 있었다. 하지만 이런 걱정과 달리 주민들은 책마루를 쾌적하게 유지하며 커뮤니티 공유 공간으

성동책마루

로 활용하는 높은 시민 의식을 보여주었다.

2018년 1월, 성동구는 구청 1층 로비 유휴 공간과 1~3층 계단 등 약 778㎡(약 235평)에 책과 휴식, 문화를 함께 누릴 수 있는 성동책마루 1호점을 개관했다. 조성 단계에서부터 딱딱한 공공 기관의 이미지를 탈피하고, 주민들의 눈높이에 맞는 장소로 조성하고자 관련 분야 전문가, 공무원, 주민 등으로 TF를 꾸려 코엑스몰 별마당 도서관, 파주 지혜의 숲, 서울시청시민청 등 우수 공간을 방문해 아이디어를 모았다.

실시 설계는 한국예술종합학교 건축학과 김태영 교수 팀이 맡았다. 성동책마루는 전통적인 도서관과 달리 휴식, 만남, 소규모 강연이 가능한 계단 마당, 일곱 무지개색으로 꾸며진 다목적 공간 무지개 라운지, 비전 갤러리 상부에 높게 떠 있는 무지개 아카이브, 어린 시절 다락방의 향수를 느낄 수 있는 중층 북웨이, 미디어 아트를 위한 미디어 파사드, 잡지 서가·기부 서가·아동 도서 등 2만여 권의 도서로 채워진 클라우드 책장으로 구성됐다.

모두의 쉼이 되는 공간을 만들다

이후 관내 공공시설인 평생학습교육센터와 공연장, 복합체육문화센터의 1층에 2018년 3월 독서당책마루, 2019년 3월 성수책마루, 2022년 7월 서울숲책마루까지 총 4개의 책마루가 성동구 내에 프랜차이즈처럼 연이어 문을 열었다. 각 분점 역시 다양한 분야의 도서와 북카페, 계단 마당 등 특화 공간을 마련해 주민과 방문객 모두에게 독서와 문화 체험의 폭넓은 기회를 제공하고 있다.

성동책마루는 2만2,600여 권의 도서와 다양한 잡지를 보유하고 있다. 점심시간에 즐길 수 있는 정오의 문화 공연 등 연간 160회가 넘는 문화 프로그램도 운영하고 있다. 여름철에는 무더위 쉼터, 겨울에는 한파 쉼터로 활용되어 주민을 위한 공간으로서 활용도를 더욱 높였다.

주민들의 호응은 폭발적이었다. "구청 1층이 이렇게 세련되고 멋진 북카페가 되다니 놀랍다", "정말 잘한 일이다", "내가 낸 세금이 아깝지 않다"는 칭찬이 이어졌다. 구청이 민원 업무를 위해서만 들르는 곳이 아니라 시간, 차림, 연령, 취향에 구애받지 않고 자유롭게 드나들 수 있는 친근한 문화 공간이 됐다는 점에서 사람들은 큰 만족을 보였다. 2018년에는 성동구민이 직접 선정한 '가장 인기 있는 정책'으로 꼽히기도 했다. 이러한 호평에 힘입어 책마루의 2025년 기준 누적 방문객은 83만 명을 넘어섰다.

아울러 성동책마루와 성수책마루는 2018년과 2022년, 대한민국 공공 건축상 우수상을 받으며 공간, 건축, 문화적 혁신성을 인정받았다. 무엇보다 성동책마루는 이제 성동구청의 얼굴이자 성동구의 이미지를 상징하는 공간으로 자리 잡았다. 많은 이들이 구청을 누구에게나 열려 있는 공간으로, 독서와 소통, 휴식이 공존하는 문화적 상징 공간으로 인식하게 됐고, 이는 책마루가 지닌 의미와 결을 같이 한다.

책마루의 가장 큰 의의는 공공 청사의 획일적이고 폐쇄적인 이미지를 깨고, 구청의 일부를 복합 문화 플랫폼으로 재구성해 주민의 품으로 돌려준 상징적 성공 사례라는 데 있다. 지역의 주인은 주민이라는 인식을 바탕으로 공공 자원을 모두에게 열린 공유 공간으로 전환하려는 고민이 빚어낸 혁신의 결과였다. 이렇게 만들어진 책마루는 지역 커뮤니티 활성화의 허브가 되어 주민 교류와 문화적 역량 강화로 이어지는 선순환의 계기를 만들었다.

성동책마루의 사례는 타 지방자치단체에도 널리 퍼져 부산, 울진, 광주, 남양주 등 전국 각지에서 벤치마킹 방문이 이어졌다. 서울 노원구, 광주 남구, 부산 영도구 등의 청사 1층이 주민을 위한 열린 공간으로 재탄생하는 데에도 선구적 역할을 했다.

혼자 해결하기 힘든
생활 불편을 해결하다

착착 성동 생활 민원 기동대

생활 밀착형 행정을 시작하다

노후화된 수도꼭지 교체나 찢어진 방충망 보강 같은 집 안 문제는 사소해 보이지만, 해결되지 않으면 일상에 큰 불편을 준다. 특히 스스로 해결할 수 없어 방치되는 경우에는 불편이 점점 커지고, 이는 주거 환경을 급속도로 나쁘게 만들 수 있다. 예전에는 한 집에 여러 명이 함께 살며 가족이 서로 도움을 주고받았지만, 지금은 초고령화와 1인 가구의 증가로 가족 형태가 달라졌다. 이들에게 집안의 단순한 수리나 관리조차 버거운 일이 되어버렸다. 누군가에게는 단순 소모품 교체에 불과한 일이 취약 계층에게는 안전하고 쾌적한 주거 환경을 가로막는 큰 장애가 된다.

성동구는 찾아가는 현장 구청장실, 구청장 직통 문자 민원 등 오랜 기간 구축해온 주민 소통 창구를 통해 생활 속 문제를 세심히 살피고, 주민의 일상에 꼭 필요한 생활 밀착형 행정을 실현하기 위해 꾸준히 노력해왔다. 주민 중심의 행정 접근 방식은 안전, 교통, 건강, 문화 등 다양한 분야에서 꼼꼼하고 체계적으로 적용되고 있다.

주민 삶 전반을 살피는 생활 밀착형 행정의 방향성은 가장 일상적인 공간인 주거 환경에 대한 개선으로 이어졌다. 이러한 접근은 노인정에 계신 어르신들이 전구나 문고리가 고장 나면 교체하기 어렵다는 현장의 목소리에서 시작됐다. 2010년, 성동구 도시관리공단 직원들로 봉사단을 구성해 봉사 활동을 시작했는데 주민 만족도가 매우 높았고, 이러한 경험이 성동구만의 특화 사업을 추진하는 계기가 됐다.

주거 복지 사업 실행 시, 정책의 규모보다 수혜자가 체감하는 세부 요소가 중요하다. 그렇기에 주민들의 크고 작은 생활 속 불편을 현장에서 직접 해소하며 지역 사회의 과제를 위해 고민했다. 주민들의 수요를 파악하여 개별 가구의 생활 방식과 필요 분야를 세심하게 분석하고, 일회성 지원이 아닌 적재 적소에 꾸준한 자원을 투자해 실질적인 변화를 만드는 것을 목표로 삼았다. 일부 주민들에게는 전등을 살 돈보다 그것을 갈아줄 이웃이 필요한 순간들이 있다는 것을 놓치지 않았다.

이러한 사업은 단순히 집을 고치는 일이 아니라, 한 사람의 생활과 마음을 다시 세우는 일에 가깝다. 조명 하나 바꿔 더 밝은 집을 만들고, 방충망을 고쳐 바람이 통하는 집을 만들고, 문고리를 교체해서 편리함과 따뜻함이 전해지는 집이 된다면, 그것이 행정이 닿아야 할 자리라 믿는다. 주민의 하루를 불편 없이 이어주려는 작은 노력이 결국 공동체의 신뢰를 지탱하는 힘이 된다.

착착 성동 생활 민원 기동대가 탄생하다

2018년 시작된 착착 성동 생활 민원 기동대는 차상위 계층, 장애인, 기초 생활 수급자 등 주거 취약 계층을 대상으로 방충망 교체와 같은 소규모 집수리부터 가스 타이머 설치, 전등 교체 등 세세한 생활 불편들을 해소해 왔다. 「서울특별시 성동구 저소득 주민의 생활 안정 지원에 관한 조례」에 근거한 제도적 뒷받침과 함께 매년 꾸준히 제공된 이 서비스는 6년간 총 2,460가구에 4,028건의 서비스를 제공했다. 2024년 한 해에만 474가구를 대상으로 집수리를 포함한 총 660건의 일상 속 불편 사항을 처리했다.

서비스는 주민들이 간편하게 이용할 수 있도록 설계됐다. 지원 대상 가구가 각 동 주민 센터를 통해 전등 고장, 스위치 교체 등 생활 민원을 신청할 경우 유선을 통해 대상자와 서비스 제공 가능 여부와 방문 일정을 조율하게 된다. 접수 후 2~3일 내로 기동대가 해당 가구에 방문하여 요청 사항을 즉시 해결해주는 방식으로 진행된다. 가구별 1회당 재료비 18만 원을 초과하지 않는 범위에서 간단한 집수리를 연간 3회까지 지원한다. 동절기와 하절기를 구분하여 여름철의 경우 방충망 보수 및 교체를 지원하고, 겨울철에는 문풍지 부착과 창문 에어캡 작업 등을 집중적으로 처리하는 섬세한 대응으로 계절별 사각지대 없이 주민 수요를 충족하고자 노력했다.

이러한 기동대의 신속성과 유연함은 주민들에게 더욱 친근하게 다가가는 계기로 작용했다. 2024년 서비스 이용자 450명을 대상으로 진행한 만족도 조사에서 응답자의 88%인 396명이 친절한 현장 서비스, 불편 사항의 신속한 해결 등 전반적인 부분에서 "만족한다"고 답변하며 서비스의 효과를 입증했다.

2025년에는 보다 원활한 서비스 운영을 위해 기동대 인력을 보강하고 노후 장비를 개선하기도 했다. 지역 공동체 일자리를 통해 작업 보조 인력을 배치하고, 기동대 전용 작업 차량을 친환경 전기 트럭으로 교체하여 작업 환경의 개선뿐 아니라 ESG 실천까지도 고려했다.

전용 차량 교체 축하식에 참여한 착착 성동 생활 민원 기동대 강성열 반장은 "주변에 우리가 알지 못하는 독거노인, 장애인 등 생활이 불편한 분들이 너무 많아요. 이분들을 찾아가서 생활 민원을 해결해드리면 정말 좋아하십니다. 보람을 많이 느끼고 있어요"라며 활동 소감을 밝혔다. 같이 자리한 기동 대원 장송귀 씨는 "몸이 불편하신 어르신들은 손봐 달라는 곳이 많은데 자식 같은 마음으로 해드리니 정말 좋아하신다"며 경험담을 더했다.

생활 수리 서비스는 제공 항목만 본다면 소규모 사업처럼 보이지만 실제로는 지역의 주거 취약 계층이 느끼는 문제 및 정책의 사각지대를 효과적으로 해소하는 중요한 역할을 하고 있다. 성동구의 착착 성동 생활 민원 기동대는 주거 환경 개선뿐만 아니라 주민의 심리적인 어려움까지 선제적으로 점검하는 생활 밀착형 서비스의 모범 사례로 자리 잡았다.

이 작은 기동대의 발걸음은 행정의 본질이 사람 곁으로 가는 일임을 다시 일깨운다. 빠르게 달리는 도시의 틈바구니 속에서도, 주민의 하루를 더 편안하게 만드는 행정이 있다면 그것이 성동이 추구하는 진짜 변화일 것이다.

작지만 확실히 필요한
생활 밀착 행정을 시작하다

(칼갈이·우산·자전거 수리 서비스)

사라진 수리의 풍경을 되살리다

예전에는 동네 골목 어디에서든 칼 가는 소리가 들렸다. 고장난 우산을 고쳐 다시 쓰거나 자전거 바퀴에 펑크가 나면 이웃과 함께 고치던 풍경도 낯설지 않았다. 하지만 오늘날 도심에서 이런 정겨운 장면을 찾아보기란 쉽지 않다. 무뎌진 부엌칼, 망가진 우산, 바람 빠진 자전거가 생기면 이제 고치기보다 새것을 사야 하나 고민하는 일이 더 자연스럽다. 이로 인해 요즘은 쉽게 버려지는 생활용품이 부쩍 늘고 있다. 더군다나 이러한 물건들은 대부분 금속, 플라스틱, 고무 등 여러 재질이 섞여 있어 분리 배출과 재활용도 쉽지 않다. 한 번 고장 나면 쉽게 쓰레기가 되어 소각되거나 매립되며, 그만큼 환경 오염이 심해지고 쓸데없이 버려지는 자원도 많아진다. 생활용품 수리 서비스는 이처럼 일상의 불편을 덜어줄 뿐 아니라 자원을 아껴 쓰고 오래 쓰는 생활 습관을 유지할 수 있도록 돕는다.

내가 주목한 것도 바로 이 작은 불편과 사라져가는 수리의 풍경 속에 담긴 순환의 의미였다. 지구 온난화와 기후위기를 막기 위한 가장 효과적인 방법은 결국 불필요한 소비를 줄이는 일이라는 말이 있다. 새것을 사는 대신 소중한 물건을 오래 곁에 두며 자원을 아끼는 문화가 지금 우리에게 꼭 필요한 것일지 모른다. 사소해 보이지만 생활에 꼭 필요한 수리 서비스가 사라지고 있는 지금, 성동구는 바로 이 빈자리를 채우고자 했다.

수리 서비스로 생활의 빈틈을 메우다

2018년 8월 우리가 시작한 칼갈이·우산 수리, 2021년 9월 시작한 자전거 수리 서비스는 이런 소박한 일상과 수리 문화를 복원하기 위한 시도였다. 성동구는 생활용품 수리에 대한 주민의 불편과 수요를 놓치지 않고, 주민 모두가 쉽고 편리하게 서비스를 누릴 수 있도록 찾아가는 생활 밀착 사업을 고안했다. 특히 이 사업은 공공 일자리와 연계해 일자리를 제공하고, 주민들에게는 생활 편의를 높이는 정책으로 설계했다.

칼갈이·우산 수리 서비스는 공공 일자리 참여 기술자가 성동구 17개 동 주민 센터를 순회하며 운영한다. 운영팀은 3인 1조로 구성되어 사전에 안내된 일정에 맞춰 각 동을 방문하고, 세대당 칼과 가위는 3개, 우산은 2개까지 무료로 수리 서비스를 제공한다. 자전거 수리 서비스는 주민 신청을 받아 전문 업체가 아파트 단지별로 방문해 진행한다. 공기 주입과 펑크 수리 등 간단한 작업은 무상으로 제공하고, 부품 교체가 필요한 경우에는 부품비만 실비로 받고 있다. 특히 칼갈이 서비스는 접수를 시작하는 9시부터 인기가 많아 오전 시간에 마감이 다 되기도 한다.

이 사업들은 자원 순환, 환경 보호, 생활비 절감에 기여하는 동시에 사라져가던 생활 문화를 회복시키는 성동구의 대표 생활 밀착 사업으로 자리 잡았다. 2018년 8월 서비스 시작 이후 2025년 5월까지 칼, 가위, 우산 수리 누적 이용자는 4만3,732명에 달한다. 자전거 수리도 2022년부터 누적 1,481대의 실적을 기록하는 등 주민들의 큰 호응을 얻고 있다.

작지만 실용적인 정책으로 행정을 만들다

주민들의 호응과 기대가 더욱 커졌기에, 성동구는 2019년부터 왕십리광장에서 20여 개의 부스를 조성해 간단한 수리, 친환경 세제와 비누 만들기 등을 하는 생활 밀착의 날을 운영하고 있다. 생활 밀착의 날은 주민이 일상에서 느끼는 소소한 불편을 한자리에서 해결할 수 있도록 만든 특별한 행사다. 이 자리에서는 칼갈이, 우산 수리, 자전거 수리뿐 아니라 안경 수리 및 세척, 옷 수선, 환경 교육 등 실생활에 꼭 필요한 다양한 맞춤형 서비스를 동시에 제공하며 시민의 참여와 관심을 높이고 있다. 이를 통해 성동구는 수리 문화를 확산시키는 한편, 주민 누구나 손쉽게 자원 순환과 환경 보호에 동참할 수 있는 기회를 마련하고 있다.

칼갈이와 우산 수리 서비스의 자원 재활용, 환경 보호, 주민 만족 등의

다양한 효과는 서울 서초구, 관악구, 부산 동구, 부산 진구, 울산광역시, 전남 여수시, 전북 진안군 등 타 지방자치단체로 확산되며 생활 밀착 사업의 필요성과 중요성 또한 널리 퍼지고 있다.

칼갈이, 우산 수리, 자전거 수리 서비스는 일상에서 느끼는 소소한 불편을 해소하는 동시에 취업 취약 계층의 절실한 일자리 고민을 함께 보듬으며 거기에 더해 자원 순환 효과까지 톡톡히 보여주고 있다. 아주 작아 보이지만 현재 시장에서 제공되지 않는 서비스를 행정이 제공한다는 데도 의미가 있다. 이 서비스는 정당성과 필요성을 모두 갖췄을 뿐 아니라, 행정이 생활 구석구석 스며들어 생활 밀착형 서비스의 힘이 무엇인지를 보여준다. 지방정부는 이처럼 주민의 가장 가까운 곳에서 그들의 삶을 세심히 들여다보고, 생활 속 작은 불편을 개선해 큰 만족을 제공할 수 있다. 작지만 실용적인 정책이 더 많은 지방자치단체에서 시행된다면, 생활 속에서 행정의 따뜻함을 느끼는 공동체가 더욱 늘어날 것이다.

지역의 오랜 숙제이자
염원을 풀다

> 지역 숙원 사업 해결

행정의 출발점과 방향을 생각하다

행정을 하다 보면, 사람의 한숨이 법률과 조례의 한 줄보다 길다는 걸 자주 느낀다. 숫자나 법령보다는, 그 안에서 하루를 살아내는 사람의 표정을 살피는 일이 행정의 출발점이다. 나는 늘 그렇게 믿어왔다.

숙원宿願이라는 말에는 버텨낸 시간이 깃들어 있다. 난제라는 말이기도 하다. 행정학에도 난제wicked problem라는 개념이 있다. 문제의 원인과 결과가 또렷하게 나뉘지 않고, 한 가지 해법을 적용하면 또 다른 쟁점이 튀어나오는 유형의 문제를 뜻한다. 이해관계가 복잡해서가 아니라, 문제 그 자체가 고정된 형태로 존재하지 않는 것이 난제의 본질이다. 그래서 시민의 불편은 명확한데도 어디서부터 어떻게 풀어야 하는지를 누구도 단정하기 어렵다. 때문에 책임은 종종 희미하게 흩어진다.

숙원이란 말이 오래 쌓인 바람이자 풀리지 않은 매듭을 가리키듯, 시간이 길어질수록 문제는 더 깊고 촘촘하게 얽힌다. 매듭을 푸는 순간에도 문제의 형태가 다시 변하고, 새로운 질문이 얼굴을 드러낸다. 그래서 나는 행정이 현재의 조건에만 매달려서는 안 된다고 생각한다. 오히려 과거가 남긴 필요와 미래가 요구하는 변화를 동시에 바라보며, 더 나은 해법을 향한 치열한 탐구와 상상으로부터 시작해야 한다고 생각한다. 수십 년 동안 "언젠가는 해결되겠지"라며 참고 견딘 마음, 그리고 그 기다림이 굳어져버린 일상의 무게. 이 오래된 문제들은 대개 이해관계와 행정 절차, 재정의 제약 같은 벽 뒤에 숨어 있었다. 하지만 그 벽 뒤에는 언제나 사람이 있었다. 그래서 나는 행정을 문제의 기술이 아닌 마음의 해석으로부터 시작해야 한다고 생각했다.

몇몇 현장을 걸으며 만난 사람들은 늘 비슷한 말을 했다. "구청장님, 그냥 제발 좀 바뀌었으면 좋겠어요." 그 한마디는 간절함이었다. 그렇게 한 걸음씩, 문제의 구조를 다시 살펴보고, 포기하지 않는 인내를 바탕으로 길을 집요하게 찾아냈다.

지난 12년 동안 성동구는 그런 숙원을 하나씩 풀어왔다. 소음과 분진으로 45년간 이어진 고통을 끝낸 삼표 레미콘 공장 철거, 수도권 광역 교통망의 결정점을 완성한 GTX-C 왕십리역 신설, 그리고 30년 넘게 막혀 있던 금호로와 장터길의 확장까지. 이 일들은 성동구에 물리적 변화만 만든 사업이 아니었다. 과거에도 안 된 일이니 이번에도 안 될 것이라는 체념보다, 그때의 해법이 이번에 비로소 작동할 조건이 갖춰졌는지부터 다시 살펴보는 것, 그 재검토의 과정에서 새로운 대안이 자연스레 돋아

났다. 어떤 날은 정말 종이가 닳도록 지난 문서들을 들여다보며 여러 번 머리를 쥐어뜯었던 기억도 있다. 그 집요한 되짚음 속에서야 비로소 길이 열리고 있었던 것이다.

성동구민 30년 숙원, 삼표 레미콘 공장을 철거하다

삼표 레미콘 공장은 1977년에 가동을 시작했다. 성수동 중심에 자리 잡은 공장은 서울 도심 개발에 필요한 레미콘을 공급해왔지만, 그 이면의 불편은 크고 오래갔다. 소음·분진·대형 차량으로 인한 문제들은 교통 혼잡과 일상의 불편을 넘어 건강까지 위협했다. 주민들은 30년 넘게 이전을 요구해왔고, 이 문제는 성동 발전의 가장 큰 걸림돌로 지적돼왔다. 단순한 민원이 아니라 도시의 방향을 바꾸기 위한 중요한 요구였다.

구청장이 된 다음 해인 2015년, 주민들은 먼저 추진위원회를 구성했다. 성수동 인근 주민 15만여 명이 참여한 서명운동, 공청회, 범구민 결의대회까지 이어지며 한목소리를 냈다. 나는 그 곁에 함께 서기로 했다. 이 문제는 주민·기업·서울시 모두의 이해가 얽혀 있어, 일방적으로 해결할 수 없었다. 각자의 우려를 듣고, 가능한 대안을 찾아가며 조율하는 과정이 필요했다. "불가능해 보이면 더 치밀하게, 이해가 엇갈리면 더 집요하게." 성동구는 조정자이자 주민의 대리인으로서 역할을 놓지 않았다.

그 결과 2017년, 성동구·서울시·현대제철·삼표산업이 2022년까지 공장을 철거하기로 합의하는 4자 협약을 체결했다. 큰 틀이 마련되었지만 세부 조율은 여전히 남아 있었다. 계획이 지연될 소지가 있을 때마다

삼표 레미콘 성수 공장 철거 이전 모습

삼표 레미콘 성수 공장 철거 착공식

행정은 다시 협상 테이블을 열어야 했다. 합의가 실제 현장에서 실현되도록 끝까지 붙드는 것이 행정의 책임이었다. 도시관리계획 변경 등 행정 조치도 필요한 부분은 적극적으로 뒷받침했다. 협약 이후에만 100여 차례의 협의가 이어졌고, 마침내 2022년 8월 삼표 레미콘 공장은 완전히

성수 문화 예술 마당 - 푸에르자 부르타 공연장 설치 모습

철거되었다. 성동구민의 30년 숙원이 현실이 된 순간이었다.

45년 동안 닫혀 있던 약 2만8,000㎡(8,470평)의 땅이 시민의 품으로 돌아왔다. 분진과 소음에서 벗어난 생활 환경이 조성됐고, 대형 차량 통행이 사라지며 교통도 한층 안정되었다.

그러나 이 공간을 빈 땅으로 두고 싶지 않았다. 개발이 시작되기 전이라도 주민의 일상을 더 풍요롭게 만드는 장소가 되었으면 했다. 그래서 임시 문화 공간 '성수문화예술마당'을 열었다. 세계적 공연과 전시인 '푸에르자 부르타'와 '문도 픽사'가 성수에서 펼쳐졌고, 성수동의 문화 잠재력이 빠르게 확장되는 장면을 보며 지난 시간이 더욱 보람 있게 다가왔다. 한강과 응봉산을 마주하고 서울숲을 옆에 둔 입지 덕분에 공간 자체가 하나의 작품이 되었다. 동시에 시민들이 편하게 이용할 수 있도록

성수동 삼표 레미콘 공장 철거 부지에 들어설 건축물조감도(안)

5,000㎡ 규모의 잔디마당과 공영주차장도 조성해 그 공간을 다시 주민에게 돌려드렸다.

　삼표 레미콘이 철거된 서울숲 일대 부지는 앞으로 성동은 물론 서울의 미래를 바꾸는 핵심 거점이 될 것이다. 최고 79층 복합시설 개발과 컬처허브 조성 계획이 추진되고 있으며, 청년 창업을 지원하는 업무 시설도 준비하고 있다. 업무와 문화가 결합된 새로운 도시의 중심이 성수동에서 완성될 것이다.

　삼표 레미콘 공장 철거는 단순한 이전이 아니다. 성동의 미래를 다시 쓰는 출발점이다. 기피 시설을 치우는 데서 멈추지 않고, 도시의 잠재력을 회복하고, 주민의 일상을 바꾸는 길로 이어지고 있다. 나는 이 사업을 통해 한 가지를 다시 확인했다. 시민의 오래된 요구는 언젠가 반드시 현실이 된다. 행정이 시민 곁에서 흔들리지 않고 끝까지 붙든다면, 도시의 난제도 결국 풀린다.

GTX-C 왕십리역으로 수도권 최고의 교통 허브 완성하다

왕십리역은 서울의 교통 중심이자 성동의 관문이다. 2호선, 5호선, 수인분당선, 경의중앙선이 얽혀 흐르는 곳. 그러나 수도권 광역 급행 철도 GTX-C가 왕십리를 지나면서도 정차하지 않을 수 있다는 소식을 들었을 때, 나는 직감적으로 알았다. 교통이 불편해지는 문제가 아니라 도시 위상의 문제라는 것을.

왕십리역에 GTX-C가 정차하지 않는다는 건, 성동이 서울의 핵심 교통 흐름에서 소외됨을 의미했다. 교통의 효율성 차원에서도 2호선, 5호선, 경의중앙선, 수인분당선이 지나가는 지금의 왕십리역의 기능과 편의를 생각할 때 적절하지 않았다. 그래서 나는 주저하지 않았다. 즉시 구청 내 TF를 꾸렸다. 주민추진위원회도 약속한 듯 출범했다.

우리는 함께 GTX-C 왕십리역 정차 유치에 나섰다. 결의 대회, 서명 운동, SNS 확산 그리고 수차례 국토교통부를 방문하고 면담하면서 나는 왕십리역 정차가 비단 성동의 발전이 아니라 인근 지역 자치구의 발전도, 또 서울의 발전도 선도할 것이라는 확신이 있었다.

경제성 분석(B/C 1.05)을 확보하고 전문가 자문을 거쳐 정책 제안을 제출했다. 주민의 서명은 더욱 힘을 보태줬다. 성동구민만이 아니라 다른 지역 30만 명의 이름이 모여 정부의 결정을 움직였다. 이 과정에서 왕십

왕십리역 전경

리역 신설의 타당성에 공감한 서울 중구·광진구와 경기 수원·의정부시도 성동구와 공동 협력 체계를 구축하여 지지 서명에 동참하는 등 함께 국토부에 의견을 전달했다. 2022년 2월, 왕십리역은 GTX-C 노선의 추가 정거장으로 확정됐다.

이제 왕십리에서 수도권 주요 도시까지 30분이면 닿는다. 출퇴근의 피로가 줄고, 삶의 리듬이 바뀔 것이다. 2026년 동북선 경전철 개통이 더해지면, 왕십리역은 연간 이용객 1억8,000만 명 규모의 거대 환승 허브가 된다. 강남과 강북을 잇고, 도심권과 동북권을 잇는 요충지가 된다는 말은, 우리의 일상이 크게 달라진다는 뜻이다. "병원 다니기 수월하고", "아이를 학교에 보내고도 직장에 늦지 않는" 하루를 보낼 수 있게 되면, 그 변화는 경제가 살아나고, 문화가 확장되고, 일상이 단단해지는 토대가 된다.

나는 교통을 도시의 혈관이라 부른다. 한 곳이 막히면 도시 전체가 느려지고, 하나의 연결이 열리면 새로운 가능성이 흐른다. 왕십리 GTX-C 정차는 교통 편의에서 더 나아가 서울을 한층 더 튼튼히 만든 일이다.

금호로·장터길을 확장하다

금호로와 장터길은 성동의 일상에서 늘 "답답한 길"로 불렸다. 좁은 차선과 병목 구간, 주차된 차량들로 언제나 막혀 있었다. 출퇴근길마다 신호등 앞에 서면 누구나 같은 생각을 했다. "이 길만 좀 뚫렸으면."

우리는 2017년에 서울시와 협력해 금호로와 장터길 확장 사업을 본격적으로 시작했다.

사업 이전의 금호로는 차량이 두세 대만 지나도 혼잡해지는 대표적인 상습 정체 구역이었다. 장터길은 도로 폭이 지나치게 협소해 차량은 물론 보행자들도 통행에 큰 어려움을 겪었다. 이러한 열악한 상황은 이동 불편뿐만 아니라 사고 위험으로 이어졌으며, 지역 상권에도 악영향을 끼쳤다. 주민들은 오랜 시간 도로 환경 개선을 요구하며 성동구에 확장 공

금호로 확장 전후

사를 건의했으나, 복잡한 행정 절차와 부족한 공간 확보 등 물리적 여건 탓에 해결이 늦어지고 있었다.

   도시 계획의 현실적 한계와 구체적인 재정 마련이라는 과제를 극복하기 위해 성동구는 서울시와 협력하여 2017년 금호로 및 장터길 확장 사업을 본격적으로 추진했다. 특히 장터길 확장에서 가장 큰 난관은 재원 조달 문제였다. 장터길은 성동구가 관리하는 구도區道였으나, 도로 확장에 소요되는 비용이 자치구 예산만으로는 감당하기 어려운 규모여서 사

장터길 확장 전후

업 추진이 지연되고 있었다. 이에 성동구는 장터길이 시도市道인 독서당로와 동호로로 연결되는 주요 진입로 역할을 한다는 점에 주목했다. 이 지역의 교통난 해소를 위해서는 장터길 확장이 필수적이라는 논리로 서울시를 설득한 끝에 시비 확보에 성공했다. 재정 문제 외에도 도로변 건물주와 상인들의 반대가 또 다른 장애물로 작용했다. 성동구는 이들을 직접 찾아가 시간을 들여 세심하게 설득했다. 주민 설명회와 전문가 협의를 거쳐 구체적인 실행 계획을 마련했으며, 단계적 접근을 통해 공사 기간 중 주민 불편과 피해를 최소화하고자 노력했다. 보상이 필요한 건물에는 공정한 감정 평가를 거쳐 보상 절차를 진행했다. 도로 개설을 위해 건물의 일부 공사나 철거가 필요한 분들께는 섣불리 이해를 구하지 않았다. 수용과 동의가 이뤄질 때까지 다시 검토하고, 다시 설명하고, 여러 번 토론했다. 더 큰 지역 사회 편의를 위해 개인 이익을 희생하라는 식의 일방적 설득이 아니었다. 결과적으로 개인의 이익이 제한된 것은 사실이지만, 이 과정에서 그 이익의 크기와 함께 개인이 감당해야 하는 마음의 무게까지 나뿐만이 아니라 우리 주민들 모두가 함께 헤아릴 수 있었다. 이러한 끈질기고 치밀한 조율 과정을 거쳐 금호로와 장터길 확장 사업은 본격적으로 실행될 수 있었다.

금호로 확장 사업은 기존 2~3차로를 4차로로 확장하여 대형 도로의 역할을 강화하는 데 중점을 뒀다. 특히 협소했던 금호로 구간은 120m를 확장하면서 양방향 차량 이동을 원활히 하고, 인근 지역의 버스 및 대중교통 접근성을 개선하기 위해 지하철 출구 2곳을 신규 설치했다. 이와 더불어, 비좁았던 보행 공간을 확장하며 보행자 안전과 도로의 미관까지 개선했다.

장터길 확장 사업은 차량과 보행자가 물리적으로 충돌하던 구간을 총 110m 확장하여 2차로에서 3차로로 넓혔다. 또한, 새로운 보도를 추가하여 시장 등 상권의 접근성을 높였으며, 불편했던 노후 설비를 개선하는 공사를 병행하여 주민들의 만족도를 한층 높였다. 특히 공사 소음과 진동에 민감한 구역에서도 체계적인 사전 조율을 통해 합의를 이끌어냈으며, 금남시장 부근의 상인들과 협력해 상권 이용의 불편이 최소화되도록 노력했다.

그 결과는 통계보다 먼저 체감으로 알 수 있었다. 4월부터 6월까지 교통 개선 효과 분석 용역을 실시한 결과, 차량 속도는 5.5km/h 빨라지고, 교차로 지체도는 34초 줄었다. 장터길의 대기 행렬은 51m 감소했다. 그러나 진짜 변화는 주민의 표정이었다. "이제 시장에 사람이 몰려요.", "아이 손잡고 걷기가 한결 좋아졌어요."

길이 넓어지면 마음도 넓어진다. 사람과 사람이 마주칠 여유가 생기고, 시장엔 웃음이 돌아왔다. 금호로와 장터길 확장은 도로 사업이 아니라, 30년간 쌓인 불편과 체념을 걷어낸 회복의 과정이었다.

행정의 중심엔 언제나 사람을 위한 도전이 있어야 한다. 삼표 레미콘 공장의 철거는 공기를 바꾸었고, GTX-C 왕십리역은 시간을 바꾸었으며, 금호로·장터길 확장은 일상의 리듬을 바꾸었다. 그 변화는 한 사람의 하루를 바꾼 일이었다.

나는 행정을 빠르게 하는 사람보다, 깊이 있게 하는 사람이고 싶다. 변화는 속도가 아니라 도전의 문제다. 지방정부는 도시의 물리적 틀을 바꾸는 기관만이 아니다. 물리적 변화가 사람의 삶을 더 나은 쪽으로 움직이는 마음의 기관이어야 한다.

문제를 해결하는 기술보다 중요한 건 '해결할 수 있다'는 믿음이다. 나는 앞으로도 그 믿음으로, 사람의 시간과 삶을 바꾸는 일을 계속할 것이다. 행정은 결국, 사람을 향한 가장 구체적인 사랑의 형태이기 때문이다.

대화와 설득의 행정, 35년 갈등을 대화로 풀다

  마장동 불법 먹자골목 이전

35년의 불씨, 갈등의 시작을 살펴보다

1988년 서울올림픽을 앞두고 도축장과 청계천 일대에 있던 노점상들이 마장동으로 옮겨오면서 먹자골목이 생겼다. 처음엔 생계를 위한 선택이었지만, 시간이 흐르며 국·공유지를 무단 점유한 채 영업이 이어졌고, 위생과 안전 문제는 쌓여만 갔다. 샌드위치 패널로 지어진 건물들 사이로 LPG와 숯불이 오갔고, 좁은 골목에는 언제든 불이 번질 수 있는 위험이 도사렸다. 주민들의 불안과 불만은 커졌지만, 상인들은 "이곳이 생계의 전부"라며 자리를 지켰다. 한쪽은 안전을, 다른 한쪽은 생존을 이야기했다. 35년의 갈등은 그렇게 쌓여갔다.

2019년, 나는 이 문제를 더 이상 미룰 수 없다고 판단했다. 하지만 대

화재 후 먹자골목 진화 작업 및 안전 점검

집행 같은 강제적 방식으로는 결코 해답을 얻을 수 없음을 알고 있었다.

그러던 중 2022년 3월, 누전으로 인한 대형 화재가 발생했다. 33개 점포 중 11곳이 전소됐고, 주민들의 불안은 커졌다. 그날 현장에 나갔을 때, 나는 불타버린 점포 앞에서 상인들이 울먹이던 모습을 잊을 수가 없다. 한쪽에서는 주민들이 "이제는 제발 정리해달라"고 호소했고, 다른 쪽에서는 "살길을 막지 말라"는 절규가 이어졌다. 그날 이후, 나는 이 문제를 행정 절차가 아닌 인간의 신뢰 문제로 보기 시작했다.

불길이 휩쓸고 간 자리, 신뢰를 다시 세우다

성동구는 즉시 17개 부서가 참여한 TF를 꾸렸다. 각자의 이해를 좁히는 일은 쉽지 않다. 26개월 동안 12차례의 공식 설명회, 380번이 넘는 개

성동안심상가 마장청계점

별 면담을 거쳤다. 때로는 설득보다 경청이 더 큰 힘이 됐다. 상인 한 분이 내게 말했다. "구청장님, 우리 이야기를 처음으로 들어주는 분 같아요." 그 한마디가 모든 피로를 잊게 했다.

갈등의 핵심은 생존과 안전, 두 가지 모두를 지킬 방법을 찾는 데 있었다. 그러기 위해서 우선적으로 나는 상인들의 영업권을 보호하면서도 합법적이고 안전한 대체 공간을 마련해야 한다고 생각했다. 그렇게 찾아낸 해법이 '마장청계 플랫폼 525'였다. 원래는 도시재생 거점 시설로 지어진 서울시 소유 건물이었지만, 오랫동안 공실 상태로 방치되어 있었다. 서울시는 도시재생 시설이라는 본래 건물의 목적에 부합하지 않는다고 처음엔 반대했다. 그러나 나는 터전을 새로 옮겨 무허가 영업을 합법 구조 안으로 들이는 것이 도시의 기능을 강화하는 진정한 도시재생이자 지속 가능한 상생의 첫걸음이라고 설득했다. 1년 넘는 협의 끝에 결국 시설 사용 승인을 얻어냈고, 리모델링을 통해 성동안심상가 마장청계점을 조성했다. 지역 주민들 역시 이 대안을 지지해줬다. 더 자주 찾겠다고 약속해주신 주민들도 있었다. 각자의 입장만 고수하지 않고 대안을 논의할 때에는 서로 발 벗고 나서서 최선의 해법을 도출한 것이다.

신뢰가 새롭게 피어나다

새 공간은 깨끗하고 안전하면서도 합법적인 영업장으로 변모했다. 마장동 먹자골목 상인들은 이전보다 쾌적한 환경에서 영업을 이어갈 수 있게 됐다. 물론 이전 과정은 순탄치 않았다. 일부 상인들은 "이전하면 손님이 끊길 것"이라며 끝까지 망설였다. 나는 그분들과 여러 차례 마주 앉아 이야기를 나눴다. 갈등은 결국 대화의 깊이만큼 풀렸다. 2023년 11월 첫 업소 이전을 시작으로, 2024년 5월 마지막 업소가 문을 닫을 때까지 단 한 번의 강제 철거도 없었다. 그렇게 35년의 갈등은 마침내 끝이 났다.

이전이 끝나고 마장동의 공기도 달라졌다. 언제 불이 날지 모른다는 불안이 사라졌고, 철거 부지에는 공영 주차장과 자작나무 숲 정원이 들어섰다. 축산물 시장 이용객들이 한결 편해졌고, 주민들의 일상도 조금은 더 여유로워졌다. 지금은 청소년 도서관과 키즈 카페를 포함한 복합문화 시설 조성까지 준비 중이다.

이 일로 나는 행정의 본질을 다시 깨달았다. 문제를 없애는 일보다 중요한 것은, 그 자리에 다시 신뢰와 관계를 세우는 일이다. 또한 해결하는

먹자골목 철거 전, 철거 중, 철거 후 모습

과정이 좋으면 그 결과도 좋을 수 있다는 것을 알았다. 마장동 먹자골목의 정비는 시설을 철거한 사건이 아니라, 사람과 행정이 서로를 믿는 법을 배워가는 여정이었다.

정성껏 듣고, 끝까지 설명하고, 함께 웃을 때 도시는 삶을 닮은 모습으로 하루하루 빛이 난다.

마장동의 변화를 보며 나는 다시 다짐한다. 행정은 제도의 일이기 전에 마음의 일이어야 한다. 성동에 사는 모든 이들이 안심하고 하루를 시작할 수 있도록, 나는 오늘도 같은 자리에서 같은 마음으로 일하고 있다. 그 마음이 이어지는 한, 성동은 언제나 사람에게 따뜻한 도시로 남을 것이다.

갈등을 상생으로 전환해
청년 주거 문제를 해결하다

성동한양 상생학사

상생과 청년들의 집을 생각하다

스무 살 대학생이 되고 나면 집이 다른 의미로 다가온다. 배움을 이어가고 미래를 그리는 출발점이자 오롯이 자기만의 방이 된다. 그러나 오늘날의 많은 청년들은 그 출발선에서부터 벽에 부딪힌다. 높은 임대료, 좁은 원룸, 불공정한 계약. 청년들에게 마냥 꿈을 꾸라고 하기에는 오히려 집이 아니라 짐으로 여겨질 때가 많은 것을 알고 있다. 그러니 기성세대 정치인이자 한양대학교와 한양여자대학교를 지역 사회에 둔 성동구의 구청장으로서 당연히 책임감을 가질 수밖에 없다. 이제 청년 주거 문제는 더 이상 개인이 해결해야 하는 몫이 아니라 사회 전체가 함께 풀어야 하는 과제라는 것에는 이견이 없는 것처럼 보인다. 그러나 현실에서는 이 느슨한 합의가 쉽게 깨지는 경우도 더러 있다.

특히 대학가의 현실은 그 문제를 적나라하게 드러낸다. 2018년 기준 서울 주요 대학의 기숙사 수용률은 15.9%. 성동구에 있는 한양대학교는 그보다 낮은 12.5%에 불과했다. 지방 출신 학생이 68%를 차지하는 이곳에서, 수천 명의 학생이 매년 방을 구하기 위해 치열한 경쟁을 벌였다. 학교는 학생들의 어려움을 덜기 위해 제7생활관 신축을 추진했다. 그러나 소식이 전해지자, 주변의 원룸 임대인들과 주민들이 거세게 반발했다. 그들 역시 대학가를 기반으로 생계를 이어왔기 때문이다.

"한양대 주변엔 70~80대 어르신들이 월세로 먹고산다."

"기숙사가 들어서면 우리는 생계를 잃는다."

그들의 목소리 또한 청년들의 버거운 현실만큼이나 절박했다. 월세 하락, 공실 증가로 인한 지역 침체가 올 거라는 불안이 불길처럼 번졌다. 반면, 학생들의 불만도 폭발했다. 월 20만 원 내외가 드는 기숙사비의 2~3배에 달하는 금액에도 불구하고, 낡고 좁고 또 불안정한 계약을 해야 하는 원룸을 더 이상은 감당할 수 없다며 서울시청 앞 농성까지 나섰다. 하나의 집을 놓고 정반대의 처지에 선 임대인 주민과 청년 주민의 갈등은 더욱 깊어져갔다.

한양대학교만의 이야기가 아니었다. 고려대학교, 총신대학교, 동덕여자대학교 등에서도 같은 갈등이 반복됐다. 주민 반대로 4년 넘게 기숙사 신축이 중단되거나 포기된 사례도 있었다. 신님비新NIMBY라 불릴 만큼, 대학가 기숙사 건립은 전국적 사회 갈등으로 번지고 있었다. 나는 그 상황에서 생각했다. "같은 집을 바라보면서도 서로에게는 전혀 다른 현실이 펼쳐지고 있는 지금, 행정의 역할은 무엇일까."

| 성동한양 상생학사 운영 체계 |

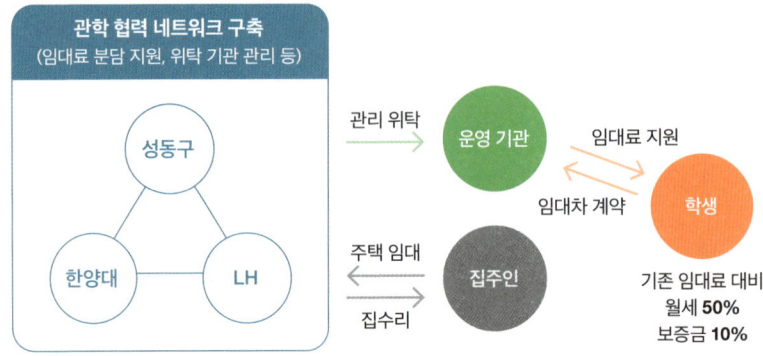

그래서 나는 갈등의 한가운데로 들어가 중재자로 나섰다. 미래에 지역이 침체될 것이라는 막연한 불안을 해소하고 서로 안심할 수 있는 대안을 모색했다. 결국 답은 양쪽 모두 '적당한 집'을 바란다는 것까지는 쉽게 합의에 도달했다. 임대인 주민에게는 적당히 돈을 벌 수 있는 집, 대학생 주민이자 임차인 주민에게는 적당히 돈을 낼 수 있는 집이 필요한 것이었다. 이 합의에 도달하기까지 나는 2018년에 국토부, 교육부, 서울시, LH, 한양대학교, 임대인, 학생 대표 등과 수차례 공식·비공식 간담회를 열었다. 원룸 협회와의 만남, 현장 조사, 경로당 방문까지 발로 뛰었다. 각자의 이해가 복잡하게 얽혀 있었지만, 나는 믿었다. 이해와 배려가 만날 때 비로소 해법이 나온다고.

그 결과, 우리는 성동한양 상생학사 모델을 만들었다. 전국 최초로 만든 이 모델은, 학교는 인근 원룸을 활용해 저렴한 주거 공간을 확보하고, 임대인은 공실 걱정을 덜게 했다. 학생들은 시세의 절반 수준으로 안정된 주거를 누릴 수 있었다.

한국토지주택공사LH는 주택 도시 기금을 활용해 보증금 2,900만 원(연 1%)을 대출해주었고, 성동구와 한양대는 월 15만 원씩 임대료를 지원했다. 학생은 보증금 100만 원과 월세 20~30만 원, 이자 2만5,000원만 부담하면 된다. 더하여, 이 모델은 공존의 실험이었다. 학생은 저렴한 집이 새롭게 생겼고, 주민은 생계를 유지할 수 있고, 행정은 새로운 청년 주거 모델을 제시한 것이다.

함께 사는 도시의 해법을 찾다

성동구는 상생학사 추진을 위해 한양대 재학생들과 원룸 임대업 종사 주민들을 만나 공감을 이끌어냈다. 특히 주민들에게는 공실이 생기면 상생학사에 참여해달라고 꾸준히 설득했다. 상생학사의 취지와 구조적 이점에 대한 설명과 성동구의 꾸준한 소통 노력에 힘입어 사업에 참여하는 주민들도 점차 늘어갔다.

성동한양 상생학사 전경, 성동한양 상생학사 입주 모습

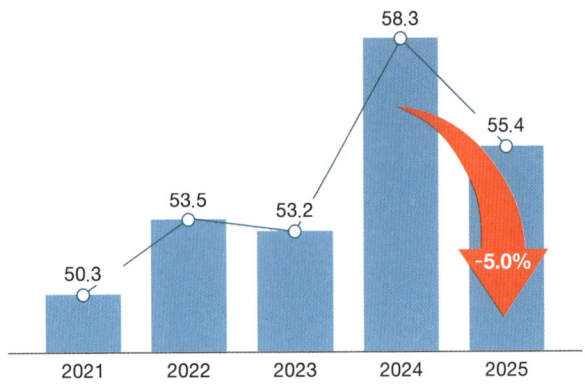

첫 해인 2019년, 21가구로 시작한 상생학사는 2025년 48가구까지 확대됐다. 아주 많은 숫자는 아니지만 변화는 확실했다. 바로 상생학사가 지역에 뿌리내리면서 대학 측 기숙사 건립에 반대해 학교 앞에서 항의 집회를 열던 임대인들도 기숙사 반대 의사를 철회하고 점차 새로운 공생 질서에 동참하기 시작한 것이다.

2025년 2개의 신축 기숙사(제6·7생활관)가 문을 열면서 한양대학교 기숙사 정원이 1,198명 더 늘었다. 임대인 반발 없이 지역 사회와 대학의 조화로운 변화가 가능했던 것은 상생학사가 큰 역할을 했기 때문이라는 평가가 뒤따른다.

상생학사의 가시적인 효과는 낮아진 월세에서도 확인할 수 있다. 성동구가 한양대학교 인근 33㎡ 이하 소형 임대 주택의 임대료 동향을 분석한 결과, 2024년 1월 58만3,000원에 달하던 평균 월세는 2025년 1월 55만4,000원으로 약 5% 감소했다. 같은 시기 서울 주요 대학가에서는 오히려 원룸 평균 월세가 6.1% 상승했다는 점과 대조적이다.

2025년 개소한 한양대 기숙사

　상생학사는 새로운 청년 주거 정책이자 지역 사회의 갈등을 풀고, 양질의 기숙사까지 대규모로 공급을 가능하게 만든 넛지 같은 정책이다. 대학생들의 주거 문제는 학생들만의 어려움이 아닌 지역과 사회 전체의 숙제다. 이를 슬기롭게 해결한 성동구는 상생학사를 통해 대학과 지역, 학생과 주민이 반복해왔던 갈등의 시간을 끝맺고, 서로를 이해하며 성장과 상생의 미래를 함께 그려나가고 있다. 상생학사의 성공적인 출범은 아름다운 동행을 가능케 한 지역 정책의 귀중한 자산이 됐다.

협력으로 전봇대 없는 거리를 만들다

거버넌스 기반 전봇대 정비 사업

길 위의 장애물을 치우고, 사람의 길을 되찾다

학교로 향하는 길, 골목 한복판, 주택가 모퉁이마다 전봇대가 서 있는 풍경은 너무 오랫동안 '그런가보다' 하고 지나쳐온 도시의 일상이었다. 하지만 그 전봇대 앞에서 아이와 어르신, 유모차를 미는 부모, 휠체어를 타는 주민은 늘 멈춰 서야 했다. 길은 모두의 것이어야 하지만, 현실의 길은 그렇지 않았다.

전봇대는 단지 걸음만 방해하는 것은 아니었다. 주택가의 미관을 해치고, 차량의 진출입을 막으며, 때로는 사람들의 생활 공간을 위협했다. 낡은 전봇대에 전선과 변압기가 뒤엉킨 모습은 도시의 안전을 위태롭게 했다. 이렇듯 도심 속 전봇대는 수십 년간 해결되지 못한 불편의 상징,

그리고 위험의 잔재로 남아 있었다.

문제는 해결의 주체가 명확하지 않다는 데 있었다. 통행 불편 여부의 판단부터 비용 부담, 공사 시행까지 모든 권한이 한국전력공사(한전)와 KT에 있었다. 지방정부가 나서도 권한이 없고, 한전과 KT는 예산 부족과 이설移設지 확보 문제, 주민 동의 갈등 등을 이유로 적극적으로 움직이지 않았다. 결국 전봇대는 주민 민원이 수년간 반복되어도 바뀌지 않는, '그 자리에 서 있는 문제'가 됐다.

나는 그 현실이 납득되지 않았다. "길 위의 불편이 수년째 그대로라면, 그건 행정의 한계가 아니라 의지의 부재다."

전봇대의 관리 주체가 우리 구청이 아니라고 해서 외면할 수는 없었다. 주민의 안전과 생활의 편의야말로 행정이 가장 먼저 고민해야 할 중심이었다. 우리는 시민이 불편을 느끼고도 스스로 해결책을 찾아 나서는 현실을 더 이상 외면해선 안 된다고 생각했다. 행정은 내 소관이 아니라는 이유로 불편을 미루는 순간 존재 이유를 잃는다. 누가 해결해야 하고 어떻게 풀어야 하는지를 끝까지 찾는 것, 그것이 지방정부가 지켜야 할 원칙이라고 나는 믿는다.

성동구, 한전·KT와 협약하다

우리는 먼저 2018년부터 2019년까지 전봇대 민원이 제기된 현장을 조사했다. 이후 주민들과 면담하고 주민 설명회를 개최하며 문제를 면밀히 파악했다. 성동구 내의 전봇대 1만25기의 전수조사도 실시했다. 관리 주

성동구-한국전력공사 전봇대 이설 업무협약식

체인 한전과 KT 등 관계 기관과의 숱한 실무 협의를 이어갔다.

한전과 KT에서 전신주와 통신주 관련 문제를 해결하는 기존 정책은 지중화 중심이었다. 하지만 이는 비용이 많이 들고 공사 기간도 길어 가용 예산이 한정된 지방자치단체에서는 충분한 예산 확보가 어려웠다. 시간도 오래 소요되어 사업이 추진되는 데 어려움이 많았다. 이에 성동구는 지중화보다 예산이 적게 드는, 다른 곳으로 옮겨 설치하는 이설을 대안으로 선택했다.

전봇대 이설도 쉬운 일은 아니었다. 전신주 1기당 약 2,500만 원, 통신주 1기당 약 500만 원에 달하는 이설 비용이라는 경제적인 벽이 존재했다. 공사 진행 기간 동안의 통행 불편과 영업 곤란과 새 이설 부지 선정의 어려움도 있었다. 전봇대 주변의 상인, 주민, 건물주 등 저마다 다른 입장이 얽혀 있어 진행 과정마다 고려해야 할 사안들이 적지 않았다.

전봇대 이설 현장

    어렵사리 이해관계자들이 이설에 모두 동의하더라도 소요 비용을 원인자(지방자치단체, 민원인)에게 부담시키는 경우가 많아 정비가 무산되는 일이 빈번했다. 이로 인해 기존의 많은 지방자치단체가 관련 사업 추진에 난항을 겪었다.

    하지만 나는 포기하지 않고 정공법으로 난관을 헤쳐나갔다. 유관 기관과의 설득과 협의를 수차례 거쳤다. 그 결과 전국 최초로 2019년 4월에는 한전과 2019년 9월에는 KT와 통행 불편 전봇대 이설을 위한 업무협약 체결에 성공했다. 성동구가 도로 점용 허가와 굴착 인허가 등 행정적 지원을 맡고, 한전은 이설 비용의 100%를, KT는 전봇대 정비 비용의 절반을 부담하는 구조였다. 민관이 각자 역할을 맡아 손을 맞잡으니, 수십 년 동안 논의에만 그쳤던 전봇대 이설이 하나둘 현실이 되기 시작했다.

    사업의 우선 대상은 위험 요소가 큰 초등학교 인근 통학로, 도시재생

초등학교 통학로 전봇대 정비 전후

지역, 골목길 한가운데를 막고 있는 전봇대였다. 통행에 불편을 주는 전봇대 정비 중기 종합 계획을 세워 업무협약에 더욱 구체적으로 힘을 실었다. 그 결과 2019년부터 2024년까지 총 165기의 전신주와 통신주를 정비했다. 이는 통행 불편 해소는 물론 지역 곳곳의 어린이 보행권과 안전 확보로 이어졌다. 한전 협약 종료 이후에도 성동구는 KT와의 파트너십을 바탕으로 2025년까지 남은 15기의 전봇대를 추가로 정비해나갈 계획이다. 기존 사업까지 포함하면 5개년에 걸쳐 약 180기의 전신주와 통신주가 자리를 옮기거나 제거된다. 도시 골목 구석구석이 한층 깨끗하고 안전해질 수 있다. 한 번도 통계가 공식적으로 발표된 것은 없지만 아마 전국에서 제일 전봇대를 많이 뽑은 지방정부가 아닐까 하는 장난 섞인 상상도 해본다.

무엇보다 통행 불편 전봇대 정비 정책은 많은 주민으로부터 "수십 년간의 불편을 한번에 뽑아버린 속 시원한 정책"이라는 평가를 받아 보람이 크다. 주민을 대상으로 매년 실시한 2019년 성동구 10대 뉴스 투표에서도 전국 최초 통행 불편 전봇대 이설 사업이 1위로 선정됐다. 사업이 본격화된 2019년 이후부터 2025년 5월까지 업무협약 체결을 통한 전봇대 이설 덕분에 8,700만 원에 달하는 예산을 절감했고, 도로 위를 오가던 위험한 전선과 노후 변압기의 밀집도도 함께 줄었다. 실제 사고가 예방됐으니, 만약 사고가 발생했다면 들어갈 직접·간접 비용까지 감안할 때 상당한 사회적 비용을 절감한 셈이다.

아직도 도시 곳곳에는 옮겨야 할 전신주와 통신주가 남아 있다. 하지만 주민과 행정, 기업이 어느 한쪽의 책임이 아니라 모두가 협력해야 할 문제로 받아들인다면, 기준도 해법도 바꿀 수 있음을 성동구가 선례로 보여주고 있다.

주민들은 생활 속 불편 사항이 생기면 구청으로 가장 먼저 민원을 제

전봇대 이설 관련 주민 설명회

기한다. 전봇대로 인한 통행 불편도 마찬가지다. 대부분 구로 접수되는 민원을 단순 이첩 처리하지 않고, 구가 주체가 되어 유관 기관 및 이해관계자 사이의 갈등을 중재하고 소통하며 풀어나간 이 사례는, 많은 지방정부의 역할에 본보기가 됐다. 또한 합리적인 역할과 비용 분담을 고안해 협력을 바탕으로 기관 간의 예산과 행정력을 절감할 수 있음을 보여줬다. 이 정책은 특히 갈등 조정에 적극적인 자세로 해결한 성과를 인정받아 감사원 정기 감사 모범 사례로 선정되어서 감사원장 표창을 받았다. 한 직원은 농담 반, 진담 반으로 "감사원이 감사하러 왔다가 감동하고 갔다"고 말했다.

지방정부가 주체가 되어 현장의 문제를 세밀하게 조율한 결과, 작은 전봇대 하나가 옮겨진 자리마다 아이와 어른의 한 걸음이 더 넓어지고 도시의 안전 역시 한층 높아졌다. 우리가 만든 변화는 공간의 안전성을 강화하고 일상 속 불편을 줄여나가는 적극 행정의 성과다. 앞으로도 지역 사회 곳곳에서 더 나은 변화를 실현하는 새로운 지표가 될 것이다.

주민이 행정을
만들다

(주민 참여 거버넌스)

모두가 함께 결정하고, 함께 책임지는 자치가 시작되다

서울이라는 대도시, 그리고 아파트가 일반적인 주거 형태인 곳. 이곳에서 아파트 공동체 활성화, 민관 협치, 그리고 주민 자치는 가능할까? 이 모든 것이 따로 활동하는 각각의 사업처럼 존재하지 않고 서로 유기적으로 연결되어 주민들의 일상에 뿌리내려질 수 있을까? 주민과 행정이 만나는 거버넌스 모델은 가능할까? 그렇게 행정의 주인으로 주민을 다시 세우는 것은 가능할까?

성동구에는 전국 어디에도 없던 실험이 있었다. 주민 자치회, 민관 협치, 그리고 아파트 공동체 지원이 하나로 연결된 거버넌스의 모델을 만드는 것이었다. 나는 이 실험을 사람이 행정을 다시 주인이 되는 과정이라고 생각했다.

지방자치의 본질은 늘 같은 질문에서 출발한다. "정말 주민의 목소리가 정책에 닿고 있는가."

이 질문은 행정을 하는 나에게 늘 가장 무겁게 다가왔다. 진정한 자치는 주민이 직접 참여해 자신이 사는 곳의 환경과 방식을 함께 만들어갈 때 비로소 완성된다. 행정이 방향을 제시할 수는 있지만, 그 길을 걸어가는 주체는 결국 주민이기 때문이다.

도시는 빠르게 변했다. 급속한 도시화, 늘어나는 1인 가구, 아파트 중심의 주거 구조, 그리고 저출생과 초고령화. 이 변화 속에서 주민들의 요구는 더 세분화되고 다양해졌다. 이제 행정은 하나의 해답으로 모두를 만족시킬 수 없다는 사실을 인정해야 했다. 기존의 일방적인, 관 주도의 방식으로는 현장의 복잡한 현실을 담아내기 어려웠다. 그래서 나는 행정의 중심을 규정에서 주민의 목소리로 옮겼다.

회의실이 아니라 마을에서, 공문이 아니라 대화에서 해답을 찾기 시작했다. 그렇게 만들어진 것이 전국 최초의 주민 자치회이자, 성동형 협치 모델이었다. 주민이 정책을 제안하고, 논의하고, 실행 과정에 직접 참여하도록 제도를 설계했다. 이것은 행정의 권한을 나누는 일이 아니라, 신뢰를 회복하는 과정이었다.

지방자치가 출범한 이후 우리는 수많은 위기를 겪었다. 제도는 안정됐지만, 진짜 자치는 여전히 '시민의 참여'라는 마지막 조각을 기다리고 있었다. 나는 그 조각을 성동에서 완성하고 싶었다.

우리가 세운 목표는 단순했다. "누구도 배제되지 않는 공론의 장을 만들자." 그리고 그 안에서 주민이 실질적으로 참여하고, 서로 연대하며, 함께 결정하는 진짜 풀뿌리 민주주의를 실현하자는 것이었다. 그 길은 쉽지 않았다. 그러나 나는 믿는다. 행정이 주민에게 귀 기울이는 순간, 자치는 문서에서 현실로 바뀐다. 성동의 변화는 그 믿음 위에서 시작됐다.

전국 최초로 주민 자치회와 운영 사업을 도입하다

주민 참여 거버넌스 시스템 구축은 시대적 변화와 지역 현장의 요구에서 출발한다. 우리는 주민의 목소리에 부응하여 주민 자치와 마을 공동체, 협치 정책 실험을 통해 주민을 행정의 수동적 대상에서 지역 문제 해결의 능동적 주체로 전환시켜왔다. 이 시작은 2013년 전국 최초로 마장동에 도입한 주민 자치회였다. 모든 행정이 주민 의견을 듣기 위해 노력해왔지만 여전히 관 중심을 탈피하기는 어려웠다. 나는 동 주민 센터 체계를 벗어나야 한다고 생각했다. 주민이 직접 의견을 수렴하고 안건을 결정하며 정책 예산의 편성과 집행 권한까지 갖는 새로운 협치 모델을 만들고자 했다.

역시나 처음은 쉽지 않다. 마장동의 주민 자치회 시범 사업 추진 과정에는 현실적 어려움이 따랐다. 가장 큰 과제는 기존 주민 자치 위원회 중심의 구성을 탈피하여 성별, 연령 등 다양한 계층이 참여하는 대표성 있는 주민 자치회를 구성하는 것이었다. 신규 위원 선정 과정에서 기존 위원들의 이해관계 충돌과 반발 또한 적지 않았다. 자치 사업 발굴도 선례가 부족했다. 기존의 행정 기관 주도 사업 추진 방식을 벗어나 실제 주민 수요와 지역 특성을 반영한 사업 개발이 필요했다. 이 선례를 만드는 과정 역시 쉽지 않았다. 더불어 자치 사업의 최종 결정 과정인 주민 투표와 숙의 절차 역시 주민들이 낯설고 어렵게 느껴 시범 사업 진행에 적지 않은 장벽이 됐다.

하지만 주민들과의 지속적인 소통과 설득 과정을 통해 이러한 어려움을 극복했다. 그 결과 다양한 주민이 참여하는 주민 자치회가 구성됐고, 주민 수요에 부응하는 우수한 자치 사업들이 현장에서 구현될 수 있었다.

마장동의 성과를 토대로 2019년에는 서울시 최초로 성동구 17개 전 동에 주민 자치회를 확대 설치하여 참여 민주주의의 본격적 기반을 구축했다. 또한 주민 자치회 조례 개정을 통해 주민 자치회 참여 예산 편성과 집행 권한을 강화했다. 이를 통해 주민이 지방자치에 실질적으로 참여하고 직접 결정하는 풀뿌리 민주주의 실현 체계를 완성했다.

주민 자치회가 원활하게 운영되기 위해 성동구는 마을자치지원센터를 설치했다. 각 동 주민 자치회 컨설팅, 회계 교육, 연 100여 건에 달하는 의제 발굴, 누적 800여 명이 수료한 자치 학교, 정책 공유회, 실무 간담회, 매뉴얼·사례집 발간 등, 주민 참여 역량 강화를 위한 체계적 지원을 제공한다. 전국에서 유일하게 2025년 현재까지 이러한 센터를 지속 운영하고 있다. 이는 우리가 주민 참여에 기반한 민주주의를 구현하겠다는 강한 의지이기도 하다. 또한 주민들에게 체계적이고 지속적인 지원을 아끼지 않고 있음을 보여주는 대표적인 사례다.

탄탄한 기초 체계를 바탕으로 성동구는 10년 연속 서울시 자치 회관 평가 우수구에 선정됐다. 전국 주민 자치 박람회 행정안전부 장관상을 받았고, 잇따른 대외적 성과를 거두고 있다.

구정, 민관 협치 사업을 주민이 직접 설계하다

주민 자치회에서 핵심은 의사 결정 구조의 민주화에 있다. 17개 동에서 매년 개최되는 주민 총회는 지역의 공공 의제를 주민 스스로 선정하고, 심도 있는 숙의와 토론, 사전·현장 투표를 통해 대표성과 공공성을 동시에 확보하는 장이다.

2025년 전체 투표 참여자는 5,822명으로 동별 참여 정족수의 4.2배에 달했다. 발굴한 마을 의제는 총 166건이다. 이 중 100개 사업을 선정했다. 주민 총회를 통해 〈송정마을 벚꽃 축제〉, 〈대현산 장미 축제〉, 초등학교 연계 동네 역사 탐방, 치매 예방 교육, 반려동물 펫티켓 캠페인 등, 이웃 간 협력과 지역 특성을 반영한 다양한 마을 사업이 기획·실행되고 있다.

지방 재정 민주주의 확립면에서도 우리는 한발 앞선 행보를 보였다. 주민 참여 예산제는 예산 편성, 집행, 평가 전 과정에 주민을 참여시켜 지역 생활 의제를 적극 해결하는 구조로 설계됐다. 제안 사업 공모, 예산 위원회 운영, 분과별 심사와 적격성 검토, 주민 총회 상정, 사업 선정, 진행 중 모니터링을 통해 평가와 환류 체계 강화에 힘썼다.

주민 참여 예산 규모도 빠르게 성장했다. 2018년 3억 원에서 2025년 15억 원 규모로 약 5배 확대됐다. 누적된 제안 건수는 380건이고 이 중 93건이 선정 및 실행되어 그 실적이 뚜렷하다.

주민 참여 예산을 통해 메타 버스 안전 통학로 구축 리빙랩 운영, 성동형 스마트 쉼터 내 자동 심장 충격기AED 설치, 이동식 심폐 소생술 교육 실시, 스마트 산책로 범죄 예방 시스템 구축 등, 주민 아이디어에서 시작한 생활 밀착형 혁신 사업이 실제 정책으로 실현됐다.

| 성동형 민관 협치 혁신 협업 모델 |

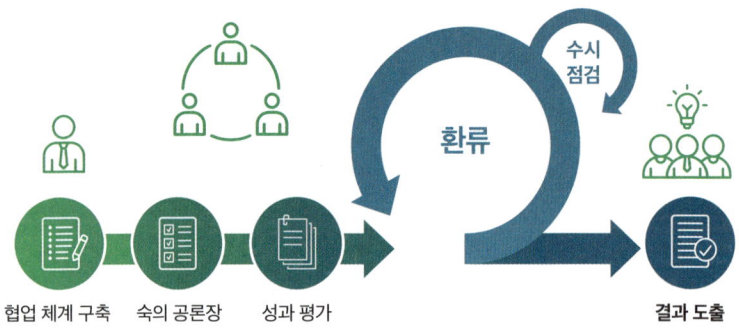

이 모든 성과는 2019년, 2021년, 2023년 주민 참여 예산 제도 자치단체 평가에서 다양한 분야의 상을 고루 수상하며 공식적으로 인정받기도 했다.

성동형 거버넌스의 큰 축은 주민이 구정 운영에 직접 아이디어를 내고 실행하는 민관 협치 사업이다. 성동구의 민관 협치 사업은 정책 수립부터 시행까지 전 과정에 주민 참여 체계를 구 전체로 확대한 정책이다. 성동구는 주민 주도의 협치 의제 숙의 공론장을 운영한다. 여기에서 주민 제안을 정책으로 발전시키고 있다. 또한 협치 예산을 책정해 서울시 자치구 중 최고 수준의 재정을 투입하고 있다.

의제 발굴을 위한 협치 회의는 마을 자치, 교육 문화, 보건 복지, 도시 환경 등 분과별로 구성·운영된다. 분기별 정례 회의를 통해 각 의제가 실질적으로 구정에 반영될 수 있도록 체계적으로 설계됐다. 특히 정책의 기획-실행-평가 전 과정에 주민 의견이 지속적으로 반영될 수 있는 환류 체계를 구축하여 주민 참여를 통한 정책 신뢰도를 제고했다. 이처럼 의견 수렴, 예산 편성, 사업 추진 및 평가에 이르는 민관 협력의 모든 과정을 체계적으로 고도화했다.

2024년 말 기준, 누적 제안 사업은 380건이었다. 이 중 93건이 협치 프로젝트로 선정·집행됐다. 협치 주요 실행 사업으로는 시니어 모델 양성 과정, 공공 수어 도서관 운영, 커피 찌꺼기 업사이클링, 성동 온 식빵 프로젝트, 어린이 야간 진료 병원 확보, 1인 가구 지원을 위한 지역 네트워크 연계, 청년 1인 가구 공유 공간 운영, 친환경 현수막 활성화 지원, 다중인파 위기 관리 VR 안전 교육 등이 있다. 특히 시니어 모델 양성 사업은 서울 시니어 일자리 지원 센터에 공식 편입되는 등 성동구가 정책 확산의 기점이 되기도 했다.

지역 특성에 맞는 아파트 공동체를 구축하다

풀뿌리 거버넌스의 또 다른 축은 공동체의 관계력 회복이다. 성동구민의 약 88%가 아파트에 거주하는 특성을 고려할 때, 아파트 공동체 활성화는 도시 생활의 질 향상과 직결되는 핵심 과제다.

성동구는 공동체 공모 사업을 비롯하여 입주민 간 소통을 촉진하고 이웃 관계를 회복하는 다양한 프로그램을 운영하고 있다. 2025년 기준 누적 115개 단지의 3만5,000여 명이 참여하여 총 763개의 아파트 공동체 사업을 전개했다. 그리고 에너지 절약 축제, 김장 체험, 분리배출 캠페인, 플리 마켓, 공동체 줍깅, 시니어 건강 교실 등, 각 단지별 수요에 맞는 맞춤형 사업들이 활발히 추진됐다. 더불어 아파트에서 발생할 수 있는 각종 긴급 상황의 대처법을 교육하기 위해 찾아가는 입주민 재난 안전 체험 교육과 찾아가는 공동 주택 가구 및 자전거 수리 센터를 운영했다. 종이팩 전용 수거함 설치 및 분리배출 방법 교육을 하면서 친환경 그린 아파트 조성 사업을 진행했다.

안전과 환경 측면의 아파트 공동체 지원도 병행하고 있다. 공동체 리더 역량 강화 워크숍과 공동체 어울림 한마음 체육 대회를 통해 지속 가능한 공동체 관계력 증진에도 기여하고 있다.

이러한 체계적이고 다각적인 아파트 공동체 지원 노력의 결과, 성동구는 2019년 국토교통부 공동 주택 우수 관리 단지 최우수상, 2022년 서울시 아파트 공동체 활성화 7년 연속 우수 지자체 선정 등, 탁월한 공동체 활성화 성과와 혁신적인 정책 추진력을 인정받았다. 정부와 외부 전문가들에게도 지속적인 호평을 받고 있다.

우리가 만든 성동형 주민 참여 거버넌스는 지난 10여 년간 주민을 행정의 객체에서 민주주의 실현의 주체로 변화시켰다. 주민 개인의 작은 목소리도 체계적으로 수렴하려고 노력했다. 이것이 정책에 반영할 수 있는 집단 지성이 되기 때문이다. 지금은 전국 최초, 서울시 최초의 실험들이 지역 현장에 뿌리를 내렸다. 성동구에서 실행된 수많은 안건은 1인 가구, 아동, 시니어 등 다양한 계층에게 실질적 변화를 가져다줬다.

정책의 기획과 실행은 더 이상 행정 기관의 전유물이 아니다. 주민 누구나 참여하고 만들어가는 생활 민주주의라는 새로운 패러다임으로 자리잡아야 한다.

하지만 주민 참여 민주주의 시스템에도 한계와 과제는 존재한다. 주민 자치회 거버넌스 확대에 따라 운영의 전문성과 중립성 확보, 예산의 안정적 지원, 개별 동 간 격차 해소, 민관 협력의 장기적 신뢰 구축, 세대 간 균형 등은 여전히 풀어가야 할 숙제다.

성동구에는 "정책의 본질은 현장에서 시작한다"는 정신이 있다. 우리는 이 명제를 다시 한 번 확인할 수 있었다. 주민 참여 거버넌스 시스템은 지방정부의 소통, 연대, 지속 가능성을 견인하는 가장 강력한 혁신 도구다. 전국 어디든 지역 실정에 맞게 적용 가능한 보편적 모델이기도 하다. 이 정책은 풀뿌리 민주주의야말로 지역 사회의 변화와 미래를 이끄는 진정한 동력이 된다는 교훈을 남겼다.

매우 만족,
정원오입니다

PART 2

정성을 담은 기술은 시민을 지킨다

성동 AI·미래기술체험센터 ○ 스마트 도시 통합운영센터 ○ 성동형 지하 안전 관리 시스템 ○ 성동형 침수 피해 예방 시스템 ○ 빅데이터 분석 플랫폼 ○ 스마트 안부 확인 서비스 ○ 스마트 인솔 지원 사업 ○ 산책로 범죄예방 시스템 ○ 개인 정보 파기 서비스 ○ 코로나19 위기 관리·일상 지원 시스템 ○ 성동형 스마트 흡연 부스 ○ 효사랑·아이사랑 맛집, 원플러스원 식사 지원 ○ 커피 찌꺼기 재활용 사업

가장 먼저 체험하는
미래의 장을 만들다

성동 AI·미래기술 체험센터

아이디어가 자라고 미래가 손에 닿는 놀이터를 짓다

나는 기술이 인간의 삶을 얼마나 바꾸어놓는지, 그 변화를 현장에서 매일 실감하며 살고 있다. 불과 얼마 전까지만 해도 상상 속에서나 가능하리라 여겼던 무인 자율 주행차, 드론 택시, 배달 로봇, 그리고 실시간 번역과 이미지 검색이 가능한 스마트 글래스까지. 기술의 진보는 상상보다 빠르게 우리 일상을 바꾸고 있다.

인공지능AI을 비롯한 미래 기술은 이제 사회 전반에 깊숙이 스며들었다. 이 기술을 얼마나 능숙하게 활용하고 발전시킬 수 있는지가 개인과 국가의 경쟁력을 좌우한다. 단순히 정보를 다루는 차원을 넘어, 창의적 문제 해결력과 데이터 분석력, 그리고 알고리즘적 사고가 새로운 시대의 기본 역량이 됐다. 인공지능과 같은 첨단 기술에 대한 이해와 적응력은 더 이상 선택이 아니라 생존의 조건이 된 것이다.

로봇공학, 인공지능, 빅데이터, 드론, 가상 현실 등 정보 통신 기술이 융합된 새로운 산업 패러다임은 학생의 학습 방식은 물론, 시민의 일상과 도시의 경쟁력까지 새롭게 정의하고 있다.

2017년 정부가 과학 기술 발전이 선도하는 4차 산업 혁명을 국가 전략으로 제시했을 때, 지방정부의 역할을 고민했다. 미래는 거대한 연구소나 대기업의 전략실에서 나오는 것이 아니라 시민의 손끝에서 자라야 한다. 그래야 기술의 격차가 없이 고사리 같은 우리 아이들의 손에서도 매만져지고 기술 혁신의 성과가 고르게 돌아갈 수 있다. 그래서 나는 변화의 흐름을 주저하지 않고, 드론, 인공지능, 로봇, 코딩 등 4차 산업 혁명 기술을 직접 체험하며 배울 수 있는 공간을 만들기로 결심했다.

그 결과, 2017년 10월 우리는 기초 지방자치단체 최초로 성동4차산업혁명체험센터를 열었다. 연면적 1,263㎡(382평), 지상 2층 규모의 이 공간은 단순한 체험장이 아니라, 아이디어가 자라고 미래가 손에 닿는 우리 동네의 작은 놀이터가 됐다.

미래를 만지는 손, 성동의 상상력으로 자라다

나는 기술과 인간이 서로를 더 깊이 이해하게 하는 계기를 행정이 더 많이 만들어야 한다고 생각한다. 성동4차산업혁명체험센터는 이런 생각 위에서 전국 최초로 시도된 것이다. 어린이와 청소년, 그리고 어른들까

성동 AI·미래기술 체험센터

지 누구나 인공지능, 드론, 로봇 등 미래 기술을 직접 체험하고 배우며 스스로의 가능성을 발견할 수 있도록 문을 열었다. 단순한 전시 공간이 아니라, 지역 사회 전체가 혁신의 변화를 직접 실험하고 나누는 열린 배움의 공간이다.

센터 안에는 사물 인터넷, 가상 현실, 로봇, 드론, 3D 프린팅, 코딩 등 미래 산업을 대표하는 기술이 집약돼 있다. 1층에는 최고 높이 15.25m의 국내 최대 실내 드론 체험장이 있어 드론 레이싱, 드론 축구, 드론 챌린지 등 다채로운 행사를 열 수 있다. AI 어드벤처 존에서는 인공지능의 원리를 배우고, 로봇과 VR·AR 기술을 다루며, 3D 프린팅으로 자신만의 모델을 만들어보는 경험도 가능하다. 지역 내 학교와 연계한 학기제 SW·AI 캠프, 맞춤형 미래 기술 교육, 진로 탐색형 체험 프로그램 등 교육 과정도 다양하게 운영되고 있다.

실내 드론 체험장

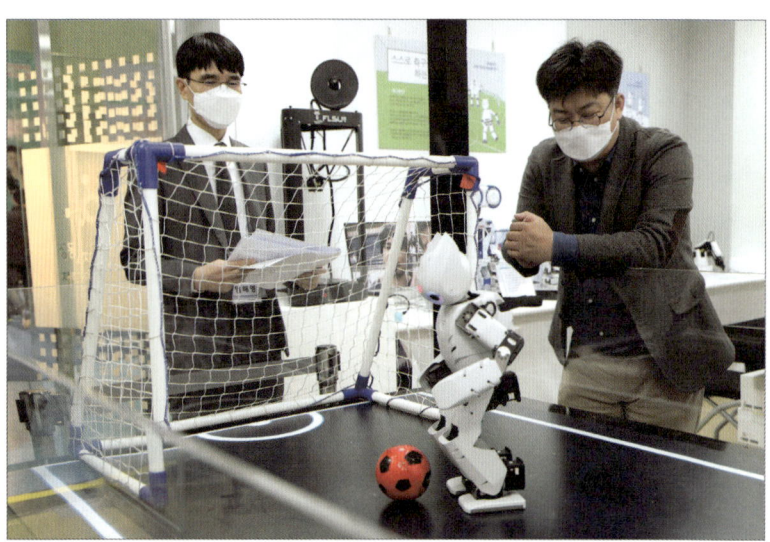

로봇 축구 체험

이곳은 주민에게는 새로운 사고와 여가의 기회를, 청소년에게는 디지털 대전환 시대에 필요한 창의력과 문제 해결 능력을 길러주는 삶의 교실이 됐다.

센터를 찾은 경동초등학교 한 어린이는 처음으로 드론을 조종하고 3D 프린팅으로 모델을 만들어보았다. "드론을 직접 날려보니 스릴도 있고 재미있었다. 3D 프린터가 내가 만든 모델을 한 칸 한 칸 쌓아가는 게 너무 신기했다."

함께 온 교사는 "교실에서는 할 수 없는 경험을 센터에서 직접 조작하며 배우니 아이들의 눈빛이 달라졌다"며 미소 지었다. 그 말을 들을 때마다 나는 기술이 아이들에게 새로운 세계를 열어주는 문이라는 걸 다시 느낀다.

센터는 개관 이후 다양한 교육과 축제, 대회를 통해 미래 기술의 저변을 넓혀왔다. 2018년 제1회 성동 청소년 드론 대회와 4차 산업 혁명 페스티벌을 시작으로 코딩 경진 대회, 로봇 체험, 미래 직업 체험 축제 등 실습 중심의 참여형 행사를 꾸준히 이어왔다. 2020년 코로나19 시기에는 온라인 강좌를 운영하며, 사회적 변화에 발맞춰 디지털 교육 콘텐츠를 지속적으로 개발했다.

2023년에는 시설을 개선하고 프로그램을 대폭 확대하여, 견학 중심의 전시 공간이 소통형 체험 공간으로 진화했다. 프로그램 수는 약 100여 개로 늘었고, 주민들의 선택 폭도 넓어졌다. VR존, AR존, 로봇존, 드론존, 미래직업체험존 등에서는 가상 현실 시뮬레이터, 드론 시뮬레이션, 인공지능 로봇 체험 등 새로운 프로그램이 운영되고 있다.

2025년 5월 기준으로 누적 프로그램 참가자는 6만8,044명, 견학 행사 참여자는 4만3,270명에 달했다. 2024년 이용자 만족도 조사 결과 평균 95%라는 높은 평가를 받았는데, 나는 이 숫자보다도 시민 한 사람 한 사람이 미래를 '직접 경험했다'는 사실이 더 값지다고 생각한다.

2024년 9월, 우리는 공모를 통해 센터의 이름을 성동 AI·미래기술 체험센터로 바꾸었다. 2025년 상반기에는 급변하는 기술 환경과 인공지능 산업의 흐름에 맞춰 전면 리뉴얼을 진행했고, 7월 1일 새롭게 문을 열었다. 분리돼 있던 전시 체험존을 융합 체험관으로 통합해 연속성 있는 학습이 가능하게 하고, 디지털 디스플레이와 디오라마를 새로 배치해 인공지능 기반 체험을 한층 풍부하게 만들었다.

이제 성동 AI·미래기술 체험센터는 단순히 배우는 공간을 넘어, 시민이 직접 미래를 설계하고 상상력을 현실로 바꾸는 플랫폼으로 거듭났다. 나는 이곳이 기술보다 사람이 중심이 되는 도시, 배움이 일상이 되는 성동의 상징으로 오래 남기를 바란다.

세상을 바꾸는 마음을 연결하다

나는 기술이란 결국 사람을 이해하고 돕는 또 하나의 언어라고 생각한다. 성동 AI·미래기술 체험센터의 융합 체험관은 그 언어를 배워보는 공간이다. 미래 산업의 핵심 기술인 인공지능을 기반으로 한 이곳에서는 7개 분야의 전문 강사들이 도슨트 프로그램과 체험 과정을 운영한다. 참가자들은 미래 산업의 변화와 인공지능의 원리를 배우고, VR 기술을 활용한 가상 세계 체험, 게임 형식의 확장 현실 체험, 신체 움직임을 감지하는 반

베이비알파 로봇 체험

응형 AIoT 체험 등 생활과 산업 속 인공지능 활용 사례를 직접 경험한다.

센터는 시대의 흐름에 맞춰 새로운 콘텐츠도 끊임없이 확장하고 있다. 바이오 헬스, 팝드론, AI 드로잉 등 미래 기술을 주제로 한 프로그램이 새롭게 추가됐으며, 드론 체험장에는 무대를 설치해 각종 행사와 경진 대회를 열 수 있도록 했다. 유아부터 성인까지 연령과 이해 수준에 따라 구성된 단계별 체험 프로그램도 운영된다. 유아의 성장 발달에 맞춘 메이킹 활동, 가족 단위로 즐기는 미래 기술 체험, AI 도구를 활용한 전문 분야 과정 등이 그 예다.

또한 수학, 과학 등 교과 과정을 VR이나 자율 주행 등 미래 기술과 연결해 초·중·고등학생들이 기술의 원리를 흥미롭게 배우고, 변화하는 미래 직업에 대한 이해를 높일 수 있는 다양한 진로 탐색 프로그램도 운영하고 있다. 경력 보유 여성들을 위한 AI 융합 코딩 강사 과정, 학부모 대상 특강을 마련해 주민의 디지털 역량 강화와 격차 해소에도 힘쓰고 있다.

학생들이 미래 기술을 자연스럽고 흥미롭게 익힐 수 있도록 커리큘럼도 새롭게 구성했다. 재개관 후 첫 운영 과정에서는 AI 포토부스, VR 화산 폭발 실험, 자율 주행 등 15개의 체험 프로그램과 반려봇 만들기, IoT 가로등 만들기, VR 방탈출 게임 코딩 등 4개의 교육 프로그램을 진행했다. 성동 AI·미래기술 체험센터는 성동구만의 특화된 온 마을 체험 학습장과도 연계해 학생들이 학교 밖에서도 손쉽게 미래 역량을 쌓을 수 있도록 운영되고 있다.

성동 AI·미래기술 체험센터는 2017년 개관 이후 꾸준히 변화와 도전을 거듭하며 세대와 계층을 가리지 않는 미래 교육의 장, 생활 밀착형 신기술 체험 공간으로 확장되어왔다. 앞으로도 신규 미래 기술 콘텐츠를 지속적으로 도입하고, 차별화된 프로그램과 행사를 열어 누구나 손쉽게 기술을 체감하고, 세상을 바꾸는 창의력과 문제 해결력을 키울 수 있도록 운영을 강화할 것이다. 그리고 지역 사회와 협력하여 학교 밖에서도 배움이 이어지는 새로운 체험 중심 플랫폼으로 자리 잡았다. 이러한 노력이 지방정부 교육 정책의 우수 사례로 평가받고 있다.

2025년 8월에는 아시아·태평양 경제 협력체 APEC 문화 고위급 대화 HLD-CCI 취재차 방한한 외신 기자들이 센터를 방문해 시설을 둘러보고 심층 취재를 진행했다. 이번 방문에는 필리핀, 태국, 베트남, 브라질, 인도, 브루나이 등 6개국 기자들이 참여했으며, APEC과 문화 산업을 주제로 국제 협력과 한국의 문화적 영향력을 강화하는 취지로 진행됐다.

외신 기자단은 "성동구가 지역 학생들을 창의적 인재로 키우기 위해 첨단 미래 기술 교육을 체계적이고 지속적으로 운영하는 모습이 인상 깊었다"며, "APEC 회원국 간 문화·교육 교류의 모범 사례가 될 것"이라고 평가했다.

나는 이 평가가 지역이 만들어낸 미래의 가능성에 대한 인정이라고 생각한다. 우리는 사람이 중심인 도시, 배움이 삶으로 이어지는 성동의 미래를 향해 계속 나아가고 있다. 성동 AI·미래기술 체험센터는 지역 주민의 삶 속에서 기술이 실질적 변화를 가져오는 생활 속 혁신을 직접 체험하는 기회를 제공하여 성동구가 혁신 도시로 한 걸음 더 나아가는 데 기여하고 있다.

도시의 위험을
실시간으로 살피다

스마트 도시 통합운영센터

안전을 지키는 똑똑한 안전망을 생각하다

최근 도시화의 가속화와 함께 안전에 대한 시민들의 요구가 높아지면서 CCTV는 공공 영역의 핵심 도구로 자리 잡았다. 단순히 범죄 상황을 기록하는 역할을 넘어, CCTV는 범죄의 예방, 실시간 재난 관리, 그리고 도시 행정의 효율성을 높이는 데까지 활용되고 있다. 특히, 교통량이 많은 지역이나 인구가 밀집된 장소에서는 CCTV의 존재만으로도 범죄 억제 효과를 발휘하며, 긴급 상황 시 빠른 대응을 가능하게 한다. 최근에는 인공지능과 데이터 분석 기술을 결합한 지능형 CCTV가 도입되면서, 위험 상황을 자동으로 탐지해 선제적 개입이 가능해졌고, 이로 인해 CCTV는 단순한 감시를 넘어 도시의 안전망을 근본적으로 개선하는 중요한 기술로 발전하고 있다.

    2014년 기준 우리나라의 살인 범죄 발생률은 인구 10만 명당 2.2명으로 OECD 평균 2.16명보다 높으며, 총 범죄 중 절도, 살인, 강도 등 중요범죄는 1.5% 증가하는 추세를 보이고 있었다. 또한 2014년 시행된 서울서베이 도시 위험도 조사 통계에 따르면 성동구의 도시 위험 4개 부문(자연재해, 야간 보행, 범죄 두려움, 건축물 사고 위험)에 대한 주관적 위험 정도가 서울시 평균보다 높은 것으로 나타났으며 특히 밤거리, 범죄 피해에 대한 두려움이 높은 것으로 확인됐다.

더 안전 혁신 사업을 만들다

    이에 성동구는 범죄 예방이 정부, 학교, 수사 기관 등의 개별적 대응만으로는 명백한 한계가 존재하며, 지역 전체가 힘을 모아야 할 공동 과제임을 인식했다. 그리고 다목적 CCTV 대규모 설치와 대응 및 협력 체계를 구축하는 '더 안전 혁신 사업'을 시행하기에 이른다. 2016년 CCTV 설치 TF 구성과 성동 경찰서 및 (사)한국셉테드학회와의 협력 체계 구축으로 시작된 더 안전 혁신 사업은 CCTV를 활용한 지역 안전망 기반 조성을 목표로 추진됐다.

    사업의 첫 단계로, 각 동의 주민 센터, 주민 대표, 지구대 및 파출소가 공동으로 참여하는 CCTV 장소 선정 및 평가 위원회가 구성됐다. 이 위원회는 범죄 발생 우려가 높은 주택 밀집 지역과 교통사고 다발 지역을 선별하여 방범용 및 다목적 CCTV를 설치하고, 경찰서·소방서 상황실

| 더 안전 혁신 사업 – 성동 경찰서와의 업무 흐름 |

1단계: 기존 설치 민원 전수조사 — 전산 정보과

2단계: 신규 장소 조사 (기존 민원 제외) — 청소 행정과, 자치 행정과, 성동 경찰서

3단계: CCTV 장소 선정 위원회 개최 — 동 주민 센터, 지구대, 신청인 주민

4단계: 현장 검토 후 최종 결정 (기존+신규 장소) — 전산 정보과, 자치 행정과, 성동 경찰서

5단계: 주민 설명회 개최 (장소 선정 결과 설명 및 설치 동의서 징구) — 자치 행정과, 동 주민 센터, 신청인, 주민

6단계: 사업성과 모니터링 — 전산 정보과

과의 실시간 연계 시스템을 구축함으로써 비상사태 발생 시 즉각 대응할 수 있는 체계를 마련했다.

특히 주민 안전을 위해 2014년부터 성동 경찰서 112 긴급 출동 지원을 위한 스마트폰 애플리케이션인 스마트 폴리스 앱을 개발하여 순찰차에 실시간 영상 정보를 전송, 신속한 사건 해결에 기여하는 시스템을 구축했다. 또한 성동서 관할 9개 지구대에 지급된 스마트폰 22대를 통해, 스마트 도시 통합운영센터에서 모니터링 중 위급 상황이 발생하거나, 112 출동 신고 및 119 사건 신고로 경찰 또는 소방 출동이 요청되었을 때, 월담·절도·교통사고·어린이 보호 구역 등에서의 지능형 이벤트가 검출되었을 때 등의 주요 상황에 CCTV 영상을 순찰차로 전송하고 있다. 현장에서는 이를 확인하여 처리 후 결과를 입력하는 형태로 협업을 추진하고 있다.

2017년 7월에는 성동 소방서 개청에 발맞춰 소방서와의 CCTV 영상 정보 동시 관제 영상 정보 시스템 또한 구축했다. 성동구는 실시간 재난 영상을 성동 소방서에 제공하고 영상 정보 시스템 구축을 위한 예산(3억 원)을 지원했으며, 성동 소방서는 출동 신고 정보 및 재난 현장 위치 정보를 우리 구청에 공유하고 있다.

이 밖에도 더 안전 혁신 사업의 일환으로 2015년부터 성동 안심 귀가 앱을 도입하여 주민들의 안전한 귀가를 지원하고 있다. 이 애플리케이션은 스마트폰 GPS를 통해 사용자의 위치를 실시간으로 추적하며, 귀가 경로와 예상 도착 시간을 관제 센터에서 모니터링한다. 긴급 상황 발생 시 SOS 버튼을 누르면 112와 즉시 연계되어 신속한 구조가 가능하다. 특히 아동이나 치매 어르신이 사용하는 웨어러블 기기와 연동하여 실시간 위치 정보를 알 수 있고, 가입자 사진을 바탕으로 해당 지점의 CCTV를 즉각 확인함으로써 정확하고 신속한 대응이 이루어진다.

이처럼 CCTV와 애플리케이션을 통한 모니터링 체계를 구축하는 한편, 2015년부터 범죄 예방 디자인CPTED 사업을 통해 범죄 취약 지역의 환경적 요인을 근본적으로 개선하고 있다. 주택과 다세대 건물이 밀집된 골목길 등 범죄 가능성이 높은 지역에 밝은 조명과 안전 시설물을 설치하고, 색채와 조경, 시각적 디자인 요소를 활용하여 주민들에게 심리적 안정감을 제공하는 데 중점을 두었다. 또한 주민들이 불안감을 느낄 수 있는 장소에 벽화나 상징적 디자인을 적용하고, 어린이 놀이터와 같은 공공장소를 리모델링하여 보다 안전한 환경으로 재구성했다. 이러한 접근법은 범죄 가능성을 물리적, 심리적 측면에서 효과적으로 감소시키는 동시에 지역 주민들의 정서적 안정감을 강화하는 데 기여한다.

더 안전 혁신 사업은 CCTV 데이터를 활용하여 초기 대응력을 강화한 데에도 의미가 있으며, 이를 통해 사고 가능성을 미리 차단할 수 있게 됐다. 특히 CCTV 교체 사업으로 낙후된 저화질 카메라를 고화질로 전면 교체함으로써, 법 집행 과정에서의 활용 빈도를 높이고 범죄 억제 효과를 더욱 강화했다. 이로 인해 지역 내 사건, 사고 발생률이 이전 대비 대폭 감소하는 성과를 거뒀다. 또한 전국 최초로 자치구와 소방, 경찰이 CCTV 영상 정보를 실시간 공유하여 범죄, 재난 등 각종 사고에 공동 대응할 수 있게 한 점은 지역 중심의 안전한 도시 환경 조성의 선도적 사례로 높이 평가받고 있다.

전국 최초로 사각지대 로드뷰 서비스를 구축하다

2020년에는 영상 정보 활용 인프라를 한 단계 더 발전시켜 성동 스마트 로드뷰 서비스를 구축했다. 성동 스마트 로드뷰는 성동구 내 도로와 공공시설물의 실시간 데이터를 주민들과 공유하여 지역 안전 및 시설 상태를 직접 확인할 수 있도록 설계됐다. 특히 골목길, 공원 산책로 등 민간 포털 로드뷰에서 제공하지 않는 지역 구석구석의 사각지대까지 촬영하여 제공한다. 주민들은 이를 통해 자신이 거주하거나 자주 이동하는 구역의 환경, 그리고 안전 상황을 일상적으로 확인할 수 있다. 공사로 인한 도로 변화, 특정 구역의 방범 강화 상황도 미리 파악하여 생활의 편의성을 높일 수 있다.

로드뷰 서비스는 지속적으로 발전했다. 2021년에는 코로나19로 외출이 어려운 주민들이 집에서도 봄꽃과 자연을 감상하며 힐링할 수 있도록 응봉산, 송정 제방길, 서울숲, 대현산 장미원 등 주요 근린공원과 수변 산책로를 담은 테마 로드뷰 서비스를 시작했다. 이어 2022년부터는 성동 스마트 로드뷰 서비스를 한층 더 확장하여 생활 안전뷰 서비스도 개시했다. 생활 안전뷰는 성동구와 성동 경찰서가 협업하여 구축한 서비스다. 다목적 CCTV, 무인 안심 택배함, 비상벨, 스마트 쉼터, 교통사고 다발 지역, 아동 안전 지킴이 집, 여성 안심 귀갓길, 주거 안심 구역 등의 생활 안전 데이터와 로드뷰를 하나의 페이지에서 편리하게 확인할 수 있다는 장점이 있다. 이처럼 스마트 로드뷰는 지역 특색에 맞춰 주민 생활에 필요한 다양한 생활 밀착형 서비스를 제공할 수 있어, 보다 안전하고 편리한 도시 환경 조성에 이바지하고 있다.

성동 스마트 도시 통합운영센터를 만들다

더 안전 혁신 사업 시행으로 구축된 안전 도시 인프라를 바탕으로 한 단계 더 나아가, 2020년, 전국 최초 지능형 CCTV 기반의 스마트 도시 통합운영센터를 구축했다. 스마트 도시 통합운영센터의 도입은 2020년 행정안전부 공모 사업 선정으로 국비 지원을 받아 추진됐다. 이는 단순히 방범용 카메라를 설치하는 수준을 넘어서 첨단 기술을 기반으로 주민 안전과 도시 기능 강화를 위한 통합적·체계적인 관리 시스템의 도입을 의미한다.

스마트 도시 통합운영센터는 기존의 CCTV망을 고도화하여 성동구

성동 스마트 도시 통합운영센터

전역에 설치된 4,500여 대의 CCTV를 실시간으로 통합 관제하고 있다. 단순히 사람이 수동으로 화면을 감시하는 것이 아니라, 인공지능을 활용한 지능형 선별 관제 시스템을 통해 위험 상황을 즉각적으로 식별한다. 이 시스템은 각 CCTV 영상에서 비정상적 상황(폭력, 절도, 화재 위험, 소방도로 방해, 쓰레기 무단 투기 등)을 자동으로 탐지하고, 관제실 요원에게 이를 우선적으로 보여준다. 해당 기술은 데이터 분석을 통해 사건 발생 지역의 패턴을 예측하고 선제적 대응을 가능하게 하며, 동시에 관제 인력의 부담을 경감한다. CCTV 영상 정보를 딥러닝 알고리즘으로 분석함으로써 1명의 CCTV 근무자가 1,000대의 CCTV를 선별 관제할 수 있게 된 것이다. 이는 사건, 사고를 쉽게 파악하고 효율적인 CCTV 관제 업무로 긴급 상황 시 빠른 대응을 가능하게 한다. 스마트 도시 통합운영센터는 첨단 정보 통신 기술ICT을 활용하여 범죄뿐만 아니라 교통, 재난, 환경 등 도시의 다양한 문제를 해결하고 있다.

　성동구의 스마트 도시 통합운영센터는 세계적인 핫플레이스로 도약하여 많은 인파가 몰리고 있는 성수동 일대의 인파 관리에도 활용된다. 우리가 도입한 스마트 인파 관리 시스템은 성수동 카페 거리 일대 60여 대의 CCTV에 인파 감지 기능을 적용한다. 단위 면적당 인원수를 자동 측정하여 인파 밀집 상황까지 자동으로 감지하고, 위험 징후를 알려준다. 밀집 상황이 감지되면 구의 재난 안전 상황실과 서울시, 소방서, 경찰서로 동시에 전파 및 공유된다. 지능형 CCTV를 통해 측정된 인파 밀집도는 스마트 도시 통합운영센터에서 실시간으로 모니터링되고, 지하철 2호선 성수역 출입구에 설치된 인파 키오스크와 전광판에 표시된다. 성동구는 전국 최초로 성수역 3번, 4번 출입구 두 곳에 키오스크를 설치해 인파 사고 예방을 돕고 있다. 또한 성수동 카페 거리와 연무장길 일대 총 다섯 곳에 인파 밀집도를 한눈에 볼 수 있는 전광판도 설치·운영하고 있다. 전광판은 전방 골목길에 인파 밀집도가 높아질 경우 위험을 경고해 우회를 유도한다. 보행 혼잡도가 주의(단위 면적당 5명)일 때는 노란색으로 표시되며, 혼잡(단위 면적당 6명)일 때는 붉은색 글씨로 우회하도록 안내하고 있다.

　동시에 인파 밀집도를 언제 어디서나 손쉽게 확인할 수 있도록 유튜브 채널 성수 라이브를 운영하고 있다. 유동 인구가 많은 성수역 출구 4개소와 연무장길 1개소의 인파 혼잡도 현황을 실시간으로 송출한다. 성동구청 누리집 메인화면에서도 바로 접속할 수 있다.

　이처럼 성동구 전역에 대규모 확대 설치된 지능형 CCTV와 이를 통합 관제하는 스마트 도시 통합운영센터는 다양한 수요에 맞춰 도시의 안전

성수 라이브 유튜브 송출 화면

과 생활 편의를 개선하는 데 적극 활용되고 있다.

성동구의 스마트 도시 통합운영센터는 물리적인 안전망을 구축하는 동시에, 정보 통신 기술과 인공지능을 적절히 결합해 도시 문제 해결의 근본적인 변화를 만들어내고 있다. CCTV 영상의 자동 선별 관제 시스템은 위험 가능성을 사전에 예측하여 사고의 발생 확률을 낮추고, 비상 대응이 더욱 신속하게 이루어지도록 개선한 사례로 꼽힌다. 특히, 범죄 예방, 인파 관리, 무단 투기, 주정차 위반과 같은 도시 문제를 효과적으로 예측·대응하며 지역 사회의 안전성과 쾌적함을 한층 강화했다. 성동구의 스마트 도시 통합운영센터 운영 성과는 관련 수치로도 뚜렷이 나타난다. 서울지방경찰청의 통계 발표에 따르면 2024년 성동구 내 5대 범죄(살인, 강도, 강간·강제추행, 절도, 폭력) 발생률은 2014년 3,582건 대비 59% 감소한 1,465건으로 나타났다.

스마트 도시 통합운영센터의 장점은 데이터 기반의 운영 효율성과 공간 통합적 사고 관리 능력이다. 성동구는 이를 통해 주민 안전의 새로운 패러다임을 제시하며, 더 나은 도시를 위한 미래를 이끌어가고 있다. 앞으로도 나는 성동구는 지역 안전망을 더욱 세밀히 확장하고, 스마트 기술의 정확성을 꾸준히 높여나갈 계획이다.

성동구의 스마트 도시 통합운영센터는 단순한 관제 공간이 아니라 '위기 이전에 먼저 움직이는 행정'이 실현되는 곳이다. 이태원 참사 이후 전국적으로 CCTV 관리 체계의 중요성이 부각되었지만, 성동구는 이미 한발 앞서 인구 밀집을 인공지능으로 분석해 위험 단계를 예측하고, 구·경찰·소방이 동시에 대응하는 통합 시스템을 구축해왔다. CCTV 4,000여 대를 기반으로 한 이 시스템은 밀집도 4단계를 기준으로 경보-방송-비상 인력 투입까지 표준화된 매뉴얼을 갖추고 있으며, 실제로 수능 이후 성수동, 한양대학교 일대에 적용해 안전사고를 예방한 바 있다. 2023년 10월, 이재명 대통령(당시 민주당 대표)이 성동구청을 찾아 "전국이 벤치마킹해야 할 모범"이라 평가한 이유도 여기에 있다. 성동구의 통합 관제는 과학 기술과 현장 행정, 유관 기관 협업이 결합된 '사전 예방형 도시 안전'의 선도 모델임을 보여주는 사례다.

첨단 기술로 땅 밑까지 철저히 관리하다

성동형 지하 안전 관리 시스템

싱크홀 위험과 불안으로부터 주민을 지키다

2025년 3월 강동구 명일동에서 깊이 18m의 싱크홀이 생겨 한 생명이 희생된 사고는 많은 이들의 마음에 지워지지 않는 충격을 남겼다. 그날 이후, 주민들은 매일 지나던 길을 불안한 눈빛으로 바라본다. 복구된 도로 위를 걸으면서도 '이 길은 안전할까'라는 의심이 발밑을 따라다닌다. 사고의 흔적은 메워졌지만, 마음의 균열은 여전히 남아 있다.

나는 이런 불안 앞에서 행정이 무엇을 해야 하는지를 다시 묻게 된다. 사람의 두려움을 단순한 민원으로 보지 않고, 그것을 삶의 신호로 읽는 일. 그것이 행정의 출발점이어야 한다.

국토교통부 통계에 따르면 최근 5년간 전국에서 발생한 867건의 지반 침하 사고 중 약 45.4%가 노후 하수관로의 손상에서 비롯됐다. 서울처럼 교통량이 많고 지하 시설물이 복잡하게 얽힌 도시에서는, 한 번의 침하가 단순한 도로 함몰을 넘어 가스관 파손이나 통신 장애 같은 2차 피해로 번질 수 있다. 이 문제는 어느 한 지역에 국한되지 않는다. 도시 전체가 안고 있는 구조적 위험이다.

싱크홀 제로를 실현하다

서울 전역에서 지반 침하 사고가 잇따르는 가운데, 성동구는 '싱크홀 안전지대'로 불리고 있다. 2023년 이후 현재까지 단 한 건의 사고도 발생하지 않았다. 서울시 전역에서 2025년 상반기 기준 73건의 지반 침하가 보고된 것과 비교하면, 이 수치는 더욱 눈에 띈다. 이러한 결과는 우연이 아니다. 성동구가 일찍부터 추진해온 선제적 대응 정책의 성과다.

성동구의 싱크홀 예방 정책은 세 가지 축으로 이루어져 있다. 첫째, 도로 하부 공동 탐사를 정기적으로 실시해 위험 구간을 조기에 발견하고 복구한다. 둘째, 지반 침하의 주요 원인인 노후 하수관로를 지속적으로 교체하여 지반 약화를 방지한다. 셋째, 사물 인터넷 기술을 활용한 지하 공간 안전 관리 시스템과 누수 진단 시스템을 구축해 실시간으로 모니터링하고 신속히 대응한다.

도로 하부 공동 탐사는 성동구의 지하 안전 관리에서 가장 핵심적인 전략이다. 「지하 안전 관리에 관한 특별법」이 시행되기 이전인 2017년부터 도입된 이 시스템은 지표 투과 레이더GPR 장비를 통해 도로 하부의 빈

보도용 GPR과 차량용 GPR을 활용한 도로 하부 공동 탐사

공간을 정밀하게 탐지한다. 2022년부터 3년간 총 275km의 도로 구간을 조사했으며, 탐사 과정에서 발견된 공동은 내시경 정밀 진단 후 유동성 채움재로 신속하게 복구했다. 공동의 규모가 크거나 주변 환경 요인이 복합적으로 작용한 경우에는 굴착을 통한 항구적 복구로 지반의 안정성을 확보했다.

성동구는 대형 공사장 주변 도로나 노후 상수도관이 매설된 구간, 민원이 집중된 지역을 우선 점검 대상으로 지정해 빠르게 대응했다. 체계적 탐사와 복구 결과, 2022년 54개소에서 2023년 23개소, 2024년 13개소로 매년 줄었다. '조기 발견, 즉시 복구'라는 원칙이 실제로 안전을 지켜내고 있는 것이다.

또한 2022년부터 2024년까지 매년 실시한 GPR 공동 탐사 구간과 복구 완료 지점 90개소의 데이터를 전산화해 GPR 공동 탐사 복구 지도를 제작했다. 이 지도는 2025년 10월부터 웹 서비스 형태로 공개되고 있다. 주민들은 도로 하부 공동 탐사부터 복구 완료까지의 전 과정을 손쉽게

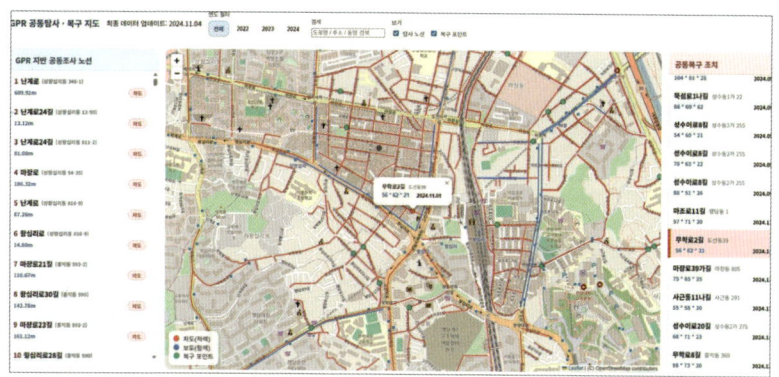

GPR 공동 탐사·복구 지도 서비스 화면

확인할 수 있다. 탐사 구간은 색상으로 구분해 시각적으로 쉽게 파악할 수 있으며, 복구 완료 지점은 초록색 포인트로 표시되어 한눈에 확인 가능하다. 연도별 필터와 주소 검색 기능도 갖추어 접근성을 높였다.

무엇보다 이 시스템은 외주가 아닌 성동구 자체 기술로 단 두 달 만에 개발됐다는 점에서 의미가 크다. 현장을 가장 잘 아는 담당 부서가 직접 참여하여 실용적이고 완성도 높은 시스템을 완성했다. 그동안 축적된 지하 공간 안전 관리 데이터를 투명하게 공개함으로써 주민 불안을 줄이고 행정에 대한 신뢰를 높이는 새로운 행정 모델로 자리 잡았다.

하수관로를 교체하고 지하 공간 누수를 진단하다

노후 하수관로의 교체는 지반 침하를 예방하는 또 다른 핵심 축이다. 하수관 손상은 시간이 지날수록 누수를 일으켜 지반을 약화시키는 주요 원

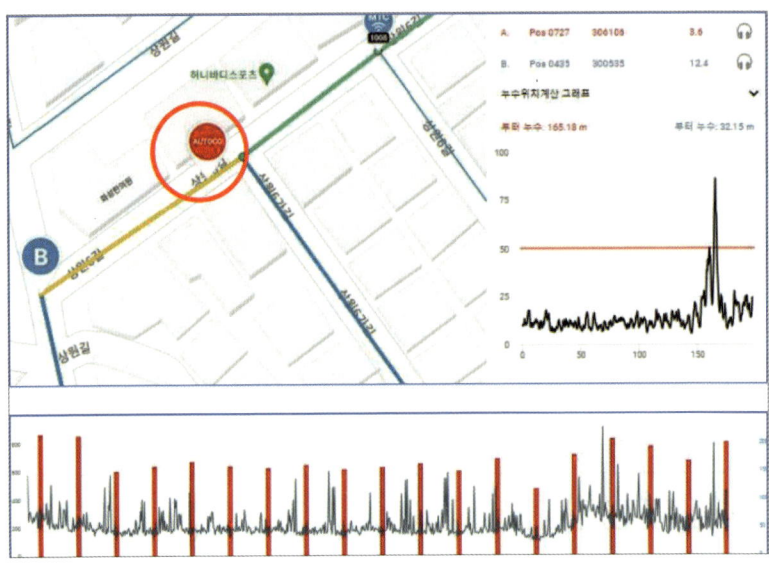

IoT 누수 진단기 데이터 분석 후 누수 의심 지역 선정 과정

인이 된다. 이에 성동구는 지난 5년간 35km에 달하는 하수관로를 교체하거나 보수했다. 2025년에도 추가로 4.5km 구간의 정비가 진행 중이며, 현장 실사와 CCTV 조사를 통해 균열이나 변형을 사전에 확인하고 구조적 위험 요인을 개선해 도시 인프라의 내구성을 강화하고 있다.

마지막으로 첨단 기술을 더해 지하 공간 누수 진단 시스템을 운영하고 있다. 2017년 전국 최초로 IoT 기술을 도입해 구축한 지하 공간 안전 관리 시스템은, 도로 하부의 이상 진동과 누수를 감지하여 실시간으로 데이터를 전송하고, 이를 바탕으로 신속한 탐지와 복구를 가능하게 했다. 이 체계는 사고 발생 후의 대응을 넘어, 이상 징후를 미리 포착해 위험을 원천적으로 차단하는 데 목적이 있다.

2020년에는 기존 시스템의 오류를 보완하여 보다 정밀하고 유지 관리가 편리한 지하 공간 누수 진단 시스템으로 업그레이드했다. 상수도관과 맨홀 내부에 설치된 감지 센서는 반경 500m 내의 이상 신호를 포착해 실시간으로 모니터링한다. 누수 의심 지역이 포착되면 동부 수도사업소와 협력해 즉시 점검과 정비를 진행한다. 현재까지 이 시스템을 통해 탐지된 누수 의심 지역 46곳 중 실제 누수 위험이 확인된 24건의 정비를 완료했다.

성동구의 체계적인 지반 침하 방지 정책은 다른 지역에도 도시 인프라 관리의 중요한 방향성을 제시하고 있다. 특히 스마트 기술의 적극적인 활용과 투명한 정보 공개는 도시 안전 문제 해결의 핵심이자, 주민 신뢰를 회복하는 길임을 보여준다. 기술과 행정의 결합, 그리고 끊임없는 혁신이 만들어낸 싱크홀 제로 성과는 수치만으로 그 결과를 판단할 수 없다. 이것은 주민의 신뢰를 지키고, 도시의 안전을 미래 세대까지 이어가겠다는 약속의 시작이다. 성동구의 선제적이고 철저한 지하 안전 관리 체계는 앞으로도 도시 안전 행정의 새로운 기준으로 남을 것이다.

물이 샐 틈을
허락하지 않다

성동형 침수 피해 예방 시스템

침수가 숙명인 물의 도시, 성동을 생각하다

최근 몇 년 사이, 기후위기로 강우의 양상이 빠르게 바뀌었다. 짧은 시간에 폭우가 집중되는 국지성 호우가 잦아지면서 도시의 일상은 예측하기 어려운 불안 속에 놓였다.

2022년 8월에 서울은 시간당 141.5㎜라는 기록적인 폭우를 맞았다. 1907년 기상 관측 이후 최대치였다. 강남역 일대의 도로가 잠기고, 2호선과 신분당선역이 침수되어 교통이 마비됐다. 도시는 한계를 드러냈다.

이미 그전부터 서울 곳곳에서 주택이 물에 잠기거나, 낡은 하수관로가 붕괴되는 일이 반복됐다. 특히 2010년 태풍 곤파스로 인해 서울에서 침수된 주택의 약 90%가 반지하였다. 물이 도시를 덮치는 순간이 오면,

단지 시설이 잠기는 데서 끝나지 않는다. 그때 도시의 시스템이 한 번이라도 제대로 작동하지 않으면 함께 가라앉는 것은 결국 소중한 한 사람 한 사람의 삶이다. 우리는 그 비극을 이미 숱하게 겪어왔다.

이제 이런 일은 더 이상 개인의 불행으로만 여길 수 없다. 재난은 개인의 문제가 아니라 도시 공동체의 문제다. 행정은 그 무게를 특히 더 깊이 받아들여야 한다. 침수 피해를 막기 위해서는 피해 지원과 사후 복구가 아닌 선제 대응이 필요하다. 배수 시설의 근본적 개선과 관리, 기술적 혁신, 그리고 취약 계층을 위한 맞춤 지원이 함께 이뤄져야만 비로소 안전한 도시가 완성된다.

성동구는 본래 폭우로 인한 침수와 관련이 많은 지역이었다. 성동구는 지역의 삼면이 모두 하천으로 둘러싸여 서울에서 가장 긴 수변을 접하고 있다. 그로 인해 지난 2010년부터 2014년 상반기까지 총 264건의 침수 피해가 발생하기도 했다. 청계천과 중랑천을 끼고 있으며 저지대가 많은 성동구의 지역적 특성으로 성수동을 비롯한 용답동, 행당동 등은 폭우가 지속되면 어김없이 침수 피해로 주민들이 고통을 겪는 지역이었다. 그런 점에서 침수는 우리에게 숙명이었다. 그러나 그 숙명을 그대로 수용할 생각은 없었다. 이제 내게 주어진 일은 침수라는 운명을 바꾸는 것뿐이라는 생각으로, 고질적인 피해를 막기 위한 노력을 시작했다. 빈틈 없는 대응 체계를 굵직하게 네 가지의 범주로 갖춰 최근 6년 간 단 한 건의 침수 피해가 발생하지 않았다. 숫자보다 더 의미 있는 것은 그 6년 동안 주민들이 '비가 와도 괜찮다'고 믿게 된 변화다.

이 성과는 우연이 아니었다. 도시 전역에 걸친 인프라 개선과 예방 시스템의 집요한 구축이 그 바탕에 있었다. 하수관로를 정비하고, 빗물 펌프장을 늘리고, 스마트 기술을 도입하며 취약 계층을 위한 돌봄 체계를 세우는 일. 성동구가 이 모든 일을 멈추지 않고 이어온 이유는 단 하나였다. 사람의 일상을 지키는 일, 그 단순하지만 가장 본질적인 행정의 책임 때문이다.

성동형 침수 예방을 시작하다

지속적인 하수관로 정비는 성동구가 침수 예방을 위한 근본적인 해결책으로 삼고 있는 핵심 사업이다.

나는 2015년부터 본격적인 첫 번째 침수 예방 대책에 착수했다. 수년간의 조사와 점검을 바탕으로, 지역 내 좁고 노후한 하수관로를 대형 관로로 교체하며 배수 능력을 한층 높였다. 특히 손상 정도가 심각했던 사근 빗물 펌프장 유입 관로 구간은 정밀한 보수 공사를 통해 물리적·기능적 결함을 대폭 보강하고, 내구성과 구조적 안정성을 확보해 재해 예방에 큰 역할을 했다.

2014년부터 2025년 7월까지 총 1,216억 원의 사업비가 투입됐으며, 129개소 72km에 이르는 하수관로가 보강 및 개량됐다. 또 236억 원을 들여 1,608km 구간을 정비했고, 37만383곳의 빗물받이를 대상으로 지속적인 준설 작업을 이어왔다.

성동구의 하수관로 정비는 저지대와 침수 취약 지역에서 되풀이되던 비 피해의 악순환을 끊어낸 기반이 됐다. 빗물이 역류하지 않고 효율적으로 흘러가도록 설계된 덕분에, 장마나 폭우가 찾아와도 도시의 물길은 안정적으로 흐른다. 사람들의 일상은 그 견고한 지하의 길 위에서 조용히 지켜지고 있다.

두 번째로 나는 빗물 펌프장 증설 사업을 통해 배수 처리 기능을 대폭 강화했다. 빗물 펌프장은 도시 배수망의 중추로서, 폭우가 내렸을 때 누적된 강우량을 신속히 처리하고 지역 내 침수 피해를 사전에 차단하는 역할을 한다. 성동구는 빗물 펌프장의 배수 능력을 증대시키고 기존 시설의 기능 개선을 지속하여 폭우로 인한 배수 장애 및 침수 사고를 원천적으로 차단해왔다.

펌프 가동 능력이 10년 빈도 강우량에 맞춰 설계됐던 행당 빗물 펌프장을 30년 빈도로 상향하는 등, 2014년부터 2025년 7월까지 총 223억 원의 사업비를 들여 송정, 사근, 행당 빗물 펌프장 개선했다. 이를 통해 배수량이 2,236㎥/분 증가했다. 이 밖에도 관내 빗물 펌프장 노후 설비에 대한 꾸준한 설비 개선으로 강우 시 침수 위험을 크게 낮추는 등 도심 수해 예방 역량을 한층 강화했다.

세 번째로, 침수 피해를 막기 위한 또 하나의 핵심 설비인 빗물받이에 주목했다. 나는 빗물받이가 평소 쓰레기와 낙엽에 막혀 제 기능을 하지 못하는 일이 잦다는 점에 주목했다. 비가 올 때마다 물이 고이고 배수가 원활하지 않다는 민원이 반복됐다. 문제를 근본적으로 해결하기 위해 공무원들과 머리를 맞댔다. 1년 6개월에 걸친 연구 끝에 2022년 9월, 성동형 스마트 빗물받이를 자체 개발했다. 이 시설은 침수 예방과 주민 생활 편의를 함께 담은 성동구만의 기술적 해법이었다.

성동형 스마트 빗물받이는 평상시에는 덮개가 닫혀 있어 쓰레기 투입을 방지하고 하수도 악취를 차단한다. 비가 내리면 자동으로 덮개가 열려 빗물을 빠르게 흘려보낸다. 태양광을 에너지원으로 사용해 친환경적이며, 유지 비용도 최소화되어 관리 효율이 높다.

이 스마트 빗물받이는 2020년 10월 왕십리 도선동 일대에 시범 설치된 것을 시작으로, 2023년에는 성수동 카페 거리와 사근동 한양대학교 주변, 행당동과 금호동 등 유동 인구가 많은 지역으로 확대됐다. 주민들의 반응은 긍정적이었다. "비가 와도 도로가 잠기지 않아 안심된다"는 말이 이어졌다. 성동구는 이러한 성과를 바탕으로 앞으로 구 전역으로 확대 설치해나갈 계획이다.

이 작은 장치는 기술로만 만들어지지 않았다. 매년 반복되던 침수 피해를 막고자 한 간절함, 그리고 생활의 불편을 줄이려는 세심한 관찰이 그 안에 함께 담겨 있다. 빗물받이 하나에도 성동구청 모두의 마음이 스며 있는 것이다.

주민 참여형 빗물받이 관리 시스템의 혁신

기술만으로 도시의 안전을 지킬 수 없다. 사람의 손과 마음이 함께할 때 비로소 진짜 방재가 완성된다. 그래서 주민이 직접 참여하는 원 클릭 빗물받이 신고 시스템을 도입했다. 이것이 네 번째 대책, QR 코드를 활용한 원 클릭 스마트 빗물받이 신고 시스템이다. QR 코드를 기반으로 한 이 시스템은 누구나 손쉽게 빗물받이의 상태를 신고하고, 문제를 해결하도록 돕는 참여형 플랫폼이다.

성동구 전역에는 1만9,000개가 넘는 빗물받이가 설치되어 있다. 그러나 그 많은 시설을 실시간으로 관리하기에는 인력이 턱없이 부족했다. 기존 민원 신고 절차도 복잡해, 주민들이 불편함을 느끼는 경우가 많았다. 성동구는 이런 한계를 바꾸기 위해 2024년 7월 QR 코드가 부착된 원 클릭 빗물받이 신고 시스템을 구축했다. 주민들은 스마트폰으로 코드를 스캔해 막힘, 파손, 악취 등의 문제를 발견하는 즉시 신고할 수 있다. 접수된 민원은 스마트 관리 시스템에 자동 등록되어 진행 상황을 실시간으로 확인할 수 있다. 이상 기후나 재난이 예측될 경우 선제적으로 청소와 정비가 이뤄진다. 무엇보다 이 시스템은 별도의 예산 없이 구청이 자체 개발해 운영하고 있다는 점에서 더 큰 의미가 있다.

원 클릭 빗물받이 신고 시스템은 간편 신고, 체계적 유지, 관리 데이터를 통합한 플랫폼으로 구성되어 있다. 모바일을 통해 접수

침수 취약 가구 돌봄대 안전 교육

된 신고 내용은 구청 담당자와 현장 처리반에 즉시 전달되고, 불편 신고 지도 서비스에서는 모든 신고 위치와 처리 현황이 지도 형태로 공개된다. 주민은 언제든 성동구청 홈페이지에서 빗물받이의 관리 상태를 직접 확인할 수 있다.

시스템 도입 이후 2025년 상반기까지 총 657건의 신고가 접수되어 모두 신속하게 처리됐다. 행정의 속도보다 주민의 손이 먼저 움직인 결과였다. 이 참여형 시스템은 빗물받이 관리의 효과와 효율을 동시에 높였다. 더 나아가 축적된 데이터를 바탕으로 상습 배수 불량 지역, 악취 발생 지역, 파손이 잦은 구역을 미리 예측하고 정비하는 과학적 관리 체계로 발전하고 있다. 또한 저지대와 침수 취약 지역 주민을 보호하기 위해 성동구 침수 취약 가구 돌봄대를 운영하고 있다. 통장과 반장, 인근 주민, 돌봄 공무원 등 80여 명으로 구성된 돌봄대는 침수 위험이 예측되면 즉시 현장에 출동해 점검과 대피를 돕는다. 서울시 재난안전대책본부의 침수 예보나 성동구 재난안전대책본부의 경보가 발령되면 비상 연락망이 작동하고, 돌봄대는 대피소 이동과 시설 점검까지 전 과정을 지원한다.

그리고 다섯 번째, 성동구는 전국 최초로 반지하 등급제 전수조사를 시작했다. 이를 토대로 반지하 주택에 물막이판, 역류 방지 시설, 비상벨 등 침수 방지 시설 설치를 지원하고 있다. 더불어 매년 약 3,000가구를 여름철마다 직접 방문해 모니터링하고 있다. 이 작은 장치와 관심은 도시가 침수되는 위험선이자 삶의 안전선을 조금 더 높이는 역할을 한다.

이외에도 비가 왔을 때 혹시 위험한 곳은 없는지 살피는 순찰 행정도 게을리하지 않고 있다. 공무원은 물론 지역의 주민들이 함께 꼼꼼히 참여하고 있다. 현장에서 빗물받이를 점검하고 관리하는 책임 관리 체계를 운영해 사전 예방을 강화했다. 간선도로와 이면도로를 중심으로 공무원, 통장, 환경미화원 등이 각자 맡은 구역을 정기적으로 순찰하며, 집중 호우 시에는 덮개를 열고 배수 상태를 직접 확인한다. 특별 순찰반은 호우기마다 현장에 투입되어 주민의 안전을 지킨다.

성동구의 침수 예방 정책은 단순한 인프라 확충에 머물지 않는다. 기술과 사람, 행정과 공동체가 함께 움직이는 구조를 만들어냈다. 첨단 기술로 예측하고, 사람의 손길로 관리하며, 마음으로 돌보는 행정. 그 안에서 성동구는 도시 안전의 새로운 기준을 세우고 있다.

이 모든 노력의 끝에는 하나의 바람이 있다. 비가 오는 날에도, 낮은 층에 거주하는 주민들이 안심하고 창문을 열 수 있는 도시가 되는 것이다. 그 단순한 평온을 지키기 위해 성동구의 행정은 오늘도 조용히, 그러나 단단히 움직이고 있다.

똑똑한 행정을 위해
빅데이터를 활용하다

> 빅데이터 분석 플랫폼

데이터로 도시의 변화를 열다

'감'이라는 게 있다. 어느 분야에서 오래 일하면 오는 직관이라고 할까. 꼭 전문가가 아니어도 일에 익숙해지면 생기는 감각이라 볼 수 있다. 성동구청장 12년 차인 내게도 그런 순간들이 있다. 새로운 문제인 것 같지만 그 문제가 어디서 기인하는 것인지 아직 정확한 데이터를 보지 않은 상태에서도 짐작이 가는 그런 것들 말이다.

그런데 이 직관에만 의존해서 행정을 할 수는 없다. 행정은 주민을 지향하면서 동시에 언제나 과학적이어야 한다. 정확한 문제에 대한 진단, 대안에 대한 사전 검토와 사후 검증이 될 수 있게 돕는 데이터는 이제 모든 행정의 기반이다.

과학적 통계와 스마트 기술을 바탕으로 한 데이터 기반 행정, 즉 빅데이터 분석의 중요성은 날로 커지고 있다. 방대한 행정 정보와 민간 데이터를 분석해 주민의 삶에 가장 가까운 맞춤형 행정을 펼치는 일은 이제 도시 운영의 필수 과제가 됐다. 불편을 한눈에 파악하고, 한정된 예산으로 가장 효과적인 정책을 설계하기 위해서는 객관적인 데이터 분석이 반드시 필요하다.

빅데이터 분석 결과를 정책의 기초 자료로 활용하면, 행정은 더 이상 형식적 탁상 위에 머물지 않는다. 공간, 인구, 이동, 민원 등 생활 데이터를 기반으로 기존에 보이지 않았던 경향과 숨겨진 패턴, 새로운 수요까지 입체적으로 파악할 수 있게 된다.

그래서 나는 이렇게 말한다.

"빅데이터는 선택이 아니라 필수이며, 행정이 주민과 더 가까워지는 가장 실효성 높은 통로다."

행정도 이러한 시대 변화에 빠르게 대응해야 한다고 생각했다. 2019년 3월, 기초 지방자치단체 최초로 성동구 빅데이터 센터를 신설했고, 같은 해 9월에는 전국 최초로 빅데이터 분석 플랫폼을 구축했다. 행정 정보와 민간 데이터를 실시간으로 연계하고 정비하면서, 우리는 더 똑똑한 스마트 행정 모델을 실현해냈다.

이 모델은 단순한 기술의 도입이 아니라, 행정의 철학을 바꾸는 일이었다. 나는 기술을 통해 사람을 더 깊이 이해하고, 정책을 통해 삶을 더 넓게 품고 싶었다. 데이터는 그 길을 열어주는 열쇠였다.

데이터를 연결하다, 도시를 이해하다

||||||||||||

성동구의 빅데이터 분석 플랫폼은 통합적으로 증거 기반의 정책을 실현하기 위한 분석 체계다. 지역 내에서 발생하는 온·오프라인 데이터를 연계하고, 수집하고, 저장하고, 분석한 뒤 그 결과를 공유하고 활용할 수 있도록 설계되어 있다. 지도를 기반으로 정책별 데이터를 직관적으로 분석하고 공유할 수 있는 이 플랫폼은, 행정의 눈을 더욱 넓고 깊게 만들어 준다.

과거에는 부서별로 분리되어 있던 공공 데이터와 현장 정보를 하나로 연결하고 통합함으로써 행정 자료의 품질을 높였다. 데이터의 표준화와 통합 관리, 그리고 적극적인 공유를 가능하게 하여 행정 현장에서 빠르

빅데이터 분석 플랫폼 화면

고 정밀한 정책 결정을 지원할 수 있도록 설계된 것이다.

이 플랫폼은 행정 수요, 시민 생활, 공간 분석 등 13개 분야 122개 이상의 주요 데이터를 실시간으로 연계 분석하고, 정책 지도와 생활 이슈 지도로 시각화하여 공유한다. 어린이 안전사고, 쓰레기 무단 투기, 불법 주정차, 흡연 구역 등 구민 생활과 밀접한 분석 지도들이 실제 위치 기반으로 제공되며, 분야별로 필요한 데이터를 한눈에 볼 수 있다.

또한 골목길, 계단 등 민간 서비스로는 파악하기 어려운 공간 142.3km를 직접 촬영하고 시스템화하여, 사각지대 없는 도시 데이터를 구축했다. 현장 중심의 맞춤형 데이터 체계를 강화한 것이다.

특히 플랫폼 구축 이후 성동구는 정책 현장에서 실질적으로 적용 가능한 정확하고 다양한 데이터 근거를 바탕으로 복지, 교통, 안전, 상권, 환경 등 도시 전반의 핵심 이슈에 신속히 대응할 수 있게 됐다.

스마트 쉼터와 스마트 횡단보도 대상지는, 빅데이터 입지 분석 모델을 활용해 실제 사고 다발 지역과 유동 인구 데이터를 근거로 추진한다. 코로나19 시기 5년간의 2급 감염병 발생 정보를 분석한 뒤, 감염병별·시기별 예측 결과를 활용해 맞춤형 방역 정책을 수립하는 데에도 이 플랫폼은 큰 역할을 했다.

성동구의 대표 정책이라 할 수 있는 젠트리피케이션 방지 정책을 수립하는 데에도 이 빅데이터 분석 플랫폼은 매우 유용하게 활용됐다. 성수동 일대가 각광받기 시작하면서, 이화여자대학교 앞이나 경리단길 등 서울의 기존 상권들이 겪었던 젠트리피케이션을 성동 역시 우려하지 않을 수 없었다.

이에 젠트리피케이션 방지 정책을 시행하는 과정에서 무엇보다 임대료 상승과 상권 변동 상황을 정확히 파악할 필요성을 느꼈고, 4,000여 건에 달하는 성수동 일대 상가 임대료 데이터를 구축했다.

이는 해당 지역의 유동 인구, 매출액, 프랜차이즈 입점 현황, 창·폐업 빈도 등 빅데이터를 광범위하게 결합한 결과물이었다. 이를 근거로 성수역, 연무장길 등 특정 구역을 중심으로 젠트리피케이션 위험 지표의 상승세를 진단할 수 있었고, 기존에 지역 상권 보호를 위해 서울숲길과 상원길 일대에 지정했던 지속 가능 발전 구역을 성수동 전역으로 대폭 확대하는 토대가 됐다.

그 결과, 실제 해당 지역의 데이터에 근거해 과학적으로 정책을 설계한 사례로 유의미한 성과를 남기게 됐다. 정책 추진 방식이 상황의 흐름이나 타 지역 선례와의 비교를 통한 것이 아니기에 우리에게는 더욱 의미가 깊다.

데이터를 통해 행정을 혁신하다

성수동 일대가 젊은 세대가 가장 많이 찾는 핫플레이스로 부상하고 많은 기업들이 앞다투어 성수동에 입주하면서, 출퇴근 시간과 주말 등 일부 혼잡 시간대에 성수역 주변의 인파가 급증했고, 관련 민원이 이어졌다. 나는 즉시 문제를 파악하고 해결하기 위해 성수역 인구 혼잡도에 대한 빅데이터 분석을 실시했다.

실시간 유동 인구 데이터와 생활 인구, 일별·시간대별 승하차 인원 정보를 종합하여 가장 혼잡도가 높은 성수역 3번 출구의 인구 혼잡 모니터링을 통해 안전 대책을 수립할 수 있었다. 분석 결과를 바탕으로 성수역 3번 출구 앞 횡단보도 이전 설치, 보도 확장, 방호 울타리 설치 공사 등의 조치를 시행했고, 유튜브 채널 '성수역 라이브LIVE'를 운영하여 누구나 실시간으로 혼잡도를 확인할 수 있도록 했다.

초등 돌봄 센터인 아이꿈누리터의 입지 선정에도 빅데이터는 큰 역할을 했다. 맞벌이 가정의 증가로 초등 저학년 자녀를 위한 돌봄 수요가 꾸준히 늘어나는 상황에서, 초등학생 거주 현황, 학원 밀집도, 유해 시설 분포, 유익 시설 가중치 부여를 통한 건물 단위 입지 등 다양한 데이터를 분석하여 아이꿈누리터 설립 후보지를 선정했다.

이 분석을 통해 현재와 미래의 초등학생 수요와 주민 요구, 각 지역별 돌봄 서비스 인프라 현황을 고려해 신규 설치가 가장 필요한 곳과 그 규모를 객관적으로 도출할 수 있었다. 실제로 데이터 기반 분석 덕분에 돌봄 사각지대가 어디인지 정확히 확인하고, 인프라가 부족한 지역을 우선적으로 파악할 수 있게 돼 향후 체계적인 돌봄 시설 확충의 정책 근거를 마련했다. 이로 인해 공간적 형평성과 객관성을 바탕으로 데이터 기반의 효율적인 돌봄 서비스 체계 구축이 가능해졌다.

친환경 자동차 이용 활성화를 위한 전기차 충전 인프라 구축도 빅데이터 분석에 근거했다. 성동구는 공공·민간 데이터를 합쳐 총 23개의 변수를 고려해 전기차 충전소 최적 입지 후보를 선정했다. 설치가 제한된 지역, 접근성, 주변 주택, 교육·문화 시설 수 등 다양한 요소를 종합적으로 분석하여 입지 우선순위를 도출한 결과, 정책의 형평성과 효율성이 한층 강화됐다.

지역 축제에도 빅데이터는 유용하게 쓰인다. 성동구는 성수동 지역에서 열리는 문화 기술CT, culture technology 기반의 문화 창조 산업 축제인 〈크리에이티브×성수〉가 있다. 이 기간 중 성수동 일대 카드 사용 빅데이터 분석을 추진하여 지역 축제가 상권에 미치는 경제적 파급 효과를 알아보았다. 여기에 시간대별 실시간 인근 유동 인구 분석까지 더해져, 단편적인 방문객 수 등으로만 축제의 성과를 평가하던 기존의 행정에서 벗어나 객관적 근거를 바탕으로 정량적으로 평가해볼 수 있었다. 또한 지역 상권의 특성까지 파악하여 상권 활성화에 실질적으로 기여할 수 있는 축제를 기획하는 데 중요한 자료로 활용하고 있다.

성동구의 대표 축제인 〈응봉산 해맞이 축제〉의 활성화를 위한 대안 마련에는 소셜 빅데이터를 활용한 데이터 마이닝을 시행하기도 했다. 〈응봉산 해맞이 축제〉 관련 SNS 언급 키워드와 연관 키워드, 긍정·부정 언어 등을 분석하고 이를 인근 생활 인구 데이터와 연계하여 주민 관심도와 개선 사항을 도출하고, 이를 이듬해 축제 계획 수립에 반영했다.

이밖에도 서울 재난 긴급 생활비 빅데이터 분석을 통해 행정의 적극적인 관심이 필요한 1,500 위기 가구를 발굴, 골목길 등 사각지대 로드 뷰 구축, 건축 인허가 DB 및 어린이 통학로 안전 시설물 DB 구축, 빅데이터 분석·활용 펠로우십을 통한 데이터 분석 준전문가(대학원생 등) 활용 현안 문제 분석 등으로 성동구의 다양한 선도적 사업 추진의 기초 자료를 마련했다.

이처럼 매년 정책 과제별 빅데이터 분석, 공공 데이터 신규 구축 및 품질 관리 등 데이터 행정 정착에 힘을 쏟으며, 주민 안전, 생활 불편 해소, 상권 진단, 도시 환경 개선 등 정확한 자료에 근거한 문제 해결이 체계적이고 신속하게 이루어졌다.

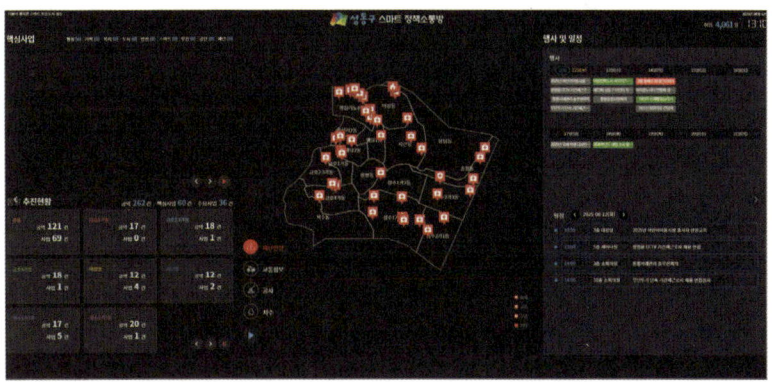
성동 스마트 정책 소통방 화면

우리는 연동 데이터를 지속적으로 확대해 공공 데이터 포털, 국가 통계 포털 등 외부 기관과의 협력까지 데이터의 범위를 넓혀 총 733종의 데이터와 절차별 원본 데이터를 집적해, 부서별·분야별로 필요한 자료에 접근할 수 있도록 했다. 행정 정보 외에도 카드 매출, 신용 정보 데이터 등 민간 빅데이터까지 플랫폼에 탑재하여 경제·상권 등 민간 정책과 사회 현실을 세밀하게 분석할 수 있는 데이터 인프라도 강화했다.

흩어진 데이터를 제대로 활용하려면 별도의 체계가 필요했기에 2021년 11월 구정 정보를 한눈에 볼 수 있도록 스마트 정책 소통방을 신설했고, 2023년 3월에는 성동구 관련 모든 데이터를 관리하기 위해 메타데이터 기반 관리 시스템인 '성동형 데이터 플랫폼'을 구축했다. 공무원과 구민에게 정보를 개방하여 정책 방향 설정 시 적극 활용하고 있다.

성동구의 빅데이터 분석 플랫폼은, 데이터가 곧 행정의 경쟁력이 되는 시대에 지방정부가 어떻게 정책 결정의 방식을 바꾸고, 시민의 삶과 직결된 현안을 더 과학적이고 능동적으로 해결할 수 있는지를 실증적으로 보여주는 사례다.

나는 단순한 정보 수집과 일회성 분석에 그치지 않고 복지, 안전, 교통, 생활 환경 등 도시 전반에 걸쳐 다양한 데이터를 연계하고 관리하며, 수집-분석-정책 설계로 이어지는 행정 전반의 디지털 혁신을 추구해왔다. 그 결과 정책의 효과와 문제 해결력은 한층 높아졌다고 생각한다.

무엇보다 이 플랫폼을 통해 행정은 현장의 변화를 정밀하게 파악하고, 구민 누구나 체감할 수 있는 서비스를 제공하는 미래형 스마트 행정으로 진화할 수 있었다. 나는 이 변화가 단지 기술의 진보가 아니라, 행정이 사람을 향해 더 가까이 다가가는 방식의 전환이라고 생각한다.

성동구의 빅데이터 분석 플랫폼은 앞으로 데이터 기반 지방 행정의 선도 모델이자, 지방정부가 지향해야 할 데이터 행정의 미래상을 보여주는 이정표가 될 것이다.

혼자 사는 어르신을 위해
IoT · AI 기술을 활용하다

> 스마트 안부 확인 서비스

기술로 이어진 마음, 고독을 막는 안전망이 되다

나는 통계가 사람의 얼굴보다 숫자를 먼저 보게 하는 것을 경계한다. 숫자에 압도되지 않고, 숫자에 담긴 삶을 이해하려고 노력한다. 2024년 경찰청 통계에 따르면 최근 5년간 전국에서 1만7,000여 명이 고독사로 생을 마감했다. 대부분 1인 가구다. 그 수는 해마다 5.6%씩 증가하고 있다.

성동구 역시 1인 가구 비중이 전체 세대의 44%, 약 5만9,000세대에 달한다. 여러 날 연락이 닿지 않던 어르신이 집에서 홀로 쓰러진 채 발견된 사례도 있었다. 이 안타까운 현실은 우리에게 분명한 사실을 일깨운다. 누군가 위험한 순간에 연락이 닿았다면 한 사람의 삶이 지켜졌을지 모른다.

그래서 우리는 기술에 온기를 더하기로 했다. 위험할 때를 즉시 파악하고, 한마디 안부가 모두에게 닿는 게 일상인 마을, 그것이 1인 가구가 많아진 지금 시대에 꼭 필요한 도시의 모습이다.

기술과 사람이 함께 안전망을 만들다

성동구는 인공지능과 사물 인터넷IoT 등 스마트 기술을 기반으로 위험 신호를 감지하고 위기 가구를 선제적으로 돕는 스마트 안부 확인 서비스를 운영하고 있다. 2018년 '함께해요 안부 확인 시스템'을 시작으로, 전화 수·발신 내역 모니터링, AI 스피커(아리아), 스마트 플러그, 모바일 애플리케이션을 연결했다.

특히 2019년 5월 전국 최초로 추진된 AI 스피커 행복 커뮤니티 사업은 단순한 말벗을 넘어 긴급 구조 체계까지 갖춘 시스템이다. 사용이 일정 기간 감지되지 않거나 "살려줘", "도와줘" 같은 부정 발화가 인식되면, 즉시 119·112로 신고가 이뤄지고 복지 담당자와 심리 상담사가 연계된다.

실제 사례도 있다. 화장실에서 미끄러진 어르신이 스피커에 도움을 요청하자, AI가 즉시 119에 연결해 병원으로 신속히 이송됐다. "도와달라는 제 목소리를 들은 케어 매니저가 바로 신고해줘서 병원에 갈 수 있었습니다. '아리아'가 제 생명을 구했어요." 성수동의 한 어르신의 이 말은 기술이 생명을 지키는 따뜻한 방식으로 작동할 수 있음을 보여준다.

스마트 플러그는 전력 사용량의 패턴을 분석해 이상 징후를 감지한다. 똑똑 안부 확인 서비스는 전화, 모바일 이력을 통해 걸음 수나 수·발신 기록이 일정 기간 중단되면 자동으로 안부 전화를 건다. 취약 어르신 안전 관리 솔루션IoT은 온도, 습도, 조도, 움직임을 모니터링해 위험을 미리 감지한다.

성동의 돌봄은 기계에서 멈추지 않는다. 관제 센터의 24시간 모니터링, 케어 매니저의 현장 방문, 지역사회보장 협의체와 이웃이 함께 참여하는 주주 돌보미, 우리 동네 돌봄단 같은 인적 돌봄망이 서로 맞물려 작동한다. 기술과 사람이 함께 만들어낸 통합적 안전망이다.

AI 스피커는 음악 감상, 뉴스, 날씨, 대화 기능으로 정서적 돌봄을 제공하고, 치매 예방 특화 콘텐츠를 통해 기억력 테스트, 인지 훈련, 음성 안내 체조 등을 지원한다. 이용 어르신들은 "이제 집이 덜 조용하다"고 말한다. 그 말 속에는 외로움 대신 연결이 있다.

스마트 안부 확인 서비스는 이 정책이 얼마나 유용한지를 수치로도 증명했다. 2025년 5월 기준 총 2만3,799건의 안부 확인, 262건의 심리 상담 연계, 324건의 긴급 SOS 서비스가 제공됐다.

이용자 분석 결과, 행복감은 평균 7% 증가하고 고독감은 줄었다. 특히 치매 예방 콘텐츠를 60일간 이용한 대상자의 경우 작업 기억 16%, 장기 기억력 15%, 언어 유창성 10%가 향상된 것으로 나타났다. 서비스 만족도는 95%를 넘었고, 이용자 전원은 "지속 이용 의향이 있다"고 답했다.

이제 성동의 안부 확인은 굿모닝 성동 프로젝트로 발전해 고립 위기 가구의 조기 발굴, 민관 협력 돌봄망(촘촘 발굴단 등) 구축으로 이어지고 있다.

1인 가구의 증가와 복지 인력 부족으로 인해 해결이 어렵던 고독사 문제는, 기술과 협력으로 새로운 해법을 찾았다. 인력을 늘리지 않고도 더

넓은 돌봄을 실현한 것이다. 이러한 성과로 성동구는 2023년 행정안전부와 한국행정연구원이 공동 주관한 제1회 정부 혁신 평가에서 최고 기관으로 선정됐다. 전국 지방정부가 벤치마킹하는 우수 정책의 모델로 자리 잡은 셈이다.

  성동구의 스마트 안부 확인 서비스가 정부 혁신 평가에서 '최고'로 평가받은 이유는, 단순히 다양한 기술을 도입했기 때문이 아니다. 기술-사람-행정이 끊김 없이 이어지는 구조를 만들었기 때문이었다. 다른 지방정부가 기기 보급이나 애플리케이션 설치에 머물렀다면, 성동구는 위험 신호가 포착되는 순간 동 주민 센터-통합돌봄센터-119로 이어지는 대응 프로토콜을 완성했다. 그리고 이를 주민참여 조직과 결합해 24시간 생활 안전망을 구축해왔다. 노인 복지 전문가들은 "이러한 구조는 지역 사회 기반 사회적 돌봄community-based social care 모델과 궤를 같이 한다"고 말하며, "돌봄의 지속 가능성을 높이는 방향이자 현장에서 실제 위험을 막아낸 사례가 있다는 데에서 의미가 있다"고 짚는다.

오늘도 AI, IoT, 모바일을 통해 건네는 한마디, "오늘도 잘 계신가요?"가 성동의 이웃에게 닿는다. 기술과 사람이 함께 만든 이 따뜻한 안전망이야말로 복지의 미래다. 나는 그 미래가 더 이상 특별한 것이 아니라, 모든 마을의 일상이 되길 바란다.

발달 장애인 생활 밀착형
보호 기술을 지원하다

> 스마트 인솔 지원 사업

불안한 일상을 보며 질문하다

나는 매일 아침 문을 나서는 일이 얼마나 많은 용기를 필요로 하는지 안다. 누군가에게는 익숙한 일상이지만, 발달 장애인 가족에게는 하루하루가 조심스럽고, 긴장의 연속이 된다. 복잡하고 빠르게 변하는 도시 속에서 해마다 늘어나는 발달 장애인 실종은 이제 사회 전체가 함께 고민해야 할 문제다.

경찰청 공식 통계에 따르면 최근 5년간 발달 장애인 실종 접수 건수는 연평균 8,000건에 이른다. 인구 대비 실종 신고 비율은 약 2.18%로, 아동 실종 신고보다 7배나 높다. 가족의 품으로 무사히 돌아오는 비율은 그보다 더 낮다. 발달 장애인은 의사소통이 원활하지 않아 실종 시 사고

나 범죄 피해로 이어지는 경우가 많고, 초기 발견이 생명을 좌우한다. 이를 예방하기 위해 배회 감지기가 사용되어왔지만, 별도로 착용해야 하는 기기 형태 때문에 불편과 거부감이 커 실효성이 낮다는 지적이 이어졌다.

성동구는 현장의 목소리를 꾸준히 들으며 문제의 본질을 찾아갔다. 발달 장애인과 보호자들이 느끼는 실종 위험에 대한 불안, 그리고 기존 기기 사용의 어려움이 분명한 과제였다. 그래서 2020년에 전국 최초로 GPS 위치 추적 기능이 내장된 신발 깔창, 스마트 인솔을 도입했다. 이 작은 깔창 하나가 가족의 불안을 덜고, 발달 장애인의 일상 속 안전을 넓혀가고 있다.

세심한 발상, 현장의 혁신으로 이어지다

스마트 인솔은 평소 신는 신발에 끼우기만 하면 보호자의 스마트폰과 연동되어 발달 장애인의 위치를 실시간으로 확인할 수 있다. 지정된 범위를 벗어나면 즉시 경고 메시지가 전송되어 신속한 대응이 가능하다. 기존의 배회 감지기는 시계나 목걸이, 이름표 형태가 많았다. 그래서 감각이 예민하거나 낯선 것에 대한 거부감이 큰 발달 장애인에게는 착용 자체가 어려웠다. 억지로 착용시켜도 금세 벗어버리는 경우가 많았다. 그래서 우리는 불편하지 않은 기술을 고민했다. 그 결과, 신발 깔창 형태의 스마트 인솔이 탄생했다. 신체 접촉 부담이 적고, 잃어버릴 염려도 없었다. 보호자들은 "이제는 배회 감지기를 잃어버릴까봐 걱정하지 않아도 된다"고 말했다. 사용자의 입장을 먼저 생각한 결과였다.

2020년 6월, 성동구는 39명의 발달 장애인에게 스마트 인솔을 전달하며 시연회를 열었다. 보호자들에게는 애플리케이션 연동과 사용 방법을 직접 보여주었고, 온라인 설명회와 교육 영상을 제작해 누구나 쉽게 익힐 수 있도록 했다. 또 성동 장애인 가족 지원 센터 등 지역 네트워크와 협력해 '스마트 인솔 핸드북'을 제작했다. 핸드북에는 실종 시 대처법, 지역 사회 적응 훈련, 보호자 교육 등 실제로 도움이 되는 정보가 담겼다. 사업은 매년 확대되어 2024년까지 총 237명에게 스마트 인솔이 제공됐다.

사용자의 위치를 실시간으로 모니터링해 위급 상황을 막은 사례도 잇따랐다. 성수동의 김○○ 씨(당시 36세)는 직업 훈련 시설로 가던 중 길을 잃었지만, 보호자의 휴대 전화로 위치 이탈 알림이 전송되어 곧바로 발견됐다. 경찰은 스마트 인솔 애플리케이션의 위치 정보를 활용해 CCTV를 확인했고, 즉시 김○○ 씨를 찾아 가족에게 인계했다. "자녀가 외출할 때마다 스마트 인솔이 작동하는지 꼭 확인합니다." 이 말 속에는 기술의 효과를 넘어, 안심이 주는 일상의 평화가 담겨 있었다.

자립으로 나아가는 길, 기술이 함께 걷다

누구도 단 한 번의 이탈로 위험에 내몰리지 않도록 하는 것이 행정이 마땅히 가져야 할 기본 철학이다. 스마트 인솔은 이 철학을 기술로 구현한 작은 기적이다. 성동구는 실종 예방에서 한 걸음 더 나아가, 발달 장애인의 자립을 돕는 정책으로 이어지고 있다. 스마트 인솔 보급 이후 자가 통학 훈련, 지역 사회 적응 프로그램 등 일상 자립을 위한 지원을 이어가고 있다. 보호자의 도움 없이 스스로 길을 찾고, 새로운 경험을 쌓으며, 세상 속으로 한발 더 나아가는 것이 궁극적인 목표다. 이를 위해 기술적 지원뿐 아니라 사회 적응 훈련, 부모 교육, 위기 대응 매뉴얼을 함께 마련했다.

2022년 서울시 전역으로 스마트 인솔 지원 사업이 확대됐다. 서울시가 성동구에 방문해 이 사례를 벤치마킹한 뒤, 25개 전 자치구에 각 1,000만 원의 예산을 지원해 사업을 확대 시행한 것이다. 그리고 지방자치의 매력답게 각 지방정부들은 지역 주민들의 요구에 맞춰 IoT가 접목된 손목시계를 활용하는 실종 예방 사업을 하는 등 각각 특색 있게 운영하고 있다. 성동구도 신발 깔창형과 손목시계형을 모두 도입해 원하는 대로 선택을 할 수 있게 제공하고 있다.

2024년 우리 구 장애인 가족 지원 센터가 조사한 결과에 따르면, 사업 참여자 중 80%가 "만족한다"고 답했고 불만족과 매울 불만족은 0명이었다. 또한 실제 일상생활에 도움이 된다는 질문에 대한 답으로 "도움이 된다"가 90%, "불안을 덜어주고 안정감이 올라간다"가 90%였다.

이제 이 기술은 단순한 배회 감지기를 넘어 가족의 불안을 덜고, 사람의 존엄을 지키는 사회 안전망이 됐다. 이 사업이 기술은 사람을 위해 존재한다는 단순한 진리를 증명하는 정책으로 오래 이어지기를 바란다.

이제 이 기술은 단순한 배회 감지기를 넘어 가족의 불안을 덜고, 사람의 존엄을 지키는 사회 안전망이 됐다. 이 사업이 기술과 사람이 함께 걸어가는 복지 정책의 새로운 이정표로 오래 남기를 바란다.

스마트폰으로 주민과
행정을 연결해 안전을 지키다

산책로 범죄예방 시스템

등산로의 사각지대를 없애다

도시의 일상이 불안으로 흔들리기 시작한 건, 불특정 다수를 향한 묻지마 범죄가 시간과 장소를 가리지 않고 잇따르면서부터였다. 여성은 물론, 연령과 성별을 가리지 않는 이상 동기 범죄가 지속적으로 발생하자 "동네 산책도 마음 놓고 못 하겠다"는 주민들의 목소리가 곳곳에서 들려왔다. 특히 2023년 서울 신림동에서 발생한 등산로 성폭행 살인 사건은 우리에게 충격을 안겼다. 평범한 삶의 공간이던 산책로와 등산로, 공원이 더 이상 안전지대가 아니라는 사실을 여실히 보여준 사건이었다.

행정의 역할은 시설을 관리하고 예산을 집행하는 데 그쳐서는 안 된다. 주민이 일상에서 자유롭게 걷고 쉴 수 있는 기회를 충분히 제공하고,

등산로의 안전을 지키는 일이야말로 지방정부가 존재하는 이유라고 생각한다.

　등산로 곳곳에 CCTV를 설치할 수 있다면 가장 이상적이겠지만, 현실적인 문제들이 있었다. 막대한 예산이 소요됐고 전기를 유입하기 어려운 곳도 있었다. 그러나 우리는 포기하지 않았다. "적은 예산으로도 CCTV 설치에 준하는 보안 효과를 낼 수 있는 방법은 없을까." 그렇게 우리는 수차례의 논의와 실험을 거듭했고, 마침내 전국 최초로 산책로 범죄 예방 시스템을 개발해냈다.

스마트폰으로 방범 체계를 만들다

도시의 안전은 위험한 그 순간에 스스로 지킬 수 있는 환경이어야 비로소 의미가 있다. 이 정책은 그런 믿음에서 출발했다. 주민 모두가 손에 쥐고 있는 스마트폰. 그 익숙한 도구가 곧 안심망이 될 수 있다는 생각에서 착안했다.

　개인이 소지한 스마트폰이 CCTV의 역할을 하게 된다는 발상은 처음엔 낯설었지만, 곧 정책으로 실현되며 전에 없던 방범 체계를 만들어냈다. 예산과 인력의 제약으로 CCTV 추가 설치나 순찰 강화에 한계가 있던 산책로, 등산로, 운동 코스에서 이 시스템은 주민 개개인의 능동적 참여를 기반으로 한 디지털 안전망으로 전환됐다. 그 결과, 지역 전체의 안전 수준은 눈에 띄게 높아졌다.

　2023년 8월, 성동구는 전국 최초로 응봉산과 달맞이 공원 산책로 2곳

산책로 범죄 예방 시스템 화면

(20개 지점)을 시범 지역으로 지정해 시스템을 정식 가동했다. 방식은 간단했다. 공원 입구 안내문에 부착된 QR 코드를 휴대 전화로 스캔하고, 전화번호 입력과 영상·위치 전송에 동의하고 나면, 클릭 몇 번으로 스마트폰이 이동형 CCTV로 전환된다.

    이때부터 구청 스마트 도시 통합운영센터와 스마트폰이 실시간으로 연계된다. 잠재적 위험 상황이나 위급한 사태일 때 '긴급 신고' 버튼을 누르면 즉각적인 알림과 현장 모니터링, 경찰 등 관계 기관 협조 요청이 가능해진다.

스마트 도시 통합운영센터 내 산책로를 모니터링하는 모습

    이 시스템은 구청과 관할 경찰서, 소방서가 CCTV 실시간 공유 기반의 협조 체계를 구축하고 있어 유사시 신속한 대응이 가능하다. 단순한 영상 전송에 그치지 않는다는 것이 큰 특징이다. 시스템을 종료하면 이용자의 영상도 즉시 삭제되어 개인 정보 보호도 철저히 이뤄진다.

    시범 운영 이후 우리는 더욱 폭넓은 적용을 위해 동별 취약 구간 수요조사와 경찰 협력을 통한 우범 지대 분석을 실시했다. 이를 바탕으로 2023년 10~11월에는 관내 17개 전 동의 220개 지점으로 확대 운영을 시작했다. 실시간 음성 대화 기능과 긴급 알람 기능도 추가했다. 특히 화면에 호루라기 모양의 아이콘을 넣어, 긴급 상황 시 스마트폰에서 경고음을 낼 수 있도록 보강했다. 이 모든 기능은 시범 운영 기간 동안 구민들의 의견을 수렴해 반영한 결과였다. 나는 이 과정을 통해, 정책은 소통을 통해 살아 움직인다는 사실을 다시금 확인했다.

| 산책로 범죄 예방 시스템 위치도 |

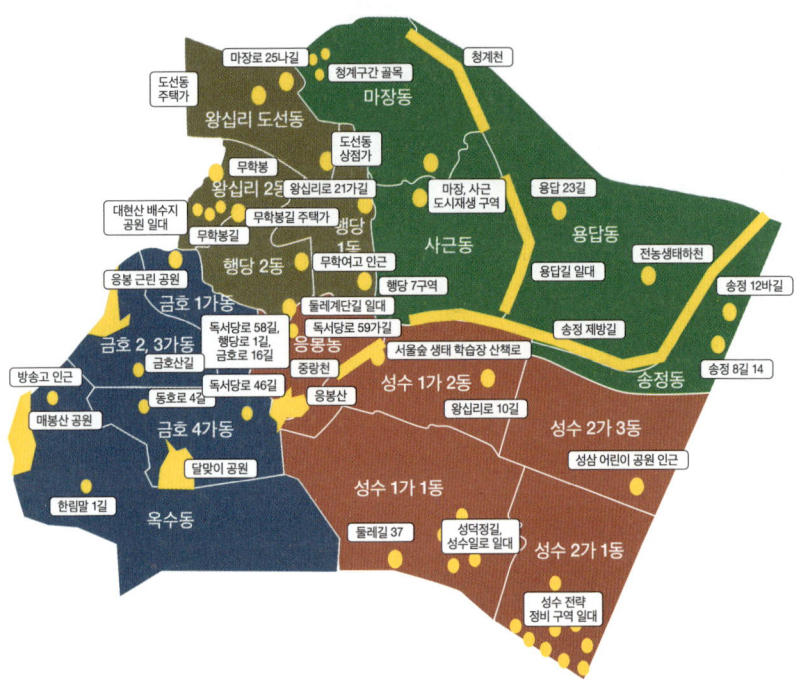

    2025년 5월, 우리는 중랑천(살곶이다리~용비쉼터), 전농생태하천, 무학여자고등학교 인근, 도선동 및 무학봉길 주택가 등 305개 지점으로 시스템을 대폭 확대했다. 기존 CCTV 설치의 한계를 효율적으로 보완한 셈이다.

    시스템의 실효성과 긴급 상황 대응 체계를 강화하기 위해 경찰서 등 유관 기관과의 합동 모의 훈련도 지속적으로 실시하고 있다. 성동 경찰서, 112 상황실, 스마트 도시 통합운영센터 등 관계자들이 실제 상황을 가정해 긴급 알림 전송부터 경찰 출동, 범인 검거까지 전 과정을 점검한다. 기술은 결국 사람을 위한 것이며, 사람의 손으로 완성되어야 한다는 철학이 이 훈련에 담겨 있다.

정책 도입 이후 긍정적인 변화도 확인됐다. 이용자 만족도는 91%에 달했고, 2025년 5월 기준 누적 접속 건수는 1,443건에 이르렀다. 실제 긴급 상황으로 이어진 사례는 없었다. 그만큼 예방 효과가 컸다는 뜻이다.

산책로 범죄 예방 시스템은 저예산 대비 고효율 행정 서비스로서, 이상 동기 범죄 예방의 최적 대안으로 평가받고 있다. 경기 하남시, 성남시, 전남 순천시, 여수시 등 전국 30여 개 지방자치단체에서 벤치마킹이 이어졌고, 2025년 3월부터 서울시에서는 성동구의 사례를 안심이앱에 적용해 시민 개개인의 스마트폰이 CCTV가 되는 안심 영상 서비스를 도입했다. 성동의 정책이 서울 전역으로 확산된 것이다. 성동구는 중복 서비스 운영을 피하고 효율적인 행정을 시행하기 위해 2025년을 끝으로 산책로 범죄 예방 시스템 개별 운영을 종료한다. 그 대신 서울시의 안심 영상 서비스를 널리 홍보해 주민의 안전을 지켜나가기로 했다.

산책로 범죄 예방 시스템은 생활 밀착형 스마트 기술을 통해 지역의 안전 사각지대를 해소하고 주민이 체감할 수 있는 안전망을 구축한 성공 사례다. 애플리케이션 설치 없이 QR 코드 접속 한 번으로 누구나 참여할 수 있다는 점에서, 형식적 예방을 넘어선 실질적 효과를 보여주고 있다. 나는 이 시스템을 통해, 산책로와 공원이 위험한 공간이 아니라 언제든 안심할 수 있는 생활 터전이 되기를 바랐다.

이 정책의 경험은 주민의 체감과 실질적 안전, 그리고 일상의 보호라는 기본에 충실한 공공 정책의 가치를 증명해주는 사례로 남을 것이다.

개인 정보 유출
걱정을 없애다

> 개인 정보 파기 서비스

개인 정보를 지키고 불안을 지우기로 하다

스마트폰, USB, 외장 하드 등 디지털 기기가 일상이 된 시대. 누구나 한 번쯤 중고 스마트폰을 거래하거나 새 기기를 구입하며 오래된 저장 장치를 폐기한 경험이 있을 것이다. 그러나 단순 삭제나 초기화만으로는 연락처, 사진, 문자 등 민감한 개인 정보가 완전히 사라지지 않는다. 실제로 중고 매입점에서 복원된 사진이나 주소록이 유출되는 사례, 휴대 전화나 컴퓨터 수리 업체를 통해 개인 사진이나 자료가 외부로 흘러나오는 사고가 반복되고 있다. AI 챗봇 서비스의 학습 데이터에 남은 개인 정보가 노출되는 사례까지 이어지면서 디지털 환경의 위험 신호가 곳곳에서 켜지고 있다. 기술의 진보와 함께 개인 정보 유출에 뒤따르는 피해 역시

디지털 저장 매체 파기

증가하고 있는 것이다.

또한 대형 통신사에서 약 2,500만 건의 대규모 개인 정보 유출 사고가 발생하면서 개인 정보 보호에 대한 우려는 더욱 커지고 있다. 개인 정보 보호 위원회에 따르면 최근 3년간 유출된 개인 정보 수는 2022년 64만 8,000건, 2023년 111만 2,000건, 2024년 1,377만 건으로 급증했다. 2025년은 통신사 유출 건수를 제외하더라도 1~4월, 4개월 동안의 유출 건수가 1,100만 건에 달한다.

이처럼 개인 정보 유출 문제는 날로 심각해지고 있으며, 이는 스팸, 스미싱, 금융 범죄로 연결될 가능성이 높다. 정보 보안은 이제 일상을 지키는 필수 요소가 됐다.

서울시 최초로 디지털 저장 매체 파기 서비스를 하다

성동구는 변화와 불안에 대응해 주민들이 개인 정보를 스스로 보호할 수 있도록 관련 정책을 시행하고 있다. 먼저 디지털 저장 매체를 안심하고 폐기할 수 있도록, 2022년 2월에 서울시 최초로 디지털 저장 매체 파기 서비스를 도입했다. 이 서비스는 사용하지 않는 하드 디스크, SSD, USB, 휴대 전화 등 저장 매체를 완전히 파쇄하는 것이다. 파쇄는 단순 소프트웨어 삭제가 아닌 전용 파쇄기를 이용한 물리적 완전 파쇄 방식으로 이루어진다. 복구가 불가능한 완전 파기로, 개인 정보 유출에 대한 불안과 폐기의 불편함을 동시에 해소한다. 그래서인지 첫 시작부터 주민들에게 뜨거운 호응을 받았다. '아, 이렇게 그동안 개인 정보 보호에 대한 필요가 많았구나'라는 생각에, 진작 하지 못했다는 생각이 겹쳐 오히려 아쉬움을 느꼈다.

파쇄 여부를 직접 눈으로 확인할 수 있어 신뢰도 또한 높다. 파쇄 후 남는 금속 잔재는 서울 도시 금속 회수 센터로 인계되어 금속 자원으로 재활용됨으로써 디지털 폐기물의 친환경적 선순환까지 실천하고 있다. 저장 매체 파기 서비스는 성동구민, 관내 소상공인, 직장인이라면 누구나 이용할 수 있으며, 온라인 예약이나 현장 방문 등 절차도 간단해 이용자가 꾸준히 증가하고 있다. 서비스 시행 이후 2025년 5월까지 3,045개의 저장 매체가 안전하게 파기됐다. 이 서비스는 디지털 흔적을 완전히 지울 수 있는 신뢰의 통로로 자리 잡았다.

운영 과정의 제도적 기반도 한층 강화됐다. 2023년 5월 성동구는 전국 최초로「개인 정보 보호 사업 활성화 지원 조례」를 제정해 정책의 법제화와 체계적인 추진 기반을 마련했다. 이를 바탕으로 파기 서비스뿐만 아니라 개인 정보 노출 사고 예방, 교육, 홍보 등 생활 밀착형 개인 정보 보호 사업을 다각도로 병행하고 있다. 이 과정에서 개인 정보 유출이나 도용 사고에 대한 주민의 심리적 불안이 해소된 것은 물론, 실제 이용률도 꾸준히 증가했고 개인 정보 보호에 대한 사회적 경각심도 높아졌다.

생활 속 보안을 완성하기 위해 노력하다

디지털 저장 매체만 걱정되는 것은 아니다. 개인 문서 유출에 따른 정보 도용에 대한 우려 또한 매우 크다. 특히 1인 가구들에게는 주민 등록 등본, 가족 증명서, 신용 카드 내역서, 고지서와 우편물·택배 송장 등 민감한 개인 정보가 담긴 문서는 집에서 폐기하기에 불안이 크다. 시중에서는 개인 정보를 지우는 제품과 가정용 문서 세단기가 판매되고 있지만, 대부분의 사람들은 별도의 비용을 부담하기 어렵고 번거로워 찝찝함을 느끼면서도 그대로 버리거나 쌓아두는 경우가 많다.

이러한 문제를 막기 위해 개인 정보 문서 파쇄 서비스도 시행하고 있다. 구 내 17개 동 주민 센터에 전용 문서 세단기를 설치해 주민 누구나 방문만 하면 각종 문서를 안전하게 파쇄할 수 있도록 했다. 이 서비스는 민원 서류부터 고지서까지, 생활 속 모든 개인 정보를 안심하고 폐기할 수 있는 통로가 되어 주민 불안을 근본적으로 줄이고 있다.

성동구의 개인 정보 파기 서비스는 개인 정보 유출 위험이 생활 깊숙이 스며든 디지털 사회에서 주민 한 사람 한 사람의 작은 불안까지 배려하는 생활 밀착 행정의 대표 사례다. 디지털 산업의 발전으로 편리해진 삶의 이면에 존재하는 부작용과 위험 신호를 놓치지 않고 해결하려는 지방정부의 노력이 주민의 신뢰와 공감으로 이어지고 있다. 주민의 일상을 지키는 작은 아이디어로, 누구나 안심할 수 있는 개인 정보 유출 제로 도시가 현실이 되고 있다.

K-방역의
표준 모델을 제시하다

> 코로나19 위기 관리 · 일상 지원 시스템

감염병 대응의 모범 답안을 만들다

내 흰머리는 코로나19 때 다 생겼다. 농담으로 들릴 수 있겠지만 정말이다. 코로나19라는 전례 없는 팬데믹 상황에서 지방자치단체들은 전국민 백신 접종, 선별 진료소 운영, 사회적 거리 두기와 집합 금지 조치, 그리고 그로 인한 지역 경제 침체 등 이전에는 경험해본 적 없는 과제들에 실시간으로 대응해야 했다. 중앙정부는 급변하는 상황 속에서 방역 대책을 수립하는 것만으로도 벅찼고, 우리나라의 방역 대응이 세계적으로 높은 평가를 받았음에도 일선 지방자치단체에 구체적인 실무 매뉴얼을 제공하기에는 한계가 있었다.

매일 새로운 방역 지침이 발표됐지만, 대부분의 지방정부는 이를 현장에서 신속하고 체계적으로 실행하는 데 어려움을 겪었다. 사람의 안전이 매뉴얼보다 앞서야 하는 현실에서 행정은 매 순간 판단을 내려야 했다.

혼란의 시기 속에서 성동구는 국내 첫 확진 사례가 등장한 초기부터 위기를 감지하고, 선제적이고 체계적인 대응으로 높은 위기 관리 역량을 증명했다. 모든 것이 불확실한 순간에도 방향은 명확했다. 행정의 속도를 사람의 불안보다 한발 앞서게 하는 것. 그것이 내가 해야 할 일이었다.

성동구는 서울시 1호 백신 예방 접종 센터를 가장 먼저 가동했다. QR 코드 기반의 모바일 전자 명부를 도입했으며, 선별 진료소 대기 안내 시스템을 구축해 다른 지자체보다 한발 빠른 대응 체계를 마련했다. 이러한 조치는 방역의 효율을 높일 뿐만 아니라, 공공의 신뢰를 지켜 불안과 혼란을 줄이는 것들이었다.

누구도 해본 적 없는 길에서 성동구는 실험했고, 그 결과는 곧 K-방역의 표준 모델이 됐다. 해외 언론과 정부 관계자들이 주목한 이유도 여기에 있었다. 위기 속에서도 행정이 흔들리지 않았다는 사실, 그리고 그 중심에 사람이 있었다는 점. 그것이 성동형 방역의 진짜 힘이었다.

서울시 1호 백신 예방 접종 센터 열다

서울시 1호 백신 예방 접종 센터는 성동구 방역 정책의 상징이자 팬데믹 초기에 가장 돋보인 성과였다. 국내 최초로 지방정부 공공 청사에 설치된 이 센터는 빠르고 안전한 접종 체계를 갖춰 대한민국 백신 접종의 첫 모델이 됐다.

성동구의 서울시 1호 백신 예방 접종 센터

2021년 3월, 하루하루가 긴장으로 이어지던 시기였다. 불안과 혼란이 공존하던 그때, 우리는 주민의 신뢰를 지키기 위해 가장 먼저 행동했다. 약 177일 동안 운영된 이 센터는 75세 이상 어르신과 고위험군을 포함한 6만 명이 넘는 주민에게 단 한 건의 사고도 없이 백신을 접종했다.

의료진, 공무원, 민간 봉사자가 한마음으로 움직였고, 접종 후 이상 반응을 확인하기 위한 24시간 감시 체계를 운영했다. 누구도 완벽한 정답을 알 수 없던 상황이었지만, 우리는 완벽에 가장 가까운 신뢰를 만들어야 했다. 이 경험은 방역 행정의 차원을 넘어 공동체 연대가 행정에 힘이 된 순간이었다.

이 센터는 지역 사회에 '행정은 믿을 수 있는 울타리'라는 신뢰를 심었고, 이후 전국 여러 지방자치단체들이 이 모델을 벤치마킹했다. 성동구의 첫 시도는 대한민국의 기준이 됐다.

선별 진료소에 대기 안내 시스템을 도입하다

코로나19의 확산세가 거세지던 시기, 감염 경로를 추적하기 위한 명부 작성은 대부분 수기로 이루어졌다. 하지만 허위 기재, 개인 정보 유출 같은 문제는 곧 방역의 취약점이 됐다. 성동구는 이런 한계를 누구보다 빨리 감지했다.

2020년 5월, 우리는 QR 코드와 NFC 기술을 활용한 모바일 전자 명부를 도입했다. 방문자는 휴대폰으로 본인 인증 후 출입을 등록했고, 기록은 클라우드 서버에 안전하게 저장됐다. 단 한 번의 도입으로 허위 기재와 보안 문제를 동시에 해결한 것이다. 성동구의 이 시스템은 곧 중앙 부처와 전국 지자체로 확산되며 디지털 방역의 출발점이 됐다.

이후 확진자가 폭발적으로 늘자, 검사 대기 문제를 해결하기 위해 선

대기 안내 시스템이 적용된 성동구 선별 진료소

별 진료소 대기 안내 시스템을 도입했다. 폭염 속에서 긴 줄을 서야 했던 주민들이 이제는 모바일 앱을 통해 실시간으로 자신의 순번을 확인할 수 있었다. 의료진도 효율적으로 인원을 분산해 검사 혼잡을 줄였다.

또한 특정 진료소로 인파가 몰리지 않도록 각 선별 진료소의 대기 현황을 통합 관리해 구청 홈페이지에서 실시간으로 공개했다. 이 스마트 시스템은 주민의 불안과 불편을 동시에 줄였다. 성동구는 디지털 방역 선도 구청으로 자리매김하게 됐다. 이후 서울 전역으로 확산되어 시민들이 보다 편리하고 안전하게 검사를 받을 수 있는 기반이 마련됐다.

전국 최초로 구민 모두에게 마스크를 지원하다

방역의 본질은 물리적 차단만이 아니다. 사람의 마음을 지키는 일도 그만큼 중요했다. 2020년 3월, 성동구는 전국 최초로 전 구민 마스크 배부를 시행했다. 감염 확산의 불안이 최고조였던 시기에, 우리는 "모두가 공평하게 보호받을 수 있어야 한다"는 생각으로 2만8,000명의 주민에게 마스크를 배부했다. 저소득층 1만2,557명에게는 47만6,557매, 노숙인 시설 3개에는 1만3,318매, 공공 시설 비치용으로 2만 매를 지원했다. 작은 마스크 한 장이었지만, 그것은 행정이 전하는 위로의 손길이었다. 또한 외출이 제한되고 사회적 연결이 끊긴 시기, 우리는 주민들의 심리적 고립감을 줄이기 위해 심리 방역에 나섰다.

비대면 도서 대출과 드라이브 스루 반납, 자동차 극장 상영, 아파트 베란다 음악회 등 서로의 거리를 지키면서도 마음을 잇는 방법을 마련했다. 실내에서 키울 수 있는 쌈채소 키트를 나누며, 사람들 마음속에 작은 초록의 회복력을 심었다.

재택 치료자 지원 방식도 새로웠다. 처음에는 공무원이 직접 물품을 전달했지만, 신속성과 효율성을 높이기 위해 민간 기업 마켓컬리와 협업했다. 익일 새벽 배송 시스템을 통해 회복 기원 꾸러미를 집으로 전달했다. 꾸러미는 방역 물품과 건강식품, 간식 등 다섯 가지 구성으로, 주민이 직접 선택할 수 있었다.

이 협업은 단순한 행정 혁신이 아니라, 공공과 민간이 함께 위기를 돌파한 첫 사례였다. 행정이 스스로 벽을 낮추고, 시민의 일상으로 들어간 순간이었다.

펜데믹 속 민생 안정을 고민하다

팬데믹은 바이러스보다 길게 남았다. 거리 두기와 영업 제한은 지역 경제를 얼어붙게 했다. 나는 행정의 최우선 과제를 삶의 지속 가능성에 두었다. 성동구는 위축된 지역 경제에 숨을 불어넣기 위해 대대적인 민생 안정 정책을 시행했다. 정부와 서울시의 지원에서 제외된 사각지대를 직접 발굴해 지원 대상을 확대했다. 1차 지원 당시 소상공인, 청년, 필수 노동자, 운수 종사자 등 1만6,597명과 9,385개 시설에 총 136억 원을 지원했다.

또한 착한 임대료 운동을 통해 180개 건물, 603개 상가의 임대료 인하를 이끌어냈고, 중소기업 육성 기금 특별 융자, 무급 휴직자 고용 유지

지원금 등 다양한 정책을 병행했다.

전통 시장 소비 촉진, 창업 자금 대출, 소상공인 임대료 지원은 지역 상권을 살리는 데 실질적인 도움이 됐다. 긴급 재난 지원을 포함해 3만 명이 넘는 주민과 1만여 개의 업체가 혜택을 받았다. 행정의 숫자보다 중요한 것은, 그 수치 뒤에 있는 사람들의 안도감이었다.

성동구의 K-방역은 지침을 따르는 행정이 아니라, 사람의 삶을 지키는 행정이었다. 백신 접종, 기술 방역, 심리 회복, 경제 지원, 그 모든 일의 중심에는 사람이 있었다.

나는 그때 배웠다. 위기 속에서도 행정은 멈춰선 안 된다는 것을. 두려움이 커질수록 행정은 더 세심해야 하고, 불확실할수록 사람의 편에 서야 한다는 것을. 그 신념으로 성동구는 위기의 시간을 건너, 도시가 어떻게 사람을 지켜야 하는지를 증명해냈다.

흡연자·비흡연자 간 갈등을 기술로 해결하다

(성동형 스마트 흡연 부스)

거리의 불편을 비우다, 함께 숨 쉬는 도시를 만들다

도시의 하루는 수많은 사람의 숨으로 움직인다. 그러나 그 숨결이 종종 서로의 불편이 될 때가 있다. 도심 골목 모퉁이, 상가 앞, 버스 정류장 옆. 누군가 담배를 피우고, 누군가는 그 곁을 지나며 얼굴을 찌푸린다. 흡연자에게는 숨 돌릴 틈이고, 비흡연자에게는 피해 갈 거리다.

언제부턴가 번화가의 후미진 구석은 '사실상 흡연 구역'으로 여겨졌다. 그 공간에는 늘 담배연기와 꽁초가 남았다. 비흡연자는 "왜 내가 연기를 마셔야 하느냐"고 항의하고, 흡연자는 "이제 어디서 피우라는 거냐"고 되묻는다.

금연 구역이 늘어날수록 흡연자는 숨을 곳을 잃고, 비흡연자는 여전히 불쾌함을 호소한다. 도시의 공기 속에는 보이지 않는 갈등이 계속 쌓여갔다.

성동구 역시 예외는 아니었다. 특히 성수동, 그중에서도 서울숲 디타워 앞은 갈등이 가장 첨예한 현장이었다. 기업 밀집 지역이자 지하철 출구가 맞닿은 그곳은 아침마다 직장인과 주민이 뒤섞이는 공간이었다. 수차례의 민원과 단속이 이어졌지만, 금연 구역 확대만으로는 근본적인 해결이 어려웠다.

단순한 흡연 부스 설치도 답이 되지 못했다. 기존의 부스는 금세 연기로 가득 차 너구리굴이라고 불렸다. 문이 열릴 때마다 매캐한 연기가 퍼져 나오고, 흡연자 스스로도 냄새와 답답함 때문에 그곳을 외면했다. 나는 생각했다. "이제는 통제보다 공존이 필요하다." 누구의 권리도 일방적으로 희생되지 않으면서, 모두가 쾌적하게 숨 쉴 수 있는 방식을 찾기로 한 것이다.

2022년 8월, 한 주민의 성수동 지역 흡연 부스 설치 제안을 계기로 본격적인 실험이 시작됐다. 그리고 같은 해 12월, 서울숲 디타워 앞에 전국 최초로 성동형 스마트 흡연 부스 1호가 세워졌다.

이 부스는 단순한 시설이 아니라, 공존을 위한 도시 기술이었다. 성동형 스마트 흡연 부스는 흡연자에게는 존중의 공간이자, 비흡연자에게는 보호의 장치다.

누군가의 숨을 빼앗지 않고, 모두가 함께 숨 쉴 수 있는 도시. 그건 결국 갈등을 줄임과 동시에 이해를 공간으로 설계하는 일이었다. 나는 그때 확신했다. 도시는 법과 제도로만 바뀌지 않는다. 사람이 불편하지 않게 숨 쉴 수 있을 때, 비로소 진짜로 바뀐다.

연기를 걷어내고, 공존을 세우다

|||||||||||

시범 설치 당시엔 흡연 부스를 담배 연기의 근원지로 여기며 거부감을 드러내는 주민들이 적지 않았다. 공공장소에 또 하나의 혐오 시설이 생기는 게 아니냐는 걱정도 뒤따랐다. 그러나 첫 번째 스마트 흡연 부스가 문을 연 뒤, 그 우려는 오래가지 않았다.

부스 안쪽으로만 공기가 흐르도록 설계된 음압 구조 덕분에 담배 연기가 외부로 새어 나가지 않았다. 바로 옆을 지나도 냄새가 새지 않았고, 부스 안은 공기 정화 장치가 순환하며 연기와 유해 물질을 걸러냈다. 덕분에 내부 공기는 쾌적하게 유지됐고, 흡연자의 옷에도 냄새가 거의 배지 않았다. 답답하고 냄새 나는 기존 부스와 달리, 이곳은 오히려 흡연자들이 숨 돌릴 수 있는 공간으로 여길 만큼 달라졌다.

스마트 흡연 부스 외부

내벽에는 니코틴과 타르가 들러붙지 않도록 특수 코팅을 했다. 꽁초는 자동으로 소화·파쇄되는 스마트 재떨이에 수거되어 독성을 제거한 뒤, 친환경 목재로 재활용되게 했다.

그뿐만 아니라 IPTV 화면에서는 생활 정보가 제공되고, 냉난방 설비가 사계절 내내 쾌적함을 유지했다. CCTV와 비상벨은 안전을 보장하며, 흡연자들은 이제 연기 속이 아니라 깨끗한 공간에서 눈치 보지 않고 담배를 피울 수 있게 됐다. 이 변화를 경험한 주민들의 태도는 빠르게 바뀌었다.

성동구는 흡연 민원이 집중된 지역을 중심으로 수요 조사를 진행했다. 서울숲역 주변의 민원이 사라진 사례가 알려지자 인근 지역에서도 설치 요청이 잇달았다. 결국 서울숲포휴, 왕십리역 6번 출구, 지식산업센터 등 14곳에 스마트 흡연 부스가 추가로 설치됐다.

지금은 성동형 스마트 흡연 부스가 도시의 일상 속에 자연스럽게 자리 잡았다. 평일 하루 이용자는 부스당 1,200명에서 1,500명이다. 2025년 5월 기준 누적 이용자는 420만 명을 넘겼다.

가장 인상적인 변화는 숫자로 드러났다. 설치 전 530건에 달하던 간접흡연 민원이 설치 후 0건으로 줄었다. 2024년 5월 이용자 만족도 조사에서도 87.4%가 "만족한다"고 응답했다. 비흡연자들은 "길거리에서 담배 연기를 맡지 않아 좋다", "버려진 꽁초가 사라져 거리가 깨끗해졌다"고 말했고, 흡연자들은 "공인된 공간에서 눈치 보지 않아도 된다", "냄새가 옷에 배지 않는다"며 만족감을 드러냈다. 길거리에 버려지던 꽁초는 재활용 자원이 됐고, 흡연으로 인한 불편은 도시의 질서를 해치지 않는 방향으로 흡수됐다.

성동형 스마트 흡연 부스는 기술로 갈등을 줄이고 공존 문화를 만들어낸 스마트 포용 도시의 상징이다. 서울시는 성동구의 성과를 본떠 서울형 흡연 부스를 개발했고, 2025년 5월 청량리역 시범 운영을 시작으로 전역 확대를 예고했다. 누구의 권리도 소외되지 않는 도시를 만들겠다는 우리의 약속이 이제 기술과 공간을 통해 현실이 되고 있다.

마음까지 따뜻해지는
한 끼를 생각하다

(효사랑·아이사랑 맛집, 원플러스원 식사 지원)

세대를 잇는 식탁, 존중에서 시작되다

최근 몇 년 사이, 국내 외식 문화에서는 노 키즈 존, 노 시니어 존 같이 특정 연령대를 대상으로 출입을 제한하는 현상이 확산되어왔다. 매장 내 안전, 소란, 서비스 문제 등 현실적인 이유도 있지만 어르신들과 아이들이 식사 공간에서 배제되는 상황은 많은 이들에게 차별의 문제로 인식되며 사회적 논란과 우려를 불러왔다. 이러한 분위기 속에서 누구나 환영받을 수 있는 곳, 세대와 계층을 초월해 모두가 한자리에 어울릴 수 있는 식탁 문화를 만드는 일의 필요성이 커지고 있었다. 식당에서의 한 끼 식사는 단순히 허기를 채우는 시간이 아니다. 사람들과 정을 쌓고, 이웃 간의 연결 고리를 다지는 가장 일상적인 사회 참여이자 경험이기 때문이다.

나는 이 문제가 저출산과 고령화의 큰 그늘로 다가올 것이라 생각했다. 그래서 나이로 인한 차별 없이 누구나 존중받고 따뜻하게 대접받는 식문화를 확산시키고자 효사랑·아이사랑 맛집 정책을 도입했다. 이 사업은 참여 음식점의 자발적 동참과 지역 전체가 공감할 수 있는 포용의 메시지를 담아내자는 취지에서 시작됐다.

효사랑·아이사랑 맛집이 만들어지다

2015년 9월, 성동구는 홀몸 어르신 고독사, 어르신 학대와 소외 문제 등에 대한 지역 사회의 관심을 높이고, 어르신 공경과 효 실천의 전통 문화를 계승하는 의미를 담아 효사랑 맛집을 지정했다. 효사랑 맛집은 70세 이상 어르신이 매장을 방문해 식사할 경우 음식 값의 10~20%를 할인해주는 사업이다. 2025년 현재 성동구 내 42개소가 효사랑 맛집으로 운영 중이다.

아동 친화적인 건강한 외식 문화와 아이 키우기 좋은 성동구 만들기의 일환으로 2018년부터 성동구가 지정하고 있는 아이사랑 맛집은, 6세 이하 아동을 동반한 가족이 매장 방문 시 5~10%를 할인해주며 2025년 현재 51개소가 참여하고 있다.

참여를 원한다는 신청을 하면 성동구 보건소에서 현장 점검과 평가를 시행한 후 2년 동안 효사랑·아이사랑 맛집으로 지정된다. 지정 업소에는 표지판, 지정증, 인센티브 물품(위생용품)을 지원하고 구 홈페이지, 스마트 지도, 전자 카탈로그, SNS, 지역 소식지 등 다양한 채널을 통해 온·오프라인 홍보가 이루어진다.

성동구에서 부대찌개 식당을 하는 김○○ 씨는 아이사랑 맛집에 참여하게 된 이유를 본인의 경험을 통해 설명했다. "제주로 가족여행을 갔을 때 아이와 함께라는 이유로 식당 출입을 여러 차례 거부당해 당황한 적이 있다. 반면 아이를 위해 달걀프라이와 김 등을 제공해주는 곳도 있었는데 무척 감동했다." 김○○ 씨는 그때 느꼈던 감동을 나누고 싶어 성동구의 아이사랑 맛집에 참여하게 됐다. 아이들이 좋아하는 부식 거리도 종류를 바꿔가며 마련했다. 작은 이해와 배려가 사회에 어떠한 선순환을 불러일으키는지 생각해보게 했다.

곱창집을 운영하는 김○○ 씨도 아이사랑 맛집 지정을 신청하며 "존중하고 배려하는 외식 문화를 일구는 데 꼭 필요한 제도다. 아이사랑 맛집 홍보 덕분에 마케팅에도 큰 도움이 된다"며 아이사랑 맛집 정책에 만족을 표했다.

아이사랑 맛집 안내판

아이를 동반하는 부모들도 아이사랑 맛집 덕분에 편안한 외식을 즐길 수 있게 됐다. 아이사랑 맛집 식당을 방문한 주민은 "아이들 때문에 다른 손님들이 불편해할까 신경 쓰지 않고 온전히 식사에만 집중할 수 있었다. 주변 아이 키우는 친구들과 함께 올 수 있어 좋다"고 이용 소감을 밝혔다. 한 지역 주민은 아이사랑 맛집 식당과 카페 위치 정보를 공유하는 누리집을 직접 만들기도 했다. 이렇듯 아이사랑 맛집은 입소문을 타고 바이럴 마케팅 효과까지 더해지며 참여 업소와 지역 사회 전반에 긍정적인 영향을 미치고 있다.

성동구 효사랑·아이사랑 맛집 지정 정책은 세대 구분 없는 식탁, 모두가 존중받는 외식 문화를 지역 사회 전체에 확산시키는 포용 행정의 상징으로 자리매김하고 있다. 무엇보다 식당들의 자발적인 참여로 이루어져, 아이와 어르신을 포함한 그 어떤 주민도 지역 사회에서 차별 없이 따뜻한 경험을 할 수 있도록 함께의 가치를 도시 곳곳에 뿌리내리고 있다.

이 사업은 특정 연령대나 집단의 출입을 제한해 사회적 갈등이 야기되는 상황을 지역에서부터 극복해보자는 취지로 시작됐다. 경기 침체로 어려움을 겪는 지역 소상공인들에게도 홍보 효과로 도움을 주고 있어, 그야말로 두 마리 토끼를 잡은 성공 정책으로 평가받고 있다.

함께하는 도시의 마음을 느끼다

한편 성동구의 식당에는 또 다른 나눔과 상생의 문화가 자리 잡고 있다. 제도권 복지 서비스의 보호를 받지 못하는 취약 계층을 지원하는 주민

주도 기부 실천 모델인 성동 원플러스원 사업이 그것이다. 2019년부터 시작된 성동 원플러스원 사업은 지역 사회의 보이지 않는 복지 공백, 위기 상황에 처해 있으나 제도권 지원을 받지 못하는 이웃에게 실질적인 도움을 전하는 구조로 설계됐다. 주민이 참여 업소(식당, 미용실, 빵집, 편의점 등)에서 물건이나 서비스를 구매하면서 1개의 값을 추가로 지불하면, 그 결제분이 나눔 대상자(취약 계층)에게 쿠폰 형태로 전달되어 음식, 서비스, 상품으로 제공된다. 2025년 5월을 기준으로 성동구 17개 동에서 126개 업체가 동참하고 있다.

이 사업의 가장 큰 특징은 주민이 일상생활 속에서 부담 없이 기부에 참여하고, 참여 업체들은 직접 복지 서비스의 운영자가 되어 나눔을 실천한다는 점이다. 더불어 나눔의 대상자로 동네 곳곳에 숨어 있는 복지 위기 가구를 발굴해 지원한다는 점도 주목할 만하다. 연령이나 소득 조건과 무관하게 갑작스러운 위기나 생활고에 놓인 주민 누구나 기존의 복지 서비스 지원 기준을 충족하지 못하더라도 식당에 바로 방문하여 원플러스원 사업 참여 업체의 음식을 먹거나 물품을 이용할 수 있다. 미용실에서는 무료 커트 이용권, 빵집에서는 특별 세트 상품, 음식점은 무료 식사, 치킨 배달, 반찬 세트 후원 등 업종별로 다양한 형태의 나눔이 실현되고 있다.

이 사업은 특히 송파구 세 모녀 사건 등을 계기로 복지 사각지대에 있는 위기 가구에 대한 지원 필요성에 관심이 높아지면서 더욱 주목받게 됐다. 위기의 순간에 가장 가까이에 있는 이웃들의 관심과 나눔이 어려운 순간을 넘길 수 있는 원동력이 되는 뜻깊은 정책으로 평가받고 있다.

2025년부터는 음식이나 물건 한 개 값을 추가로 결제하던 방식 이외

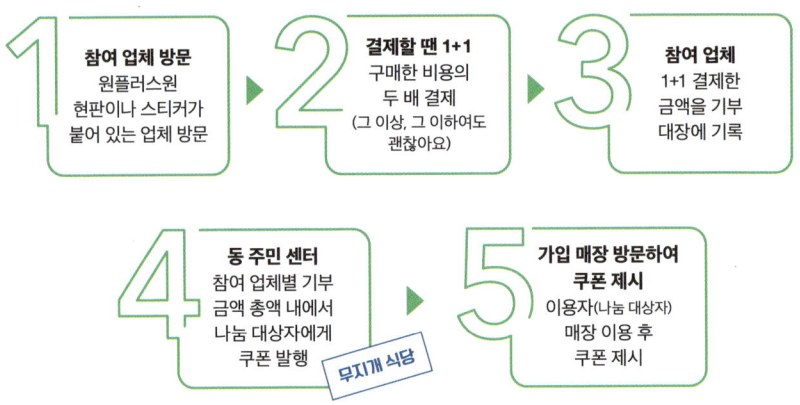

에도 잔돈·소액 기부, 현물 기부까지 가능하도록 사업 방식이 개선되어 더욱 쉽게 기부에 참여할 수 있게 됐다. 2024년 한 해 동안 1,399건의 기부로 총 2,747만8,000원, 2,087건의 나눔이 이루어졌다.

원플러스원 사업은 특히 주민 자치 위원, 통장, 기업, 자원봉사자 등 지역 공동체가 폭넓게 참여해 건강한 나눔 문화를 만들고 있다. 주민들이 직접 어려운 이웃을 발굴하고, 지역 내 업체들이 주체적으로 참여해 이웃의 삶에 손길을 내민다는 점이 기존의 공공복지와 다른 민관 협력 방식으로 주목받고 있다. 또한 기부와 나눔을 위해 특별히 기부 방법을 찾지 않고 일상 속에서 참여할 수 있다는 점도 이 사업만의 큰 장점으로 꼽힌다.

성수1가 제1동의 한 참여 업체 관계자는 "예상외로 안내판을 보고 젊은 분들이 많이 참여한다. 어려운 이웃을 위해 선뜻 기부하는 모습에서 따뜻한 정을 느낄 수 있다"고 전했다. 이웃을 향한 따뜻한 관심으로 제도권 내에서 놓치기 쉬운 복지 사각지대를 함께 해소해나갈 수 있다는 가능성을 확인할 수 있는 부분이다.

성동 원플러스원 사업은 행정안전부 공공 서비스 혁신 경진 대회 국무총리상을 받는 등 사업 우수성과 독창성이 인정되기도 했다. 이러한 효사랑·아이사랑 맛집과 원플러스원 사업은 성동구가 추구하는 포용과 상생, 이웃 사랑과 나눔의 자발적 실천으로 만들어가는 지역 사회의 따뜻한 안전망이다. 그리고 2024년 효사랑맛집과 아이사랑맛집은 IT 기술을 접목해 예약 시스템을 도입했다. 이 서비스는 소상공인 경영을 지원하고 있다. 마찬가지로 성동 원플러원 사업도 IT 기술을 새로 활용해 개편했다. 기존 수기 관리 방식을 QR 코드 기반 웹페이지를 구축해 기부자, 가맹점, 구청이 실시간으로 나눔 현황을 확인할 수 있다. 이 웹페이지는 KT 디지털 인재 상학생들이 주도했다. 이처럼 기술로 편의는 물론 포용과 나눔을 확산시키기 취해 계속 노력과 시도를 하고 있다.

세대와 계층의 구분 없는 따뜻한 한 끼, 이웃 사랑이 나눔으로 연결되는 지역 문화는 모든 주민이 서로를 지키고 도와가며 살기 좋은 공동체 문화를 만든다. 성동의 사례가 더 많은 지역으로 퍼진다면, 지역 주민과 소상공인들이 함께 연대해 따뜻함을 실천하는 복지 정책의 새로운 경험과 사회적 신뢰가 쌓여갈 것이다.

카페에서 버려지는
커피 찌꺼기를 재활용하다

> 커피 찌꺼기 재활용 사업

커피 한잔이 남긴 숙제를 보다

고종이 커피를 처음 즐겨마신 지 100년이 넘은 지금, 이제 커피는 한국인이 가장 많이 마시는 음료다. 커피를 만들고 나면 원두의 99.8%가 찌꺼기가 된다. 환경부 조사에 따르면 2019년 기준 한 해 버려지는 커피 찌꺼기는 15만 톤 이상으로 전체 생활 폐기물의 약 10%를 차지한다. 대부분의 커피 찌꺼기는 땅에 묻히거나 태워지는데, 매립 시에는 메탄가스를, 소각 시에는 이산화탄소를 배출한다. 특히 메탄가스의 온실 효과는 이산화탄소의 34배에 이를 만큼 심각하다. 도심 곳곳에서 매일 마시는 커피 한잔의 여유 뒤에 남는 수많은 커피 찌꺼기는 오랫동안 그저 버려지는 것이 당연시되어왔다.

서울 성수동은 카페 거리가 조성되고 MZ 세대의 명소로 떠오르면서 커피 전문점의 수가 폭발적으로 늘었다. 그러나 그와 함께 커피를 내리고 난 뒤 버려지는 커피 찌꺼기의 발생량도 매년 빠르게 증가했다. 그러던 중 이 커피 찌꺼기를 재활용하는 기술로 제품을 만드는 소셜벤처가 있다는 것을 알게 됐다. 마침 그 기업이 성수동에서 함께 문제를 풀자고 제안해서 힘을 합치게 됐다.

2020년, 성동구는 민관 협력 커피 찌꺼기 재활용 사업을 시작했다. 성동형 재활용 사업은 성수동 카페 거리에 있는 소규모 카페와 대형 프랜차이즈 등 관내 커피 전문점과 협약을 맺고, 버려지는 커피 찌꺼기를 모아 바이오 연료, 비료, 재생 가구, 친환경 안내판 등 다양한 자원으로 되살리는 것이 골자다. 정책의 핵심은 커피 찌꺼기를 쓸모없는 쓰레기가 아닌 생활 자원의 원재료로 전환시키는 데 있다. 이렇게 만들어진 자원 순환 구조는 골목, 상점, 행정 공간 곳곳에 뿌리내렸다.

2020년 성동구는 관내 대형 커피 전문점(대림창고, 블루보틀, 카페 어니언 등)에 사업 참여를 확정받았다. 이어서 커피 찌꺼기 재활용 기술을 보유한 소셜벤처 포이엔, 임팩트 스퀘어와 업무협약을 체결했다.

2021년 6월에는 「자원의 절약과 재활용 촉진에 관한 조례」를 개정해 재활용 사업 참여 주민(업체)에 대한 지원 근거를 마련했다. 같은 해 7월에는 수거 체계 구축을 위해 사회적 협동조합인 자원과 순환, 10월에는 수거 및 친환경 연료 생산을 위해 성동구-현대오일뱅크-포이엔 간 업무협약을 체결했다. 협업 기관 사이에 분업화된 운영 체계를 구축한 것이다. 이로써 우리 성동구에는 서울시 최초의 커피 찌꺼기 수거 시스템이 탄생했다.

커피 찌꺼기를 새로운 자원으로 만들다

관내 유명 80여 개 커피 전문점의 참여로 시작한 사업은 지속적인 홍보와 인센티브 덕분에 2025년 5월 기준 참여 업체가 207개로 3배 가까이 늘었다. 사업 시작 이후 총 780톤의 커피 찌꺼기가 수거되어 새로운 자원으로 재탄생했으며, 이 과정에서 약 263톤의 탄소 배출이 감축되는 환경적 성과를 거뒀다.

참여 방법은 간단하다. 커피 전문점은 커피 찌꺼기를 별도로 보관하기만 하면 정해진 요일마다 담당 기관이 직접 방문해 수거·처리한다.

초기에는 "좁은 공간에 커피 찌꺼기를 따로 분리해 모아두는 게 번거롭다"는 점주들의 반응도 있었다. 그러나 구는 재활용의 의미를 알리며 가입 절차를 구글 폼, QR 코드 등으로 간소화했고, 참여 업체에는 커피 찌꺼기 재활용으로 만든 화분과 친환경 업체 인증 액자 등 다양한 인센티브를 제공해 자발적 참여를 유도했다.

 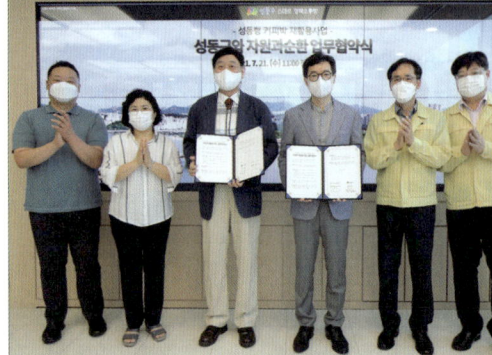

커피 찌꺼기 재활용 사업 민관 협약식 (현대오일뱅크, 포이엔, 자원과 순환)

| 성동형 커피 찌꺼기 재활용 운영 체계 |

 이렇게 탄생한 커피 찌꺼기 재활용품은 구청 내 성동책마루 등 주민 편의 공간의 테이블·의자, 펜 트레이, 재활용 정거장 안내판, 카페 인테리어 타일 등으로 돌아와 주민과 함께하는 도시의 일부가 됐다. 2022년부터는 지역 주민과 소상공인을 대상으로 커피 찌꺼기 가구 제작 체험, 친환경 리사이클링 홍보 캠페인 등 자원 순환 시민 문화를 키우는 프로그램도 진행하고 있다.

 성동구에서 시작된 커피 찌꺼기 재활용 사업은 자원 순환 모델의 선도 사례가 되어 전국으로 확산됐다. 2021년 12월에는 경기 화성시, 안성시와 협력해 지역 단위 폐기물 재활용 자원 순환 모델을 구축했으며, 서울 중구·광진구·강남구·서초구·강북구·양천구, 대구 서구, 광명시 등 다수 지방자치단체가 벤치마킹하는 결과를 낳았다.

 2022년 3월 환경부는 '순환 자원 지정 등에 관한 고시'를 개정해 커피

커피 찌꺼기 재활용 사업 홍보문

커피 찌꺼기 수거 참여 업체 인증 액자 및 화분

성동책마루 커피 찌꺼기 재활용 테이블·의자

찌꺼기를 퇴비, 플라스틱 제품, 건축 자재 등 다양한 용도로 활용할 수 있는 순환 자원으로 분류했다. 이는 성동구를 비롯한 지방정부의 커피 찌꺼기 재활용 경험이 중앙정부 제도에 반영된 결과였다. 폐기물 전용 차량이 아닌 일반 차량으로도 커피 찌꺼기를 수거·운반할 수 있게 됐고, 재활용 절차 또한 대폭 간소화됐다.

성동구는 앞으로도 커피 전문점 추가 모집, 무상 재활용 처리 시스템 신규 협약, 탄소 중립 자원 순환 모델 확장 등 지속 가능한 친환경 도시로의 길을 넓혀갈 계획이다. 이제 버려지는 커피 한잔의 흔적은 더 이상 폐기물이 아니다. 그것은 도시를 푸르게 바꾸는 작은 혁명이자, 사람과 자원이 함께 순환하는 새로운 문화다.

매우 만족,
정원오입니다

PART 3

포용은 가장 확실한 성장의 원리다

성동 미래 일자리 주식회사 설립 및 운영 조례 ○ 경력 보유 여성 존중 및 권익 증진에 관한 조례 ○ 필수 노동자 보호 및 지원에 관한 조례 ○ 임신·출산 통합 지원 패키지 ○ 청년 1인 가구 주거 정착 패키지 ○ 푸르미 재활용 정거장 ○ 성동아이사랑복합문화센터 ○ 온 마을 체험 학습장 ○ 워킹 스쿨버스 ○ 등록 관리와 합병증 예방, 고혈압·당뇨병 사업 ○ 효사랑 건강 주치의 ○ 어르신 대상포진 무료 예방 접종 ○ 성동구 공공 목욕탕

새로운 방식으로
지역 일자리를 만들다

> 성동 미래 일자리 주식회사 설립 및 운영 조례

지역 사회와 함께 공공 일자리를 혁신하다

일을 하고자 하는 어르신들이 점점 늘고 있다. 연금과 같은 노후 준비가 충분하지 않아 벌이가 필요한 분도 있고, 일을 통해 소속감과 활력을 찾는 분도 있다. 실제로 최근 고용 지표를 보면 60대 어르신의 고용률이 20대 젊은층을 넘어서는 시기까지 있었다.

일반 기업체 취업이 쉽지 않은 어르신들은 정부의 공공 일자리 사업을 많이 찾는다. 그러나 많은 사업이 단순 반복 업무 중심이고, 예산에 따라 변동이 크다 보니 지역 사회에 뿌리내리는 안정된 일로 이어지기 어렵다. 민간이 참여하지 않아 제공할 수 있는 일의 종류도 제한적이다.

나는 이러한 상황을 두고 공공 일자리 사업의 혁신을 고민하게 되었다. 지방정부의 일자리가 '잠시 동안의 용돈벌이'에 그치지 않고, 참여자가 의미 있는 일에 몰입하고 지역 사회 속에서 소속감을 느낄 수 있도록 돕는 방법을 찾고자 했다. 이 고민의 과정에서 성동 미래일자리 주식회사가 탄생했다.

성동 미래일자리 주식회사의 출발이자 근거는, 2016년 9월 22일 제정된 「성동미래일자리 주식회사 설립 및 운영에 관한 조례」다. 성동구는 지방정부가 지역 기반 일자리 기업을 직접 세운다는 새로운 실험을 제도적으로 출발시킨 것이다.

당시 고령화와 지역경제 침체가 심화되는 가운데 기존 공공 근로만으로는 어르신의 안정적 고용과 지역 경제의 지속 가능한 선순환을 만들기 어렵다는 판단이 있었다. 이 문제의식이 새로운 시도의 첫걸음이 되었다. 조례 제정은 이러한 방향을 행정의 공식 의제로 끌어올린 조치였다.

카페 서울숲 1호점 보드게임 카페

그리고 성동구가 공공성과 수익성을 결합한 사회적 일자리 모델을 본격적으로 추진할 수 있는 법적 기반이 되었다.

지속 가능한 고용 생태계를 만들다

성동 미래일자리 주식회사는 공공 일자리의 한계를 넘어서기 위해 민관이 협력하는 일자리 플랫폼을 지향했다. 2017년 설립 당시 구가 자본금의 70%를 출자하고 나머지 30%는 주민과 민간 법인이 주주로 참여했다. 민관이 함께 지역 사회에서 다양한 일감을 발굴하고 지속 가능한 사업 구조를 만드는 데 집중했다.

설립 초기 카페 서울숲 1·2호점과 식품 제조 시설 등 4개 사업장을

성동청년창업이룸센터 내 카페 서울숲 6호점

마련해 운영하며 고용을 창출했다. 이후 교통안전 지킴이, 행정 재산 위탁, 공공 용역 등 지역 기반 서비스로 사업을 확장했다. 사업 개시 1년 만에 130개의 일자리가 새로 생겼고, 이 중 110명은 어르신, 20명은 경력 보유 여성이었다. 장애인 고용률도 5.3%로 법정 기준을 웃돌았다.

단순히 일자리 수를 늘리는 데 그치지 않고 민간 기업과의 협력을 통해 사업의 전문성과 품질을 높였다. 대표적으로 2018년 이마트와 사회 공헌 협약을 체결해 영업점 직무 교육, 매장 운영, 물류·유통 프로세스를 함께 개선했다.

재정 자립을 위한 노력도 이어졌다. 각종 위탁 사업비를 현실화해 인건비 구조를 안정시키고, 전문 기술을 가진 어르신 대상 용역 사업을 개발했다. 유휴 공간을 활용한 보드게임 카페도 열어 지역의 새로운 문화 공간으로 만들었다. 경영이 흑자로 전환되면서 일자리 대상은 노년층을 넘어 경력 보유 여성, 장애인, 청년, 한부모 가정 등 다양한 계층으로 확대되었다. 지역 사회와 일자리가 선순환하는 생태계가 자리 잡기 시작한 것이다.

지역 경제의 한 축으로 뿌리 내리다

성동 미래일자리 주식회사는 어느덧 8년 차를 맞았다. 지자체가 주식회사를 설립하는 사례가 드물다 보니 초창기에는 성공 가능성에 대한 의구심도 많았다. 하지만 지금은 지역 경제의 한 축으로 자리매김했다. 카페 서울숲 6개 지점과 분식점 등 9개 자체 사업장을 운영하고 있으며, 공공

시설 관리 등 21개 사업을 펼치고 있다. 설립 첫해 40명 남짓이던 직원 수는 현재 235명, 누적 근무자는 600명을 넘어섰다.

고용의 질도 높였다. 본인이 희망하면 70세까지 고용을 보장하고, 주 15시간 이상 노동자에게는 4대 보험을 적용한다. 15시간 미만 노동자에도 고용·산재보험을 적용한다. 임금은 최저임금이 아닌 성동구 생활 임금(2025년 기준 시간당 1만 1,779원)을 기준으로 지급한다. 이러한 성과는 2020년 전국 기초자치단체장 매니페스토 우수 사례 경진 대회 최우수상으로 공식 인정받았다.

그러나 상보다 더 중요한 것은 참여 주민들의 목소리다. "우리 동네가 나를 고용한다.", "나이가 들어도 일할 수 있어 행복하다.", "일을 하면서 삶에 활력을 찾았다." 나는 이런 말씀을 들을 때마다 일자리 정책의 방향성을 다시 확인한다. 성동 미래 일자리 주식회사가 일하고자 하는 주민들에게 더 넓고 깊게 다가갈 수 있도록, 지속 가능하고 혁신적인 사업을 이어갈 것이다.

돌봄을 경력으로 인정하다

> 경력 보유 여성 존중 및 권익 증진에 관한 조례

돌봄이 삶의 연속임을 생각하다

나는 사람의 삶에서 돌봄이라는 단어를 자주 떠올린다. 누구나 누군가의 돌봄 속에 자라며, 또 어느 순간엔 누군가를 돌보게 된다. 부모를 간병하고, 자녀를 기르고, 가족의 곁을 지키며 자신의 하루를 내어주는 시간. 그 시간들은 인생의 한 단락이 아니라, 인간으로서 살아가는 가장 본질적인 순간들이다.

그러나 오랫동안 돌봄의 시간은 사회적 공백으로만 취급됐다. 특히 돌봄을 이유로 일을 잠시 멈추면 경력 단절이라는 말이 따라붙었다. 그 단어 하나로 그 사람의 역량과 가능성이 지워지곤 했다. 나는 그 시간 속에서도 진짜 역량이 자라난다는 것을 단 한 번도 의심한 적이 없다.

2014년 글로벌 교육 기업 LIFEED의 연구에 따르면, 육아와 간병 같은 돌봄 경험은 석사 과정에 준하는 12가지 핵심 역량(의사소통, 정서 지능, 복잡성 관리, 경청, 시간 관리 등)을 키워준다고 했다. 육아 석사라는 이름으로 불린 이 연구는 유럽과 북미에서 기업과 정부 교육 자료로 널리 활용되며 돌봄의 가치를 다시 정의했다. 이제 돌봄의 경험을 결함이 아니라 자산으로 바라봐야 한다는 흐름이 확산되고 있다.

새로운 이름, 새로운 인식이 시작되다

나는 이 변화의 흐름을 현실의 제도로 옮기고자 했다. 2021년 11월, 성동구는 전국 최초로 「경력 보유 여성 등의 존중 및 권익 증진에 관한 조례」를 제정했다. 경력 단절 여성이라는 부정적 표현을 걷어내고, 육아, 간병, 가사 등 삶의 모든 돌봄 경험을 경력으로 인정하는 선언이었다. 단절이 아닌 보유. 이 새로운 언어는 사람을 다시 바라보는 시선의 변화를 열었다.

조례 제정 이후, 성동구는 경력 인정서 발급 사업을 전국 최초로 시행했다. 아이를 키우고, 가족을 돌보고, 이웃을 보살핀 증빙 가능한 경험까지 경력으로 기록해 구청장 명의의 공식 인정서를 발급했다. 신뢰를 높이기 위해 구체적인 인정 기준을 마련하고, 경력 인정 프로그램을 이수한 사람에게만 발급하도록 체계를 세웠다.

그 결과는 놀라웠다. 1호 발급자인 김○○ 씨는 두 아이의 엄마이자 8년 차 문화 예술 기획자였다. 출산 이후 자신감을 잃고 일을 그만뒀던 그는 성동구의 프로그램에 참여해 교육을 마치고 경력 인정서를 발급받은 뒤 다시 일터로 돌아갔다. "경력 인정서를 받으니 내가 쉰 게 아니라, 살아왔다는 확신이 들었어요." 그의 말은 이 제도의 의미를 가장 잘 보여준다.

박○○ 씨 역시 육아로 일을 멈췄지만, 2022년 AI 코딩 강사 양성 과정을 수료한 뒤 코딩 강사로 재취업했다. "막막했는데 성동구의 프로그램 덕분에 용기를 얻었다." 그의 성공담은 돌봄의 시간이 커리어의 단절이 아니라 성장의 준비기가 될 수 있음을 증명했다.

2025년 9월 기준, 경력 인정 프로그램 수료자는 총 325명이다. 이 중 100명이 취업이나 창업에 성공했다. 가정의 돌봄 시간을 사회가 공식적으로 인정한 결과였다.

돌봄의 경험이 새로운 경쟁력이 되다

나는 이 제도를 이름만 바꾼 행정으로 만들고 싶지 않았다. 그래서 실질적인 지원 체계를 구축했다. 2023년에는 성동광진고용복지플러스센터, 서울성동여성인력개발센터, 서울동부여성발전센터와 협약을 맺고 원스톱 지원 서비스를 시작했다. 경력 인정 프로그램을 마친 이들에게 개별 상담, 경력 개발 계획 수립, 직업 훈련, 취업 연계, 사후 관리까지 전 과정이 이어지도록 했다. 이력서 작성과 실무 코칭 같은 실질적 지원도 빠짐없이 포함했다.

기업들의 참여를 유도하기 위해 기금 지원 등을 강화하는 등 협력 또한 촉진했다. 관내 기업들과 업무협약을 맺어 돌봄 경험을 공식 경력으로 인정하도록 했다. 2025년 5월 기준, 총 27개 기업이 이 제도를 채택했고 신규 채용과 사회 참여로 직접 연결되고 있다. 캠페인, 토크 콘서트, 데이터 공모전 등 인식 개선 활동을 통해 돌봄 노동의 사회적 존중을 넓혀가고 있다.

성동구의 돌봄 경력 인정 정책은 이미 전국적으로 확산됐다. 경기도, 세종시, 전남 등 35개 지방자치단체가 유사 정책을 도입했고, 국회에서도 성동구의 조례와 뜻을 같이 했다. 경력 단절 여성을 경력 보유 여성으로 다시 호명하고, 돌봄 경력을 공식적으로 인정하는 법률 개정안이 21대 국회, 22대 국회에서 발의됐다. 그리고 마침내 2025년 12월 2일, 22대 국회 본회의에서 경력 단절 여성을 경력 보유 여성으로 변경하고, 경력 보유 여성에 대한 차별 금지 및 여성의 경제 활동을 촉진하는 기관, 단체, 개인을 선정·포상하는 법 개정안(양성평등기본법, 여성경제활동촉진법)이 통과됐다.

나는 이 변화를 가치의 역전이라 부른다. 돌봄의 시간은 멈춤이 아니라 삶의 연속이며, 누군가의 곁을 지키는 그 시간이야말로 사회가 지속되게 하는 보이지 않는 힘이다. 성동구의 경력 보유 여성 지원 정책은 그 보이지 않는 시간을 사회가 존중하기 시작한 증거다.

이제 더는 누구도 단절이라는 이름 아래 숨어 살지 않아도 된다. 돌봄의 경험이 자산이 되고, 그 시간이 경력이 되는 사회. 그 변화의 중심에 나는 성동구가 서 있음을 자부한다.

사회를 돌보는
노동자를 돌보다

> 필수 노동자 보호 및 지원에 관한 조례

재난 속에서 필수 노동자의 가치를 알다

나는 코로나19 팬데믹이 남긴 시간 속에서 일상이 얼마나 소중한지 다시 배웠다. 2020년 초, 세상은 예고 없이 멈춰 섰다. WHO가 2020년 3월 팬데믹을 공식 선언한 이후, 2023년 5월 공중 보건 비상 사태가 해제될 때까지 세계 200여 개국의 68억 명이 익숙한 삶의 궤도를 벗어나 전례 없는 제약의 시간을 견뎠다.

우리 사회 역시 예외가 아니었다. 사회적 거리 두기, 다중 시설 운영 제한, 집합 금지 같은 낯선 단어들이 우리의 하루를 대신했다. 사람을 만나는 일조차 조심스러워졌다. 병원과 요양 시설에서는 사랑하는 가족을 곁에서 지키는 일조차 허락되지 않았다. 고립의 시기를 지나며 우리는 비로소 깨달았다. 평범한 일상이야말로 가장 큰 축복이며, 누군가의 노동이 세상을 지탱한다는 사실을.

멈춘 세상 속에서도 멈출 수 없던 사람들이 있었다. 의료진, 요양 보호사, 청소 노동자, 배달원, 운전기사, 사회 복지사 등 현장을 지켜야 했던 사람들이다. 이들은 위험을 무릅쓰고 자리를 지켰고, 덕분에 사회의 근간은 무너지지 않았다. 하지만 그들의 노동은 오랫동안 당연함으로 취급됐다. 나는 그들의 헌신이 존중받는 제도가 반드시 필요하다고 느꼈다. 그 생각이 성동구의 필수 노동자 보호 정책의 시작이었다.

보호에서 존중으로, 제도에서 사람으로 나아가다

코로나19 시기 필수 노동자들은 감염 위험과 열악한 근무 환경 속에서도 사회를 지탱했다. 그러나 이들을 보호할 법적 장치나 지원 체계는 거의 없었다. 비대면 서비스 시장의 급성장으로 플랫폼 노동자, 이동 노동자가 급증했지만 대부분이 비정규직이었다. 사회는 그들의 희생에 의존하면서도 보호망은 제공하지 못했다.

그래서 우리는 지금이 아니면 안 된다는 절박함으로 움직였다. 2020년 9월, 성동구는 전국 최초로 「필수 노동자 보호 및 지원에 관한 조례」를 제정했다. 이 조례는 필수 노동자의 개념과 적용 대상을 명확히 규정하고, 실태 조사와 지원 계획, 위원회 구성, 협력 체계, 전용 기금의 설치와 운용까지 전반적 제도를 체계화했다. 단순한 선언이 아니라, 행동으로 옮길 수 있는 제도적 틀을 마련한 것이다.

현장에서는 가장 시급한 과제부터 해결했다. 2020년 9월부터 2년 동안 마스크 330만 매, 자가 진단 키트 2만6,000회 분, 소독 용품 8만 9,000개 등 방역 물품을 신속히 지원했다. 또한 필수 노동자를 대상으로 인플루엔자 무료 예방 접종과 심리 치료 프로그램을 운영해 감염 위험과 정서적 부담을 함께 줄였다. 공동 주택 관리원과 미화원 쉼터에는 냉난방기와 휴게 시설을 확충해 혹서기와 혹한기에도 기본적인 노동 환경을 유지할 수 있도록 했다.

개선 운동도 시작했다. '고맙습니다, 필수 노동자' SNS 캠페인을 전개하고, 아파트 경비원의 직함을 관리원으로 바꾸었으며, 다양한 정책 토론회를 통해 사회적 존중의 문화를 확산했다. 변화의 흐름은, 필수 노동자 보호가 단순한 복지가 아니라 사회의 존엄을 회복하는 일임을 증명했다.

지방정부의 실험이 새로운 기준을 세우다

조례 제정의 파급력은 성동구를 넘어 전국으로 확산됐다. 이후 137개 지방자치단체가 유사한 조례를 제정했고, 2021년 5월에는 「필수업무 지정 및 종사자 보호·지원에 관한 법률」이 제정됐다. 지방정부의 정책이 1년도 안 되어 국가 정책으로 발전한 두 번째 사례였다.

성동구는 제도에 머무르지 않고, 실제 변화를 만들기 위해 필수 노동자의 근무 환경과 임금 체계를 전수조사했다. 2023년에는 관내 필수 노동자 6,400명을 대상으로 임금 실태 조사를 진행했고, 이를 바탕으로 2024~2026년 3개년 처우 개선 로드맵을 수립했다. 소득 지원, 생활 임금 확대, 사회 안전망 강화 등 구체적인 실행 계획이 마련됐다.

2024년부터는 본격적으로 필수 노동 수당 지급이 시작됐다. 요양 보호사와 장애인 활동 지원사에게는 연 1회 20만 원, 마을버스 기사에게는 월 30만 원을 지급했다. 공동 주택 관리원과 미화원에게는 건강보험료 본인 부담금의 50%를 지원했다. 2025년 5월까지 총 7,619명에게 약 17억 원이 지원됐고, 그 결과 마을버스 기사 수가 2024년 1월 109명에서 2025년 2월 128명으로 늘었다. 마을버스 운행 대수도 46대에서 57대로 확대되어 주민 이동 편의까지 개선됐다.

2023년에는 근무지가 일정하지 않은 필수·플랫폼 노동자를 위한 전용 쉼터를 열었다. 이곳은 배달원, 택배 기사, 도시가스 검침원 등 이동 중 잠시 쉴 공간이 필요한 누구에게나 열려 있다. 여름에는 얼음 생수를 제공하고, 2025년부터는 제빙기를 설치해 폭염 속 건강권을 보장했다.

쉼터 이용자 수는 개설 다음 해 5,692명으로 전년 대비 800% 이상 증가했고, 2025년 상반기 만족도 조사에서는 97%의 이용자가 "매우 만족"이라고 응답했다. 안마 의자, 생수, 커피 메이커가 특히 호응이 높았다. 월 1회 열리는 노무 상담과 심리 상담도 쉼터의 일상적인 지원으로 자리 잡았다.

한 마을버스 기사는 "월급의 10% 정도가 더해져 생계에 큰 도움이 된다. 성동구로 옮기고 싶어 하는 운전기사들이 생겼다"고 말했다. 한 배달 기사는 "이제는 공원 대신 편히 쉴 공간이 생겼다"며 미소 지었다.

이처럼 필수 노동자 보호 정책은 감염병 대응을 넘어, 지방정부가 사회 안전망을 어떻게 설계할 수 있는지를 보여주는 실험이 됐다. 제도적 기반, 실질적 지원, 사회적 인식 개선이 함께 이뤄진 이 경험은 앞으로 복지와 노동 정책의 표준이 될 것이다. 이 정책이 단지 위기 대응의 기억으로 끝나지 않고, 사람이 중심이 되는 행정의 모델로 남기를 바란다.

아이 낳고 키우기 좋은 성동을 생각하다

> 임신·출산 통합 지원 패키지

아이들이 살기 좋은 도시로 미래의 희망을 채우다

출산과 육아는 개인의 선택을 넘어 지역 사회와 국가의 지속 가능성을 좌우하는 핵심 과제로 부상했다. 성동구는 '아이 낳고 키우기 좋은 성동'을 목표로 삼고, 저출산(저출생) 문제에 선제적으로 대응해왔다. 아이와 부모가 마주하는 현실의 어려움을 행정 언어가 아닌 생활의 언어로 풀어내기 위해, 임신부터 양육까지 생애 초기 전 과정을 아우르는 지원책을 촘촘히 마련했다. 정책의 방향은 분명하다. 아이가 행복해야 부모가 행복하고, 부모가 행복해야 아이가 행복할 수 있다는 것이다. 우리는 개인을 돕는 데서 멈추지 않고, 돌봄의 가치가 지역 전반으로 확산되도록 설계해 공동체의 신뢰를 쌓아가고 있다.

이 덕분일까. 2024년 성동구의 합계 출산율은 0.711명으로 서울시 자치구 가운데 1위에 올랐고, 출생아 수는 전년 대비 14.63% 증가했다. 서울 및 전국 평균 상승률을 웃도는 결과이며, 대규모 인구 유입 없이 지역 내부 정책만으로 거둔 성과라는 점에서 의미가 크다. 더불어 2025년 〈머니투데이〉가 발표한 '떵동Think童 지수'에서 서울 기초 지자체 중 2년 연속 1위를 기록했다. 떵동 지수는 복지, 보육, 안전, 의료, 문화·여가, 환경 등 여섯 영역을 정량 지표와 주민 체감의 정성 지표로 종합 산출한 지수다. 아이를 키우기 좋은 도시의 실질적 역량을 가늠하는 지표이기도 하다. 〈머니투데이〉와 케이스탯 공공사회정책연구소, 성신여자대학교 데이터사이언스센터, 충북대학교 국가위기관리연구소가 전국 지방자치단체를 대상으로 집계·발표한다.

성동구의 한결같은 초점은 가족과 아이가 일상에서 체감할 수 있는 변화다. "우리 가족이 사는 동네가 살기 좋아지고 있다"는 주민들의 믿음이 커지고 있다. 이 믿음은 성동에서 새로운 생명을 맞이하고, 그 아이와 함께 미래를 설계하려는 용기를 북돋운다.

최초로 임산부 가사 돌봄 서비스를 지원하다

지난 30년간 우리나라의 혼인 연령은 꾸준히 상승했다. 2024년 통계청 조사에 따르면 평균 초혼 연령은 남자 33.9세, 여자 31.6세로 1995년 대비 각각 5.5세, 6.2세 높아졌다.

성동구는 현실의 부담을 생활 현장에서 낮추기 위해 2020년 6월, 서울시 자치구 최초로 임산부 가사 돌봄 서비스 무료 지원을 시작했다. 지원 대상은 성동구에 6개월 이상 거주한 고위험군, 다태아 임산부, 장애인 임산부, 다자녀 가정과 직장인 임산부까지 폭넓게 열어, 다양한 상황의 임산부가 사각지대 없이 도움을 받을 수 있도록 했다. 가사 관리사가 가정을 방문해 기본 청소와 세탁, 정리정돈, 식사 준비 등 일상 가사를 맡고, 위급 상황 시 병원 동행 등 맞춤 지원을 제공한다. 일상 노동의 부담을 실질적으로 덜어 임산부의 신체적·정서적 안정을 돕는 방식이다.

사업은 단계적으로 확대됐다. 초기에는 약 2억2,000만 원의 예산으로 1,000가정에 4회 서비스를 제공했으며, 2024년에는 약 4억4,000만 원으로 늘려 7회까지 확대했다. 2025년에는 단태아 7회 지원을 유지하면서 다태아 가정으로 지원 폭을 넓혀 복지 사각지대 축소에 주력했다. 특히 소득 요건을 두지 않고 성동구에 주민 등록을 두고 실제 거주하는 임산부 및 영아(출생 후 12개월 미만)의 부모까지 지원 대상으로 포함해 보편적 복지의 원칙을 분명히했다.

현장의 반응도 긍정적이다. 2024년 이용자 설문 조사에서 응답자의 92.8%가 만족을 표했다. 청소와 식사 준비의 질에 대한 호평이 이어졌고, 가장 큰 변화로 "심리적 안정감의 회복"이 꼽혔다. 가사 부담을 줄여 몸을 쉬게 하고, 예측 가능한 도움을 받는 경험이 임신의 불안을 낮췄다는 증언이 쌓였다.

성동구의 이 서비스는 서울 자치구 최초 도입 사례로서 다른 지자체의 유사 정책 설계에 참고 모델을 제공했다. 향후 예약 시스템 고도화와 서비스 품질 관리를 통해 이용 편의를 더욱 높여갈 계획이다. 임신과 출산의 어려움을 더욱 줄일 수 있도록 지원 규모를 늘리고 있다.

생명의 탄생을 응원하다

초저출산 국면에서 출산 가정의 경제적 부담을 낮추는 일은 선택이 아니라 도시의 지속 가능성을 위한 핵심 과제다. 성동구는 2023년 성동형 출산 가정 산후조리 비용 지원을 도입해 모든 출산 가정의 보편적 권리를 보장했다.

정책의 출발점은 현실이었다. 2021년 보건복지부 실태 조사에 따르면 산후조리 비용은 전국 평균 약 249만 원, 서울은 387만 원으로 더 높다. 다수의 가정에서 출산 직후 가장 크게 체감하는 부담이 바로 이 비용이었다. 성동구는 산모의 75.6%가 산후조리 경비 지원을 필요 정책으로 응답한 사실을 주목해, 2022년 하반기 지역 사회보장협의체와 협의해 관련 조례를 제정했다.

정책은 신속하게 실행됐다. 2023년부터 모든 출산 가정에 현금 50만 원을 지원했고, 같은 해 7월에는 100만 원 상당의 바우처를 추가해 가구당 최대 150만 원까지 지원 폭을 넓혔다. 2024년 1월 1일에는 바우처 지원의 서울시 6개월 거주 요건을 폐지해 접근성을 높였고, 2025년 1월에는 현금 50만 원의 성동구 거주 요건을 6개월에서 3개월로 완화해 더 많은 가정이 초기 비용 장벽을 낮출 수 있도록 했다.

성과는 즉시 나타났다. 2023년에는 전체 출산 가정의 87.9% 이상이 혜택을 받았고, 이듬해에는 89%로 상승했다. 지원은 단순한 비용 보전이 아니라, 산모의 회복과 가족의 일상 복귀를 앞당기는 안전망으로 기능했다. 지역 사회가 출산을 응원한다는 명확한 메시지가 전달되면서, 아이를 낳고 키우는 선택이 덜 외롭고 덜 불안한 결정이 되도록 뒷받침했다. 성동구는 재원 확보와 보편 적용의 균형을 유지하며, 지역 특성에 맞춘 지속 가능한 운영 모델을 다듬어가고 있다.

임신, 출산, 육아 원스톱 서비스를 만들다

맞벌이 증가와 이웃 돌봄 약화로 부모의 돌봄 부담이 커지는 현실에서, 분절된 서비스로는 체감 변화를 만들기 어렵다. 성동구는 2019년 성동아이맘건강센터를 설립하고 24시간 원스톱 체계를 갖췄다. 임신, 출산, 육아의 전 단계를 한 공간에서 연결해, 정보 탐색과 이동의 피로를 줄이고 필요한 지원을 제때 받도록 하는 것이 핵심 설계다.

센터는 임산부를 위한 산전 요가, 태교 DIY, 태교 강의, 숲 태교 등, 프

성동아이맘건강센터

로그램을 운영해 신체 건강과 정서 안정을 함께 돌본다. 출산 이후에는 산후 회복 운동, 모유 수유 클리닉, 이유식 교육 등으로 육아의 첫 관문을 통과하도록 돕는다. 특히 지역 녹지 자원을 활용한 숲 태교는 자연 속에서의 호흡과 움직임을 통해 엄마와 아기의 교감을 돕는 프로그램으로, 참여자 만족도가 높다.

영유아 부모를 위한 육아 교실은 신생아 마사지, 연령별 발달 이해, 영유아 놀이법, 안전 교육, 미디어 노출 줄이기 등 실질적 내용으로 구성되어 주간, 야간에 나누어 운영된다. 양육자의 기질을 고려한 양육법을 제시해, 부모가 자신의 리듬에 맞는 돌봄 태도를 찾아가도록 안내한다. 이 과정에서 부모들은 신체 회복과 영양 관리, 수면과 정서 안정 같은 현실적 어려움을 구체적으로 해결한다.

성동아이맘건강센터는 단지 교육 프로그램의 집합이 아니라, 육아에 대한 불안을 덜고 지지를 체감하는 생활 속 쉼터로 자리 잡았다. 끊어져 있던 지원의 고리를 한곳에서 잇는 통합적 접근은 지방정부가 저출생 시대에 수행해야 할 역할을 실증적으로 보여준다.

함께 키우는 도시, 함께 자라는 미래를 그리다

성동구에는 '아이 낳고 키우기 좋은 도시'라는 목표가 있다. 한 아이의 탄생은 한 가정의 기쁨이자, 도시 전체가 함께 준비하겠다는 약속이다. 이를 단순히 구호로 소비하지 않고, 생활 현장의 문제를 정확히 짚어 실질적 도움으로 바꾸어왔다. 임신의 불안을 낮추고, 출산의 장벽을 낮추고,

초기 양육의 피로를 낮추는 과정에서 신뢰는 차곡차곡 쌓였다.

성동의 변화는 복지 확장만을 말하지 않는다. 돌봄을 개인의 헌신에만 맡기지 않고 공동체의 책무로 재정의했다는 점에 가치가 있다. 행정은 필요한 때 필요한 곳에서 작동하고, 주민은 그 변화를 일상에서 확인한다. 아이 한 명이 자라기 위해 필요한 마을의 힘이 다시 작동하는 것이다.

앞으로의 과제는 명확하다. 누구나 경제적 부담 없이 아이를 낳을 수 있도록 재정 기반을 안정화하고, 부모가 일과 돌봄을 병행할 수 있도록 서비스 접근성을 더 정교화하며, 아이들이 도시의 품 안에서 안전하게 자랄 수 있도록 생활 인프라를 촘촘히 보강하는 것이다. 성동구는 이미 그 길을 차근히 걸어가고 있으며, 이 여정 속에서 사람과 도시가 함께 자라나는 미래를 성실하게 만들고 있다.

청년의 독립을
환영하고 응원하다

청년 1인 가구 주거 정착 패키지

청년이 마주한 현실의 벽을 함께 보다

종종 생각한다. 독립이란 단어는 왜 이렇게 낭만과 현실의 온도차가 클까. 대학생과 사회 초년생에게 독립은 더 이상 설렘만으로 다가오지 않는다. 월급의 상당 부분이 월세나 보증금으로 빠져나가는 것도 부담이지만, 계약서 앞에서 맞닥뜨리는 중개 수수료는 또 한 번 무거운 짐이 된다. 여기에 높은 물가까지 더해져 생활비 부담을 혼자 짊어져야 하는 1인 가구의 현실은 청년들에게 큰 어려움으로 느껴질 수밖에 없다. 2013년 전국 가구의 4분의 1이 1인 가구였지만, 이제는 세 집 중 한 집이 1인 가구인 시대다. 이런 현실 속에서 '과연 내 힘만으로 거주 공간을 마련할 수 있을까', '이렇게 무거운 부담을 감수해야만 독립이 가능한 걸까' 하는 고민은 점점 더 많은 이들에게 독립의 불안으로 다가오고 있다. 나는 이 사회 변화와 청년들의 고충을 성동구에서 느꼈다. 1인 가구가 전체 지역 내 가구의 42.4%에 달하는 성동의 현실은 단순한 통계 이상의 신호였다. 이들의 어려움을 사회 전체의 문제로 받아들이고, 구청이 실질적인 해결에 나서야 한다고 판단했다. 특히 청년 1인 가구들이 임대차 계약에서 매번 마주치는 중개 수수료라는 벽을 구체적으로 포착했고, 2019년 5월 전국 최초로 공인중개사들의 협력과 재능 기부를 바탕으로 반값 중개 보수 서비스를 도입했다.

협력으로 희망을 만들다

이 정책은 지역 내 중개 사무소들이 자발적으로 참여하면서 시작됐다. 전세 및 월세 환산 보증금 1억 원 이하의 주거용 주택 임차 계약 시 법정 중개 보수의 50%만 받도록 하여 임차인들의 경제적 부담을 줄였다.

예를 들어 월세 보증금 3,000만 원에 월 50만 원짜리 주택을 계약할 경우, 법정 중개 보수는 30만 원이지만, 반값 중개 보수 서비스에 참여하는 중개 사무소를 이용하면 내야 할 금액이 15만 원이 된다. 시행 초기에는 한양대학교와 한양여자대학교 학생이 대상이었지만, 2021년 8월부터는 성동구 전체 1인 가구로 확대했다. 지역 사회가 함께 나선 실질적 연대였다.

정책 홍보는 한양대학교와 한양여자대학교 총학생회 홈페이지, 구청, 동 주민 센터, SNS, 스마트 성동 지도 등 다양한 채널에서 이뤄졌다. 각

반값 중개 보수 서비스 안내   재능 기부 중개 사무소 표지판

채널에 재능 기부 참여 중개 사무소 명단을 게시해 더 많은 청년들이 쉽게 접근할 수 있도록 했다.

누구나 한눈에 참여 중개를 알 수 있도록 사무소 내·외부에는 재능 기부 중개 사무소 지정서와 재능 기부 안내판을 부착했다. 2025년 5월 기준, 성동구 전체 833개 중개 사무소 중 231개가 이 서비스에 동참했다. 전체의 28%에 달하는 높은 참여율이다.

누적 149건의 임대차 계약에서 청년들이 서비스를 이용했는데, 중개 수수료 감면액의 합이 약 1,900만 원이었다. 정책을 이용한 한 청년은 "중개 수수료 부담이 확실히 줄었고, 참여 중개사를 쉽게 확인할 수 있어 도움이 컸다"고 말했다. 재능 기부에 참여한 공인중개사 역시 "지역 사회에 기여한다는 자부심과 행정의 신뢰, 홍보 효과까지 얻었다"며 만족을 전했다.

우리는 거기서 멈추지 않았다. 1인 가구가 일상에서 겪는 어려움을 덜어주기 위한 새로운 방안을 계속 모색했다. 2024년 2월에는 청년 생애 첫 1인 가구 생필품 구매 지원 사업을 시행했다. 성동구로 전입해 처음 세대주가 되는 19세에서 39세 청년을 대상으로, 무주택이면서 중위 소득 120% 이하인 사람들에게 생필품 구매비 20만 원을 지원했다. 식료품, 주방·욕실·주거 용품, 소가구 등 독립 초기에 꼭 필요한 품목들을 포함했다. 단순히 돈을 지원하는 게 아니다. 전입 신고를 반드시 하도록 유도하고자 동 주민 센터에서 접수를 받았고, 이 과정에서 자연스럽게 지역 사회에 소속감을 주고자 했다. 이와 함께 청년 1인 가구의 이사 비용 부담을 줄이기 위해 소량 이사를 할 경우 차량과 인력을 지원하는 사업도 운영했다. 원룸 등 이삿짐이 적은 세대를 위해 전용 차량과 일정에 맞춘 서비스를 제공했다. 더 나아가 이사 지원 서비스 봉사단을 구성해 도움을 받았던 청년들이 봉사자로 참여하도록 했다. 도움을 받은 사람이 또 다른 이에게 도움을 주는 선순환의 구조였다.

청년이 머무는 도시를 꿈꾸다

나는 청년이 머무는 도시를 만들고 싶었다. 그래서 행정 절차에서도 불편을 줄이기 위한 정책을 고민했다. 2025년 6월, 주택 임대차 계약 신고 계도 기간이 끝나 과태료가 부과되기 시작하자, 주민 불이익을 최소화하기 위해 전국 최초로 주택 임대차 계약 즉시 신고제를 도입했다. 계약서에 QR 코드를 삽입해 신고 사이트로 바로 연결되게 하고, 공인 중개사가 계약 직후 모바일 신고 방법을 안내하도록 했다. 복잡한 절차를 간소화한 덕분에 행정 기관을 직접 방문하기 어려운 청년들도 스마트폰으로 손쉽게 신고를 마칠 수 있게 됐다.

    이 정책들은 청년 1인 가구가 첫 독립을 시작하는 순간부터 안정적으로 지역 사회에 정착하도록 돕기 위해 만들어졌다. 나는 이러한 정책이 단순히 청년들의 돈을 아껴주는 것이 아니라, 성동에서 독립을 맞이하는 청년들을 환영하는, 지역 사회의 따뜻한 인사라고 생각한다.

동네 골목에서부터
자원 순환이 시작되다

> 푸르미 재활용 정거장

골목에서 자원 순환의 혁신을 고민하다

수도권의 쓰레기 문제가 한계에 다다르며 생활 폐기물 처리의 새로운 전환점이 요구되고 있다. 현장의 위기감은 점점 커져만 간다. 서울에서만 하루 3,200톤의 생활 폐기물이 발생하지만, 시내 4곳의 소각장에서 처리할 수 있는 양은 2,200톤에 불과하다. 남은 약 1,000톤의 생활 쓰레기는 인천의 수도권 매립지로 옮겨 매립해왔지만, 이 매립지도 포화 상태에 이르렀다. 새로이 소각장을 세우려 해도 주민 반대와 갈등, 예산 부족 등으로 신규 설치가 매우 어려운 상황이다.

환경부는 폐기물 문제의 해결책으로 2026년부터 수도권 전체에서 생활 폐기물의 직매립을 전면 금지하는 방안을 내놓았다. 2026년부터는 쓰레기를 바로 땅에 묻는 것이 아니라 반드시 선별이나 소각 같은 전처리를 마친 후 남은 일부만 매립할 수 있도록 하는 것이다. 매립 쓰레기의 양을 80~90%까지 줄여 포화 상태의 수도권 매립지 활용 시한을 늘리겠다는 취지다.

그러나 이 같은 전처리를 위해 필요한 소각장 또한 턱없이 부족하다. 소각장 설립은 주민 반발이 거세 쉽게 해결되지 않는 또 다른 과제다. 대책 없이 시간을 보낸다면 쓰레기 대란을 피할 수 없을 것이다. 생활 폐기물의 배출량 감축과 체계적인 분리배출, 고품질 자원 회수 전략 등 종합적인 대책 마련이 어느 때보다 시급한 시점이다.

이와 더불어 날로 심각해져 가는 지구 온난화와 그로 인한 기후위기와 재난은 우리에게 환경을 위한 행동 변화를 촉구하고 있다. 이미 우리나라에서도 극한 호우라는 신조어를 기상청이 발표했다. 폭염 또한 주민들의 안전을 위협할 정도로 지속되고 있다.

우리 구는 이러한 현실을 인식하고 골목에서부터의 근본적인 변화를 모색했다. 아파트와 같은 공동 주택은 관리 사무소 중심의 체계적인 분리배출이 비교적 잘 이루어지고 있었지만, 빌라·다세대·단독 주택 밀집 지역의 골목은 여전히 혼합 배출과 혼합 수거가 이어져왔다. 선별이 제대로 이루어지지 않은 재활용품은 쓰레기와 함께 매립·소각될 수밖에 없어 도시 전체의 자원 순환 체계의 취약 지대로 남아 있었다. 또한 2021년 12월부터 주택가 및 상가 지역에서도 재활용품 분리배출 요일제 의무화가 예고되면서 올바른 분리배출 체계 구축의 필요성이 커졌다.

주민과 골목 자원 순환 모델을 만들다

성동구는 이 취약 고리를 끊기 위한 실질적 해법을 고민한 끝에 주민이 직접 참여해 골목과 마을 환경을 바꾸는 생활 속 자원 순환 모델을 기획했다. 기획 과정에서 주목한 건 골목의 특성이었다. 설계·시공 단계에서부터 쓰레기 배출 공간이 정해져 있는 아파트 단지와는 달리 주택 밀집 지역에서는 분리배출함을 설치할 만한 유휴 공간을 찾기 어려웠다. 내 집 앞에 재활용품 수거함을 설치하는 것을 반기지 않는 주민들도 있었다. 이에 성동구는 도시형 생활 주택과 빌라, 다세대 주택 등 여유 공간이 있는 곳에는 고정형 분리배출함을 설치하고, 그 외의 지역에는 이동식 재활용 정거장을 활용하기로 했다.

2020년 10월, 송정동과 성수2가 제1동 골목 6개 지점에서 시작한 푸르미 재활용 정거장 프로젝트는 그렇게 첫발을 내디뎠다. 이 프로젝트는 단순히 재활용 배출함만 비치하는 것이 아니었다. 주 3회(화·목·일, 19~21시) 정해진 시간에 이동식 분리함이 설치되고, 구에서 배치한 자원관리사와 주민이 한 팀이 되어 8종류의 재활용품(투명 페트병, 플라스틱류, 비닐류, 유리병, 캔·고철, 종이, 종이팩, 스티로폼)을 품목별 기준에 맞게 분리했다. 현장에서 분리배출 방법을 서로 배우고 도우며, 그 자리에서 수거와 선별이 이루어졌다.

이 과정에서 골목의 환경이 달라지는 경험이 더해졌다. 그저 쓰레기를 내놓고 끝나는 것이 아니라, 이웃이 모여 소통하며 어떻게 배출하면 환경에 더 이로운지 자연스럽게 배우는 문화가 골목 곳곳에 자리 잡았다.

정책을 성동구 전 지역으로 확대하기 위해 성동구는 2021년 3월 환경부의 재활용품 품질 개선 지원 사업에 참여해 국비 5억3,000여만 원을 확보했다. 또한 같은 해 7월, 「성동구 자원의 절약과 재활용 촉진에 관한 조례」를 개정해 참여 주민에게 인센티브를 지급할 근거를 마련했다.

사업의 안정적 추진 기반 확보와 함께 정거장에 모인 재활용품 전량을 일반 배출 품목과 철저히 구분해 현장에서 바로 별도 수거하고, 권역별 환경 공무관이 즉시 자원 회수 센터로 운반하는 관리 체계를 구축했다. 수거 시간도 기존 밤 11시~다음 날 오전 8시에서 밤 10시~다음 날 오전 7시로 조정해 정거장 주변의 무단 투기와 악취 민원을 최소화했다. 특히 고품질 재활용품 수거를 위해 투명 페트병과 플라스틱류 전용 보관 시설도 따로 설치·운영하고 있다.

성동구는 이렇듯 사업 정착을 위한 꼼꼼한 설계를 마치고 2021년 5월부터 관내 17개 전 동으로 푸르미 재활용 정거장을 본격 확대 운영하고 있다. 이동식 배출함 정거장은 2020년 6개소에서 2021년 102개소로 늘었고, 2024년 현재 117개소에 이른다. 고정식을 포함하면 총 491개소의 재활용 정거장이 주 2회(목·일, 19시~21시) 운영되고 있다. 관리 인력도 총 230명으로 늘어나 원활한 운영을 돕고 있다.

올바른 분리배출을 지원하는 자원 관리사는 만 18세 이상, 해당 동 주민등록자 중 신체 건강하고 봉사 정신과 환경 보호 의식이 뛰어난 주민을 공개 모집해 선발했다. 이들은 각 정거장에서 2인 1조로 근무하며 재활용품 직접 수집 관리, 품목별 분리배출 지도, 투명 페트병·폐비닐 분리배출제 홍보 등 현장 전반을 책임진다. 각 동별 1명씩 지정된 현장 리더는 운영 일지 작성, 정책 건의, 민원 전달 역할을 맡는다. 자원 관리사와 주민을 대상으로 이론 교육과 자원 회수 센터 견학 등 체계적인 자원 순

환 교육을 진행해 재활용의 진정한 의미와 선별 과정을 직접 체험할 수 있도록 했다.

이 사업은 단순한 분리수거 장소 제공에 그치지 않는다는 강점이 있다. 주민들은 투명 페트병, 플라스틱, 비닐류, 유리병, 캔·고철, 종이, 종이팩, 스티로폼 등 8종의 재활용품을 집에서 미리 분리해 정해진 시간에 정거장으로 가져와 자원 관리사의 안내를 받으며 올바른 분리 방법을 배우고 실천할 수 있다. 주택가 분리배출 참여도를 높이기 위해 참여 주민에게 종량제 봉투, 음식물 봉투 등의 혜택을 제공하고 있다.

푸르미 재활용 정거장을 통해 올바른 쓰레기 분리배출 문화를 지역 사회에 정착시키기 위해 홈페이지, SNS, 현수막, 유튜브는 물론 주민 자치 회와 통·반장단 회의 등을 통해 적극 홍보하고 있다. 특히 현장 맞춤형 홍보, 교육 자료(전문 업체 영상, 리플릿 등) 제작과 참여 장려 물품 배부 등으로 주민 중심의 변화를 유도하고 있다. 또한 주민 설문 조사와 의견 수렴을 통해 정책을 지속적으로 개선하고 있다.

실제 설문 조사에서 주민 89%가 "투명 페트병 라벨 제거가 어렵다"고 답하자, 주민 주도 실험 플랫폼인 리빙랩, 일상 속 실험실을 운영해 주민과 함께 페트병 라벨 제거봉을 개발·배포했다. 이를 통해 페트병 배출 시 라벨 스티커를 손쉽게 제거할 수 있도록 했다.

성동형 순환 공동체가 완성되다

이러한 노력은 혁신과 변화를 가져왔다. 사업 초기인 2020년 6개소에서 63회의 재활용 정거장이 운영되어 총 529톤의 재활용품이 수거됐다. 2024년에는 117개소에서 100회의 운영으로 567톤을 기록했다. 주민 참여는 2021년 26만8,601명에서 2024년 38만8,472명으로 증가했다. 품목별 분리 정확도(선별률)는 2020년 55%에서 2022년 75%로 수직 상승했다.

푸르미 재활용 정거장

특히 정거장 운영에 힘입어 자원 회수 센터의 재활용품 판매 수익이 2021년 12억9,000만 원에서 2022년 19억5,000만 원으로 51% 증가했다. 이는 지역 경제와 환경 모두를 위한 의미 있는 결과였다. 이런 성과는 2022년 환경부 국비 추가 확보(3,250만 원), 2024년 서울시 재활용 성과 평가 우수상 등으로 대외적으로도 인정받았다.

푸르미 재활용 정거장이 성동구 골목과 마을 곳곳에 정착하면서 불법 배출과 무단 투기가 크게 줄었다. 무엇보다 마을 주민들이 주체가 되어 현장을 운영하면서 '우리 동네 환경은 우리 손으로 지킨다'는 공동체 의식과 자부심을 키우는 상징적 공간이 됐다. 이제 푸르미 재활용 정거장은 환경 문제를 넘어 골목 주민 간의 연대와 지역 사회의 자긍심을 함께 길러내고 있다. 수도권 쓰레기 대란의 위기 속에서 주민이 직접 바꾸고 만드는 푸르미 재활용 정거장은 전국 어디서나 적용 가능한 생활 밀착형 환경 정책 모델로, 자원 순환 도시의 새로운 혁신의 길을 열어가고 있다.

아이와 함께하는 모두가
행복한 공간을 만들다

성동아이사랑복합문화센터

아이와 부모가 함께 웃는 돌봄 공간을 만들다

주말이면 키즈 카페를 간다는 부모들의 이야기를 들었다. 가격이 상당해서 놀랐다. 일반적인 공동 주택 환경에서 아이들이 집에서 뛰어놀 수는 없고, 주말이든 주중이든 아이들과 갈 만한 장소가 그리 풍부하지 않은 가정에 대안이 없다는 이야기였다. 끝없이 이어지는 학원 뺑뺑이에만 아이들의 시간을 맡겨둘 수도 없는 일이다.

금호, 옥수, 응봉, 행당동 등은 영유아를 키우는 가정이 밀집해 있어 0~9세 아동 인구가 집중된 대표 지역으로 꼽힌다. 맞벌이 부모는 믿고 맡길 수 있는 돌봄 서비스를 필요로 했고, 전업 부모는 정서적 고립감을 해소할 수 있는 공동육아 쉼터를 원했다. 조부모 돌봄 세대는 손주와 함께 안전하게 놀 수 있는 실내 공간을 바라고 있었다. 아이 한 명을 키우는 데 온 마을이 필요하다는 말처럼, 지역 사회가 함께 책임지는 공공 육아의 기반이 절실한 시점이었다.

성동구는 이러한 시대적 변화를 현실로 받아들이며 아이와 부모, 그리고 이웃이 함께 성장할 수 있는 환경을 만들기 위해 고민을 이어왔다. 육아는 단순히 한 가정의 일이 아니라 지역의 지속 가능성을 가늠하는 중요한 사회적 과제이기 때문이다. 우리는 행정이 개입하는 방식의 지원을 넘어, 주민들이 서로 돌보며 신뢰를 쌓을 수 있는 공간과 문화를 만드는 데 주력했다.

지금 성동의 골목에서는 아이의 웃음소리가 들리면 이웃의 미소가 따라온다. 부모의 양육 부담을 덜어주는 일은 결국 사회 전체의 행복을 키우는 일과 맞닿아 있다. 아이가 자라기에 좋은 도시는 어른에게도 따뜻한 도시다. 성동구는 그런 도시를 향해 한 걸음씩 나아가고 있다.

성동의 공공 육아 복합 공간을 열다

그래서 나는 아이와 보호자가 함께 자라고 성장할 수 있는 공공 육아 복합 공간 조성을 구상했다. 그 결과 2019년 6월, 아이사랑복합문화센터 건립 기본 계획을 수립하고 보육 시설이나 놀이방의 개념을 넘어 놀이, 교육, 문화, 돌봄 기능이 융합된 생활 SOC 복합 문화 공간을 만드는 것을 목표로 삼았다.

적합한 부지를 찾는 과정은 쉽지 않았다. 담당자들이 직접 현장을 돌

성동아이사랑복합문화센터 외관, 개관식 모습

며 유휴 부지를 샅샅이 살핀 끝에 현재 센터가 자리한 부지를 발굴했지만, 시유지가 혼재되어 있어 사업 추진이 쉽지 않았다. 이에 나는 상호 협의에 의한 공유 재산 등가 교환이라는 해법을 제시하며 서울시를 적극적으로 설득했다. 주민에게 꼭 필요한 행정 서비스를 제공하겠다는 성동구의 진정성이 서울시의 공감을 얻으면서 부지 확보에 성공할 수 있었다.

이후 주민 공모를 통해 명칭을 정하고, 전문가 자문과 건축 설계를 거쳐 2020년 8월 착공, 2021년 6월 개관에 이르렀다. 아이와 가족이 중심이 되는 도시라는 성동의 비전을 구체화하는 여정이었다.

한 아이의 웃음이 울려 퍼질 수 있는 공간을 만든다는 것은 건물을 세우는 일 이상의 의미를 지닌다. 이것은 지역 사회가 한 세대를 품고 다음 세대를 키우는 약속이며, 도시가 얼마나 따뜻할 수 있는지를 보여주는 지표이기도 하다. 성동구의 아이사랑복합문화센터는 바로 그 약속의 결실로, 이제 부모와 아이가 함께 자라는 일상의 중심이 되어가고 있다.

성동아이사랑복합문화센터는 지상 4층, 연면적 약 1,292㎡ 규모로 조성됐다. 서울시의 생활 SOC 복합화 가이드라인을 반영하여 설계됐으며, 에너지 절감을 위한 제로 에너지 기술도 적용됐다. 건물 자체가 친환경적이고 개방적인 공간으로 조성된 가운데, 센터는 서울시 자치구 최초로 「성동구 아이사랑복합문화센터 운영 및 관리 조례」를 제정하여 제도적 기반도 함께 마련했다.

센터의 각 층은 발달 단계에 따라 차별화된 프로그램과 공간을 제공하고 있다. 1층에는 다양한 악기와 반주 기기, 스마트 기기를 활용하여 영유아들의 예술 경험과 감수성 발달을 지원하기 위한 뮤직 키즈 스튜디오가 배치되어 있으며, 2층은 양육자 간 정보를 공유하고 부모와 자녀가 유대감을 강화할 수 있는 공동육아 나눔터를 배치했다. 3층은 디지털 아트 존과 아트 플레이 존으로 구성돼 아이들의 상상력과 표현력을 자극하는 놀이 공간을 제공하고 있다. 4층에 조성된 미디어 아트 존은 1인 미디어실, 영상 편집실, 디지털 드로잉실이 마련되어 있어 아이들이 동영상, 웹 콘텐츠 제작 등을 체험함으로써 자기 주도적 예술 문화 콘텐츠 제작을 위한 미디어 역량을 강화할 수 있는 기회를 제공한다.

이처럼 기능별로 특화된 공간 구성은 프로그램 중심 운영으로 이어진다. 성동구는 센터 개관 이후 놀이를 통한 성장이라는 철학을 바탕으로, 단순한 일시적 체험이 아닌 상시 창의 체험형 프로그램을 운영하고 있다. 대표적으로는 디지털 아트 창작 교실, 창의 예술 놀이 체험, 과학 탐구 놀이 교실, 주말 가족 체험, 부모와 함께하는 오감 놀이터 등이 있다. 어린이집, 유치원, 초등학교 단체 참여는 물론, 지역 주민 모두가 개별 참여도 가능하도록 개방하고 있다.

뮤직 키즈 스튜디오

미디어 아트 존

운영 방식 역시 이용자 접근성을 고려해 설계됐다. 월요일을 제외한 평일과 주말 오전 9시부터 오후 6시까지 운영하며, 사전 예약과 현장 접수를 병행해 접근성을 높였다. 사회적 배려 계층을 위한 감면 혜택도 마련되어 있으며, 부모가 안심하고 이용할 수 있도록 유모차 동선, 수유 공간, 안전 시설 등도 세심하게 설계되어 있다.

우리의 공공 육아 모델을 실현하다

개관 이후 성동아이사랑복합문화센터는 단기간에 지역 육아 정책의 상징으로 자리 잡았다. 2025년 기준 누적 이용자 수는 1만4,000명을 넘어섰고, 방학 및 주말 프로그램은 조기 마감이 일상화될 정도로 수요가 폭발적으로 증가했다. 특히 보호자 대상 만족도 조사에서는 92.6%가 "아이의 창의성과 사회성이 향상됐다"고 응답했으며, "자녀와의 유대감이 깊어졌다"는 의견도 90% 이상을 차지했다. 아이 입장에서는 놀이를 통해 창의성을 키우며 또래와 함께 성장하는 공간이 됐고, 부모에게는 아이와 소중한 시간을 보내며 육아 부담을 덜 수 있는 공간이 됐다. 이처럼 성동아이사랑복합문화센터는 지역 사회 전체를 아우르는 가족 중심의 공공 공간으로서 역할을 톡톡히 하고 있다.

이러한 성과는 단지 물리적 공간 조성만으로 가능하지 않았다. 프로그램 설계의 전문성, 행정·민간의 협업 체계, 제도적인 기반이 어우러졌기에 비로소 가능한 결과였다. 성동구는 관련 부서 간 협업을 바탕으로 콘텐츠 기획부터 예산, 운영까지 통합적으로 관리하고 있다. 위탁 기관의 전문성도 적극 반영해 프로그램 품질을 유지하고 있다.

성동아이사랑복합문화센터는 보육과 문화, 돌봄과 예술, 정보 제공이 하나로 통합된 육아 지원 공간이다. 육아 종합 지원 센터, 문화 센터 등으로 분산되어 있던 기능을 하나의 공공 복합 공간에 통합해 정책 연계성과 시너지 효과를 높였다. 특히 「아이사랑복합문화센터 운영 및 관리 조례」에 기반한 체계적 운영은 다른 지자체에서도 이를 벤치마킹하여 제도와 공간을 함께 구축할 수 있는 모범 사례가 될 수 있다. 시설 설치가 아닌, 지속 가능한 정책 플랫폼을 구축했다는 점에서 차별성이 있다.

앞으로 성동구는 성동아이사랑복합문화센터를 체험 공간을 넘어 아이들의 창의성과 정서 지능을 더욱 풍부하게 키우는 예술 성장 놀이터로 지속 발전시켜나갈 계획이다. 이를 위해 미디어, 디지털, 음악, 미술 등 맞춤형 문화 예술 콘텐츠를 제공하여 아이들이 예술적 정서와 창의적 사고를 키울 수 있도록 도울 것이다. 또한 온 마을 체험 학습 프로그램에 참여하여 지역 자원과 연계한 프로그램을 확대하고, 장애인 등 문화 예술 소외 계층을 위한 보편적 예술 교육 기회를 늘려 지역 주민 모두가 참여할 수 있는 공간으로 운영해나갈 것이다.

아트 플레이 존

디지털 아트 존

성동아이사랑복합문화센터는 아이들만의 공간이 아니다. 이곳에서의 웃음과 놀이는 부모의 회복이 되고, 가족의 대화가 되고, 마을의 온기가 된다. 공공이 만들고, 지역이 함께 운영하고, 시민이 함께 성장하는 이 공간의 의미는 더욱 중요해지고 있다.

육아는 더 이상 사적인 영역만이 아니다. 이제 지방정부는 육아에 대한 공적 책임을 어떻게 실현할 수 있는지 답해야 한다. 성동이 만든 공간에 우리만의 답을 담았다. 아이를 위한 정책이 곧 도시의 미래를 바꾸는 힘이 된다. 성동구는 앞으로도 아이와 가족이 함께 웃을 수 있는 도시, 돌봄이 일상이 되는 공동체를 향해 나아갈 것이다.

도시 전체가 아이들을 위한 교실이 되다

온 마을 체험 학습장

체험이 일상이 되는 교육 혁신을 시도하다

인공지능, 로봇, 증강 현실, 양자 컴퓨터 등 미래 세대가 살아가야 할 환경은 우리의 상상을 넘어가고 있다. UN 미래 보고서에 따르면 2030년까지 현존하는 일자리의 80%가 사라진다고 한다. 기존의 교육 프로세스만으로는 격변하는 시대에 적응하고, 시대를 이끌 인재를 길러내기 어렵다는 이야기다. 이제 천편일률적인 주입식 교육의 한계를 넘어 체험을 중심으로 한 창의적 교육의 필요성에 동의하지 않는 사람은 드물 것이다.

2016년 서울시는 자유 학기제를 전면 실시했다. 상급 학교 진학 시 학생부 종합 전형 증가 등, 창의 체험 활동의 비중도 늘려왔다. 하지만 정규 학교 교육만으로는 다양한 체험 활동이 어렵고, 창의 체험 교육에 대한 수요에 비해 체험장이 턱없이 부족했다.

성동구는 이러한 변화를 선제적으로 포착하여 사회가 필요로 하는 미래 인재를 육성하고, 새로운 교육 수요를 충족하기 위해 마을 곳곳을 또 하나의 교실로 만들었다. 2015년 교육 특구 지정을 발판으로 2016년 지역 전체가 학생들의 배움터가 되는 온 마을 체험 학습장을 조성한 것이다.

온 마을 체험 학습장 조성으로 도서관, 박물관, 문화·복지 시설, 지역 공방과 체험장, 그리고 동 주민 센터까지 지역 자원들이 살아 있는 교실이 됐다. 역사, 산업, 생태, 문화, 예술 등의 지역 자원을 집적한 온 마을 체험 학습장에서의 경험은 학생들의 적성·진로 계발과 상급 학교 진학에 기여한다. 이곳에서는 학생들에게 생생한 경험을 통해 흥미와 호기심을 불러일으켜, 주입식 수업과 이론 중심 교육의 한계를 넘어 사고력과 탐구력을 기를 수 있도록 돕고 있다.

마을을 교실로 바꾸다

성동구는 온 마을 체험 학습장을 만들기 위해 지역 내 기업과 공공 기관을 일일이 방문해 사업의 취지를 설명하고 지역 학생들을 위해 교육 기부를 제공해줄 것을 요청하는 등 지속적인 체험처 발굴로 지역 내 총 200여 기업 및 공공 기관의 교육 기부를 이끌어냈다. 참여 분야도 의료, 금융, IT, 자동차, 건축, 패션 등 성동구 소재 기업 전 분야가 망라되어 있어 다양한 진로 체험이 가능하도록 구성했다.

또한 성동구는 영어 교육의 사교육 부담을 완화하고 차별 없는 교육

| 성동 글로벌 체험센터 현황 |

센터 명	소재지	시설정보	설립일	종사자	이용자 (월평균)
용답 글로벌 체험센터 (용답 GEC)	용답길 133	연면적 255.18㎡ (지상2층,지하1층)	'13.02.12.	3명	321명
금호 글로벌 체험센터 (금호 GEC)	금호로 30	면적 101㎡ (독서당인문아카데미 2층)	'17.06.30.	3명	336명
성수 글로벌 체험센터 (성수 GEC)	왕십리로5길 3	면적 144.18㎡ (성수1가2동청사 지하1층)	'19.04.08.	3명	361명
마장 글로벌 체험센터 (마장 GEC)	마장로29길 29	면적 29.36㎡ (제2서울창의예술센터 3층)	'23.04.03.	2명	167명

기회를 제공하기 위해 2013년 2월, 전국 지방자치단체 최초의 기숙형 원어민 홈스테이 외국어 교육 시스템을 갖춘 용답 글로벌 체험센터를 조성하여 온 마을 체험 학습장으로 등록·운영하고 있다. 이후 학부모와 학생의 호응에 힘입어 2017년 7월 금호 글로벌 체험센터를, 2019년 4월 성수 글로벌 체험센터를, 2023년 4월 마장 글로벌 체험센터를 추가 조성하여 성동구 내 권역별로 빈틈없는 영어 체험 교육의 기회를 확대·제공하고 있다.

성동 글로벌 체험센터에서는 학생들에게 다양한 영어 학습 프로그램과 이국 문화 체험 프로그램을 통해 일상 속에서 자연스럽게 영어로 표현하는 능력을 향상시키고, 영어에 대한 자신감을 높여 글로벌 역량을 갖춘 인재를 양성하고 있으며, 높은 만족도에 힘입어 월평균 이용자가 300여 명에 이른다.

| 온 마을 체험 학습장 체험 활동과 학교 교육 과정과의 연계 프로세스 |

온 마을 체험 학습장은 일회성 체험 활동을 넘어선다. 성동구는 교육지원청, 학교와 긴밀히 협의해 기존에 지역 사회와 학교 사이에 단절되어 있던 행정 프로세스를 혁신하여 체험 학습의 결과를 정규 교육 과정과 연계했다. 전국 최초로 민·관·학이 함께하는 교육 공동체 상생 모델을 구축한 것이다. 그 결과, 학생들의 온 마을 체험 학습장 참여 실적을 학교 교육 과정으로 공식 인정받아 학생부에 기재할 수 있게 됐다. 이에 따라 학생들은 많은 비용이나 먼 이동 없이도 다양한 경험을 쌓아 학생부와 자기 소개서를 풍부하게 채울 수 있게 됐다.

2016년 첫 운영 시 84개였던 온 마을 체험 학습장이 사업 추진 9년 만에 111개소로 늘었다. 누적 62만여 명의 학생들이 각종 현장에 참여하여 보고, 만지고, 직접 느끼는 체험 교육을 경험했다. 이용자 또한 해마다 증

온 마을 체험 학습 지도사 양성 교육

성동 온 마을 체험 학습 버스　　　　아동·청소년 체험 학습 카드 이미지

가하여 운영 첫해 5만3,200여 명에서 2024년 12만8,500여 명으로 늘어 2.4배에 달한다. 성동구의 많은 학생들이 마을 배움터를 한층 더 가까이 활용하고 있는 셈이다.

　아울러 참여 시 아이들의 안전한 체험 활동을 위해 학부모와 퇴직 교사, 경력 보유 여성 등 40여 명을 온 마을 체험 학습 지도사로 양성했다.

성동 미래 직업 체험 & 온 마을 체험 학습 축제

이들은 외부 현장 학습 시 교사와 함께 학생을 인솔하고 아이들의 체험 학습을 안내하는 등의 보조 교사 역할을 톡톡히 하고 있다.

또한 교실과 체험 학습장 사이의 물리적 거리를 좁혀 누구나 부담 없이 안전하고 편리하게 참여할 수 있도록 온 마을 체험 버스도 운행하고 있다. 체험 버스는 학교의 사전 신청으로 배차되며, 온 마을 체험 학습 지도사가 동행해 학교에서 체험 학습장까지 아이들의 안전을 철저히 챙긴다.

이와 더불어 성동구는 2017년부터 중학교 1학년 재학생 또는 13세 학교 밖 청소년을 대상으로 진로와 직업, 문화, 예술 분야 체험 활동 기회 확대를 위해 체험 학습 카드도 지원하고 있다. 체험 학습 카드는 충전식 포인트 카드로 상·하반기 5만 원씩 연간 10만 원을 지원했으나, 호응에 힘입어 2024년부터는 연간 20만 원으로 확대했다. 지역 내 공공 기관에서 운영하는 진로·직업 체험뿐 아니라 볼링장, 탁구장, 축구 클럽, 서점, 영화관, 대학로 극장 등에서도 사용할 수 있다. 2017년 37개소에서 시작하여 현재는 119개소의 가맹점이 동참하고 있으며 앞으로도 청소년들의 진로 설계에 도움을 줄 다양한 가맹점을 추가 발굴할 예정이다.

2023년부터는 성동구가 운영하고 있는 온 마을 체험 학습장 중 아이들에게 인기 있는 체험 프로그램과 미래 기술을 한자리에서 경험할 수 있는 〈미래 직업 체험&온 마을 체험 학습 축제〉를 연 1회 개최하고 있다. 미래의 주인공인 아이들이 다양한 체험을 통해 가족과 소중한 추억을 쌓는 시간을 마련하려는 노력의 일환이다.

온 마을 체험 학습장은 교실의 벽을 넘어 마을 전체를 배움의 터전으로 확장시켰다. 지리적, 경제적, 정보적 여건 차이로 인한 체험 교육 사각지대를 해소하는 정책으로 자리 잡았다. 이를 통해 아이들의 꿈과 진로, 그리고 창의력을 키움과 동시에 지역 사회의 모든 구성원이 참여하고 성장하는 진일보한 생활 밀착형 교육 모델로 주목받고 있다.

아이들의 등하굣길을 행정이 책임지다

워킹 스쿨버스

아이들의 안전을 지키는 구청장이 되기로 하다

아침 햇살이 도시의 거리를 비출 때, 아이들은 작은 가방을 메고 하나둘씩 골목을 걸어간다. 그 평범한 풍경을 바라볼 때마다 나는 늘 같은 생각을 한다. 이 길을 지켜야 할 이유가 바로 여기에 있다고. 도시가 존재하는 이유, 행정이 움직이는 이유, 어른들이 책임져야 할 가장 소중한 존재는 바로 아이들이다. 어린이의 안전은 단순히 사고를 막는 일이 아니다. 그것은 우리가 어떤 사회를 꿈꾸고, 어떤 내일을 후대에 물려주고자 하는지에 대한 약속이다. 아이 한 명의 발걸음이 안전할 때, 그 도시의 미래도 함께 단단해진다.

나는 아침마다 학교로 향하는 아이들의 모습을 본다. 친구와 손을 잡고 웃으며 걷는 그 짧은 시간에, 세상의 수많은 위험이 숨어 있다. 키가 작아 운전자의 시야에 닿지 않는 아이들, 한순간의 장난이 사고로 번질 수 있는 길 위의 긴장감, 그리고 등하굣길 납치·유괴 범죄 소식이 전해질 때마다 움츠러드는 보호자들의 마음. 이런 현실을 마주할 때마다 나는 스스로에게 묻는다. "우리 아이들이 안전한 도시에서 자라고 있는가."

아이를 지키는 일은 오랫동안 엄마의 몫이었다. 녹색어머니회라는 이름이 그렇듯이 말이다. 그러나 지금은 다르다. 맞벌이 가정이 늘고, 저출생의 그림자가 짙어지면서 아이들의 안전은 더 이상 부모만의 책임일 수 없다. 사회 전체가 함께 지켜야 한다.

교통기후환경연구소의 분석에 따르면 어린이 교통사고는 오후 2시에서 7시 사이, 아이들이 하교하는 시간대에 가장 많이 발생한다. 맞벌이 부부의 증가로 아이들의 귀가 시간이 다양해지고, 돌봄 공백이 커지면서 사고의 위험은 더욱 높아졌다. 아이를 돌볼 여건이 갖춰진 가정만이 출산을 선택한다면, 결국 저출생의 벽은 더 높아질 수밖에 없다.

아이들이 안전하게 걸을 수 있는 길, 그것이 곧 도시의 품격이라고 나는 믿는다. 아이 한 명이 무사히 학교에 도착하는 그 짧은 여정 속에, 우리가 지켜야 할 내일이 담겨 있다.

어린이를 위해 워킹 스쿨버스를 도입하다

워킹 스쿨버스는 성동구가 2012년 시작한 대표적인 어린이 교통·안전 정책이다. 걸어 다니는 스쿨버스라는 이름처럼 일정한 노선과 정류장이

워킹 스쿨버스 이용 모습

있고 가까운 곳에 거주하는 아이들이 모여서 교통안전 지도사와 함께 걸어서 등하교하는 시스템이다. 이는 초등학교 주변 횡단보도에서 학부모들이 주축으로 활동하던 녹색어머니회의 안전 보호 활동이 확대·진화한 형태다. 교통안전 지도사가 2인 1조로 초등학교 1~3학년 학생들의 등하굣길을 안전하게 인솔한다. 교통사고와 각종 범죄에 노출되기 쉬운 초등학생들의 안전한 등하교를 지방자치단체가 나서서 책임지는 맞춤형 통학 지도 서비스다.

워킹 스쿨버스의 핵심 강점은 단순한 사고 예방에만 있지 않다. 지도사는 학생들의 교통 법규 준수를 지도할 뿐 아니라, 실제 등하교 중 아이들에게 위험 요인이 될 사항을 신고하고, 필요한 개선을 요구해 아이들의 보행 환경을 적극 관리한다.

워킹 스쿨버스는 도입 이후 꾸준히 확대·개선됐다. 2012년 시범 운영

워킹 스쿨버스 교통안전 지도사 발대식

을 시작으로 2015년부터는 성동구 내 전 초등학교에서 실시됐다. 학부모들의 높은 호응에 힘입어 2021년 겨울 방학부터는 학기 중에만 운영하던 것을 방학 기간에도 확대 운영하고 있다. 2023년에는 방과 후 학교 프로그램 이용 학생들까지 대상을 더욱 넓혔다.

운영 시간 또한 세분화되었다. 등교(오전 8~9시), 하교(오후 12시 30분~2시 30분) 시간을 비롯해, 늘봄(돌봄) 및 방과후(오후 2시 30분~5시)까지 다양한 수요에 맞춰 운영되고 있다.

학생과 학부모의 만족도는 매우 높다. 2023년 7월 실시한 이용자 설문 조사(1,012명 응답)에서 무려 99%가 워킹 스쿨버스에 만족한다고 답했다. 긍정적인 반응의 주요 이유는 '출근 준비 시간 절약', '자녀 등하굣길 실시간 확인으로 인한 안심', '친구들과 동행하는 등교의 즐거움' 등이었다. 학교 현장과 지역 사회 모두에서 정책에 대한 신뢰와 지지가 이어져오고 있다.

모든 등하교 과정은 학부모들에게 모바일 메시지, SNS 등을 통해 실시간으로 공유된다. 때문에 보호자들은 "워킹 스쿨버스를 통해 아이 등하굣길이 늘 확인되어 훨씬 안심할 수 있다", "출근 준비와 자녀 등하교를 병행하던 부담에서 해방됐다"는 의견을 꾸준히 전한다. 자녀가 언제 등교를 시작했고 어디에 도착했으며 어떤 시간대에 누구와 동행했는지를 직접 확인할 수 있다는 점에서 부모의 신뢰도와 정책 만족도는 매우 높다. 아이들 역시 혼자 걷지 않고, 친한 친구들이나 학년이나 반이 달라 교류가 없었던 또래의 동네 친구들과 어울리며 학교에 가는 경험을 하게 된다. 골목 놀이 문화가 사라진 요즘 시대에는 이 자체로 소중한 경험이자, 또래 간 자연스러운 교류 속에서 사회성을 기를 수 있는 기회가 된다.

동호초등학교 3학년 한 어린이는 "워킹 스쿨버스 덕분에 친구랑 같이 가서 재미있고, 어른이 옆에 있어서 안심이 된다"고 이야기했다. 교통안전 지도사 또한 "등하교 지도를 하다보면 생각지 못한 위험이나 상황이 늘 있는데, 지도사가 함께하니 위험을 바로 해결할 수 있어 보람이 크다"라고 현장 경험을 전했다.

양육자의 걱정을 함께 해결하는 공동체를 만들다

워킹 스쿨버스의 참여자 수는 꾸준히 늘었다. 2018년 지도사 72명, 참여 학생 583명에서 2025년 현재 지도사 127명, 참여 학생 1,060여 명으로 규모가 확대됐다. 매년 지도사 교육, 만족도 조사, 노선 점검, 추가 선발

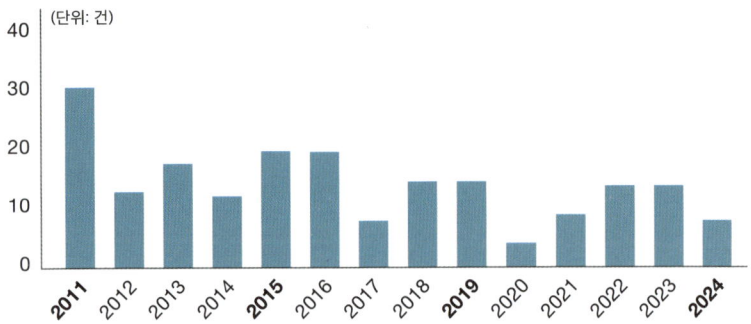

| 연도별 성동구 어린이 보행 교통사고 추이 |

출처: 도로교통공단 TASS교통사고분석시스템

등 내실화 작업이 반복적으로 이뤄지고 있다.

실제 수치로도 정책의 효용성이 뚜렷하게 드러난다. 도로교통공단의 교통사고 통계에 따르면, 사업 시작 전인 2011년과 비교했을 때 성동구 내 전 초등학교로 사업이 확대된 2015년의 어린이 교통사고 건수는 약 35.5% 감소했다. 2024년에는 약 74.2%까지 줄었다. 특히 2012년 이후 어린이 보행 교통사고로 인한 사망은 한 건도 일어나지 않아 어린이 교통사고 예방과 보행 안전에 대한 높은 효과가 입증됐다. 이 성과는 워킹 스쿨버스를 통한 안전 확보와 돌봄 지원, 친구와 선생님과 함께 걷는 경험, 상황별 현장 교육 등 복합적 효과가 결합된 결과물이다.

무엇보다 워킹 스쿨버스가 돌봄은 가족만의 책임이라는 과거의 인식을 바꾼 것이 큰 변화다. 교통사고 예방, 아동 범죄 방지, 사회성 함양이라는 가치는 물론, 실제로 맞벌이 가정의 출산·돌봄 부담을 지역 사회가 분담함으로써 저출생 문제도 완화하는 효과가 기대된다. 워킹 스쿨버스는 실시간 신고·모니터링 시스템, 지도사 내실화, 학교·마을·가정과의 연계 등 종합적인 운영 방식으로 안전 정책을 넘어 돌봄 사회화의 성공적인 모델이 되어가고 있다.

지금 이 순간에도 성동구 워킹 스쿨버스는 아이들과 함께 등하굣길을 걷는다. 지역 사회 전체가 아이들을 보살피며 모두의 내일을 준비하고 있다. 어린이 안전을 넘어 아이와 가족, 학교와 마을 모두가 안심하는 사회가 성동구의 정책 안에서 실천되고 있다. 이 경험이 돌봄과 안전, 공동체의 가치를 미래의 지방자치 정책으로 더 넓게 확산시키는 밑거름이 될 것이다.

만성 질환 관리의
첫걸음을 함께하다

> 등록 관리와 합병증 예방, 고혈압·당뇨병 사업

만성질환이라는 새로운 과제를 찾다

우리 사회는 빠른 고령화와 변화된 식습관으로 인해 새로운 형태의 위기를 맞이하고 있다. 오래 사는 시대가 열린 것은 분명 축복이지만, 그 길 위에는 만성 질환이라는 그림자가 드리워져 있다. 평균 수명이 늘어난 만큼, 오랜 세월 약을 복용하며 건강을 유지해야 하는 사람들이 많아졌다. 질병이 더 이상 예외적인 사건이 아니라, 일상의 일부가 되어버린 시대다. 한때는 젊음이 건강의 보증서처럼 여겨졌지만, 이제는 나이에 상관없이 누구나 스스로의 몸을 관리하지 않으면 위험해질 수 있다는 사실을 우리는 알고 있다.

노인 인구의 증가로 의료비 부담은 빠르게 커지고 있다. 실제로 노인

의료비는 성인보다 세 배가량 높고, 그 지출의 상당 부분이 만성 질환 관리에 쓰인다. 질병의 부담은 개인의 문제로 머물지 않는다. 환자의 건강이 무너질 때 가정의 돌봄 체계가 흔들리고, 생산 활동의 공백이 생기며, 결국 지역 사회 전체가 영향을 받는다.

특히 고혈압과 당뇨병은 심뇌혈관 질환의 주요 원인으로, 생명과 직결되는 위험 요인이다. 혈압이 조금 높거나 혈당이 약간 오른다는 사실을 대수롭지 않게 넘기지만, 그 작은 변화가 수년 후 삶의 방향을 바꿔 놓기도 한다. 2023년 기준으로 심장 질환은 우리나라 사망 원인 2위, 뇌혈관 질환은 4위를 차지했다. 그 안에는 가족을 잃은 사람들의 이야기와, 병 앞에서 삶의 속도를 늦춘 수많은 이웃의 얼굴이 담겨 있다. 나는 통계표를 볼 때마다 늘 그 이면의 사람들을 떠올린다. 행정이 바라봐야 할 것은 숫자가 아니라 사람이다.

고혈압과 당뇨병은 누구에게나 찾아올 수 있는 질환이다. 누구도 완전히 자유롭지 않다. 문제는 많은 주민들이 자신의 혈압과 혈당 수치를 제대로 알지 못하거나, 스스로 건강하다고 믿으며 검사를 미루는 데 있다. 초기에는 특별한 통증이 없기에 쉽게 방심한다. 그러나 관리되지 않은 작은 이상이 오랜 시간에 걸쳐 몸을 조금씩 지치게 만든다. 피곤함이 일상이 되고, 무심함이 습관이 될 때 병은 조용히 깊어진다.

나는 행정이 해야 할 가장 중요한 일 중 하나가 바로 이 무심함의 벽을 허무는 일이라고 생각한다. 건강의 시작은 인식에서 비롯된다. 주민 한 사람 한 사람이 자신의 몸 상태를 알고, 그 지식을 일상의 선택으로 연결할 때 지역의 건강 수준이 함께 올라간다. 행정이 할 일은 병원 밖에서 건강을 이야기하는 것이다.

주민의 삶 한가운데로 들어가 건강을 생활의 언어로 바꾸는 것, 그것이 내가 믿는 사람 중심 보건 행정의 첫걸음이다.

건강 관리 기반을 지역이 돕다

성동구는 일찍부터 만성 질환 관리의 중요성을 인식하고, 주민의 건강 수명을 늘리기 위한 체계를 세워왔다. 2012년 고혈압·당뇨병 등록 관리 시범 사업을 시작으로, 2013년에는 서울시 유일의 고혈압·당뇨병 등록 교육센터를 열었다. 2015년에는 서울시 시민 건강 관리 센터 공모 사업에 선정되어 2억 원의 예산을 확보하며 사업 기반을 확장했다.

센터는 주민이 자신의 건강을 이해하고 관리할 수 있도록 돕는 역할을

성동구 고혈압·당뇨병 등록교육센터 전경

당뇨병 관리 교육

한다. 혈압·혈당 측정법을 배우고, 영양과 운동 교육을 무료로 받을 수 있으며, 리콜·리마인더 서비스를 통해 진료 일정을 안내받는다. 당뇨병 집중 관리 12주 프로그램, 건강 행태 개선 인센티브, 혈압계·혈당기 대여 등 다양한 서비스가 마련되어 있다. 이런 프로그램은 병의 치료를 넘어 건강한 생활 습관으로 이어지는 다리를 놓는다.

센터는 한양대학교병원과 협력해 전문 의료진의 지식과 경험을 행정에 접목했다. 또 지역 내 의원 74곳, 약국 116곳이 참여하는 협력망을 구축했다. 2025년 현재 등록 환자는 1만4,363명이며, 65세 이상 고령층은 약제비와 진료비를 지원받고 있다. 지정 의원과 약국에서 저렴한 비용으로 진료와 약물 관리를 받을 수 있어 경제적 부담을 크게 줄였다.

자조 모임도 활발하다. 주민들이 경험을 나누며 정서적 지지를 얻고, 스스로 건강을 지키는 힘을 키워간다. 건강 리더는 주민 참여를 독려하고 예방 메시지를 전하며 지역 보건의 중요한 연결 고리가 된다. 현장에서 그들의 진심을 마주할 때마다, 나는 행정의 성과가 숫자보다 사람의 표정 속에 있다는 걸 느낀다.

함께 건강한 성동을 만들다

교육 프로그램은 상설 교육뿐 아니라 경로당, 복지관 등 생활권 공간을 찾아가 진행된다. 주민 누구나 일상 속에서 건강 관리를 배우고 실천할 수 있도록 돕는 것이 목표다. 보건소가 병원처럼 멀게 느껴지지 않고, 생활 속에서 곁에 있는 건강의 친구가 되도록 만드는 것이다.

사업이 시작된 지 10년이 넘었다. 혈압 인지율은 2013년 44.8%에서 2024년 72.6%로, 혈당 인지율은 11.5%에서 50.1%로 높아졌다. 고혈압 환자의 치료율은 91.6%, 당뇨병 환자는 96.6%로 향상됐다. 그 뒤에는 변화를 만들어낸 주민의 이름이 있다. 2020년부터 등록 관리와 건강 리더 활동을 병행해온 이○○ 씨(73세)는 꾸준한 관리로 대한당뇨병학회에서 모범 당뇨인상을 받았다. 그분의 말이 지금도 기억에 남는다. "이제는 병이 내 삶을 지배하지 않아요. 내가 건강을 관리합니다." 그 한 문장이 행정의 존재 이유를 대신해준다.

성동구의 고혈압·당뇨병 등록 관리 사업은 지방정부가 주민의 삶을 함께 설계해나가는 건강 행정의 모델이다. 이제 만성 질환 관리의 중심은 병원이 아니라 지역 사회다. 의료 기관, 약국, 주민이 하나의 네트워크로 연결되어 지속 가능한 돌봄을 만들어가고 있다. 의료 서비스의 접근성을 높이고, 자가 관리를 지원하는 체계적 시스템은 지역 보건의 미래를 보여준다. 고령화 시대, 우리는 행정의 목표를 질병 없는 도시에 두지 않는다. 병이 있어도 건강하게 사는 도시, 돌봄이 개인의 몫이 아니라 지역의 약속이 되는 사회. 그 길의 시작점에 성동구가 서 있다. 나는 이것이 단지 건강 사업이 아니라 사람의 품격을 지키는 행정이라고 믿는다.

구청에는 믿음직한
의사와 간호사가 있다

> 효사랑 건강 주치의

품위 있게 나이 들 권리를 생각하다

나는 초고령사회가 통계가 아니라 사람의 얼굴이라는 사실을 매일 현장에서 확인한다. 2025년 우리나라는 65세 이상 인구 비율이 20%를 넘어섰다. 평균 기대 수명은 83.5세지만 건강 수명은 73.1세에 머문다. 노후의 10년 가까운 시간이 아픔 속에서 흘러간다는 뜻이다.

그럼에도 고령층을 위한 공공 의료 서비스에는 여전히 공백이 있었다. 생애 주기별 국가 검진이나 찾아가는 동 주민 센터 같은 기존 프로그램은 70세 전후로 종료되거나, 65세 이상을 하나로 묶어 관리해 연령대별 건강 상태의 차이와 돌봄 수요를 반영하지 못했다.

나는 해법이 동네에 있다고 믿었다. 쿠바의 공공 의료 시스템은 주치의와 간호사가 팀을 이뤄 마을 단위 1차 의료를 맡고, 생활 습관을 세밀하게 살펴 질병 악화를 미리 막는다. 국가가 주민의 건강을 책임지는 방식이다. 성동구는 이 철학을 벤치마킹해 고령사회에 맞는 효사랑 건강주치의를 구상했다. 전담 TF와 방문 전담 의료 인력을 채용해 주치의팀을 꾸렸다. 대상은 65세를 초기(65~74세), 중기(75~84세), 후기(85세 이상)로 세분했다. 특히 75세 이상은 건강 유해 요인, 건강 행태, 만성 질환, 노인 우울, 치매 검사를 아우르는 전수조사를 실시했다. 지방자치단체가 이렇게 포괄 평가를 전수로 추진한 것은 처음이었다. 조사 결과 '허약 노인'이 많았고, 질병으로 분류되지 않아도 공동체가 함께 관리해야 할 건강 영역이 분명했다.

주치의 팀이 찾아가는 서비스를 만들다

나는 어르신이 병원을 찾기 전의 시간과 공간에 주목했다. 그래서 의사와 간호사로 구성된 주치의 팀이 어르신 댁을 직접 찾아가 건강을 측정하고 맞춤형 관리 서비스를 제공한다. 담당 의사는 집 안 환경을 관찰해 생활 안전사고를 예방하고, 식습관과 운동법까지 지도한다. 우울과 치매는 전문 센터와 연계해 관리가 이어지도록 했다. 서울시에서 성동구만 운영하는 고혈압·당뇨병 등록 관리 사업과도 연결해 의료비 지원을 한 번에 받도록 했다. 그래서 우리는 이 체계를 1-stop 5-care 의료 지원 서비스라고 부른다.

수요가 높은 백내장 수술, 무릎 인공 관절 수술, 무료 틀니 등은 연계

지원하고, 퇴원 후 환자 관리로 관내 병원에서 퇴원한 어르신 댁에 보건소 간호사가 찾아가 건강 평가, 건강 행태·질병 관리, 의료비 지원, 치매·우울 평가를 포괄적으로 진행한다. 특히 저소득층 어르신은 한양대학교병원 등 지역 의료 기관 106곳과의 협약을 통해 비급여 진료비 20%를 지원받을 수 있게 했다.

2019년에는 효사랑 건강 주치의 운영 조례를 제정해 제도적 기반을 마련했다. ICT 기반 독거 어르신 커뮤니티 사업을 확대해 AI 스피커 등 디지털 헬스 케어를 도입했다. 2022년부터는 65세 이상 전체로 대상을 넓혀 보편적 의료 복지에 한 걸음 더 다가섰다. 재난의 시간에도 멈추지 않았다. 코로나19, 폭염·한파 상황에서 영상 돌봄, 계절별 집중 관리, 독거 노인·폐지 수집 어르신 건강 모니터링 등, 시기별·대상별 맞춤 케어를 통합적으로 이어갔다.

세계가 확인한 성과, 통합 돌봄으로 확장하다

||||||||||

첫해인 2017년 3,000명 남짓이던 등록자는 2025년 5월을 기준으로 누적 1만8,800명을 넘어섰다. 방문 및 모니터링도 29만 건을 기록했다. 수혜자 만족도는 95% 내외였다. 우리는 여기에 머물지 않았다. 2025년에는 효사랑 장기 요양 재택 의료 시범 사업을 도입해 거동이 불편한 장기 요양 등급 어르신까지 지원 대상을 넓혔다.

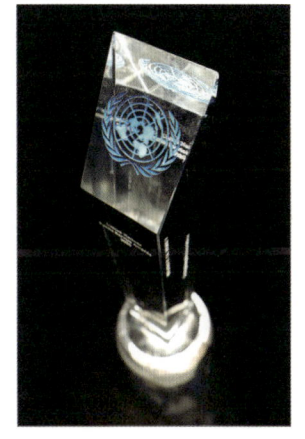

효사랑 건강 주치의는 2020년 UN 공공 행정상에 이어 2023년 WHO 고령 친화 도시 국제 네트워크 재인증으로 성과와 독창성을 세계적으로 인정받았다. 2026년 시행될 「의료·요양 등 지역 돌봄의 통합 지원에 관한 법률」과의 접점도 분명하다.

성동구는 이미 지역 중심 의료 서비스의 통합 지원 체계를 운영해왔고, 국가 제도와 만나 더 큰 시너지를 낼 준비를 마쳤다. 우리는 지역 건강 안전망 관리 인구 비율을 50% 이상으로 유지하며, 살던 동네에서 건강하고 품위 있게 나이 들 수 있도록 지역 사회 중심 돌봄망을 더 단단히 할 것이다.

"살던 동네에서 건강하고 품위 있게 나이 들 수 있도록 돕겠다." 이 약속을 동네 전체가 함께 지켜가겠다.

모든 어르신의 대상포진
걱정을 함께 덜다

(어르신 대상포진 무료 예방접종)

아프지 않은 노년을 생각하다

누구나 바라는 행복한 노후의 첫 번째 조건은 건강이다. 오랜 세월 가족과 사회를 위해 힘써온 어르신들이 노년기에도 아프지 않고 활기찬 일상을 누릴 수 있다면, 그것보다 더 큰 선물은 없을 것이다. 하지만 나이가 들수록 몸의 면역력은 자연스레 낮아지고, 그 틈을 타 다양한 질병이 찾아온다. 그중에서도 대상 포진은 일상의 평온함을 가장 쉽게 무너뜨리는 질환 중 하나다.

고령층은 대상 포진과 같은 바이러스성 질환에 특히 취약하다. 발병 시 통증이 극심하고, 후유증은 수개월에서 수년간 지속될 수 있다. 단순한 감염병을 넘어 삶의 질을 떨어뜨리는 질병인 셈이다. 대상 포진은 한

번 걸리면 재발 위험이 높고, 일부는 대상 포진 후 신경통 PHN으로 이어져 지속적인 통증과 정신적 스트레스에 시달린다. 한 사람의 아픔을 개인의 문제로만 끝낼 수 없다고 생각했다. 가족의 삶 전체가 흔들리기 때문이다.

대상 포진은 수두 바이러스가 체내에 잠복해 있다가 면역력이 떨어질 때 다시 활성화되며 발생한다. 50대 이후 급격히 발병률이 높아지며, 특히 65세 이상은 젊은층보다 발병 위험이 10배 가까이 높다. 질병관리청 자료에 따르면 국내 대상 포진 발생률은 2006년 인구 1,000명당 4.2명에서 2015년 9.2명으로 두 배 이상 증가했다. 국민건강보험공단의 2022년 기준 자료에 따르면 환자 수는 71만 2,000명에 달하며, 이 중 65세 이상이 약 36%를 차지했다.

대상 포진 백신은 한 번의 접종으로 5년에서 8년간 면역 효과를 기대할 수 있다. 그러나 국가 필수 예방 접종에 포함되어 있지 않아, 10만 원에서 18만 원에 이르는 비용을 개인이 부담해야 한다. 예방의 중요성을 알고 있어도 경제적 이유로 접종을 미루는 어르신이 많은 이유다.

선제적 행정, 어르신에게 건강을 돌려드리다

성동구는 이런 현실을 조기에 인식하고, 감염병 취약 계층을 보호하기 위한 선제적 대응에 나섰다. 2018년부터 65세 이상 취약 계층을 대상으로 대상 포진 무료 예방 접종을 시작했다. 당시 이 사업은 국가 필수 예방 접종이 아니었기에 지자체의 자율적 판단이 필요했다. 그러나 나는 행정의 목표를 보편적 건강권 실현에 두고, 구 차원의 예산과 시스템을 과감히 투입하기로 결정했다.

처음에는 제한된 대상에게만 지원하던 사업이 주민의 높은 호응과 수요에 힘입어 빠르게 확대됐다. 2023년 상반기에는 소득 수준과 무관하게 70세 이상 어르신까지 대상을 넓혔고, 하반기에는 서울시 자치구 가운데 최초로 65세 이상 모든 어르신에게 무료 접종을 지원했다. 절차도 간소화했다. 성동구에 거주하는 65세 이상 주민이라면 신분증만 지참하면, 별도의 서류 제출이나 예약 없이도 바로 접종을 받을 수 있도록 했다. 불편을 줄이는 것이 행정의 첫 배려라고 믿기 때문이다.

접종 기관 접근성도 꾸준히 개선했다. 2025년 기준으로 관내 114개 위탁 의료 기관과 협약을 맺고 백신을 안정적으로 공급하고 있으며, 보건소 홈페이지를 통해 위탁 의료 기관 정보를 한눈에 확인할 수 있도록 했다. 대상 포진 백신은 생백신으로 1회 접종만으로 충분하며, 65세 이상 어르신 중 미접종자가 대상이다. "어르신의 건강은 선택이 아니라 권리"라는 신념 아래, 우리는 행정의 문을 최대한 낮췄다.

지속 가능한 건강 행정의 모형을 만들다

사업 초기에 우려되던 백신 수급 문제도 있었다. 하지만 백신 공급 업체와 긴밀히 협조하고, 보건소가 중심이 되어 물량을 조정하면서 안정적으로 대응했다. 2025년 9월 기준 누적 접종자는 2만1,768명에 달한다. 정책이 자리를 잡으면서 행정 운영 체계도 한층 견고해졌다. 성동구는 해마다 위탁 의료 기관을 재모집하고, 홍보물 제작과 안내 체계 개선, 보건소-의료 기관 간 업무 매뉴얼 재정비를 통해 사업 품질을 지속적으로 높여왔다. 2026년부터는 기존의 2~12월 접종 체계를 1~12월로 전환해 연중 상시 예방 접종이 가능하도록 할 계획이다.

성동구의 대상 포진 무료 예방 접종 정책은 감염병 취약 계층 보호라는 보건 의료적 관점뿐 아니라, 고령층의 보편적 건강권을 보장하는 사회 복지적 가치도 함께 실현하고 있다. 단발성 사업에 그치지 않고, 다년간의 성과를 바탕으로 지속 가능한 공공 의료 기반을 마련했다는 점에서 행정의 모범으로 평가받고 있다.

이 사업은 감염병 예방과 건강 복지라는 두 목표를 동시에 달성한 정책이다. 나아가 전국의 다른 지방정부가 충분히 참고할 수 있는 실행 모델이기도 하다. 인구 고령화가 빠르게 진행되는 시대에, 건강 정책은 단순한 복지가 아니라 사회의 지속 가능성을 지탱하는 기초다. 나는 이 사업이 '예방이 곧 돌봄'이라는 행정 철학을 현실로 보여준 사례라고 생각한다. 성동구는 앞으로도 어르신의 건강을 지키는 일이 곧 지역의 품격을 지키는 일이라는 신념으로 이 길을 계속 걸어갈 것이다.

따뜻하게 씻을 수 있는 목욕도 복지다

성동구 공공 목욕탕

따뜻한 물에 몸을 담그고 이웃과 마음을 나누다

어릴 적 부모님 손을 잡고 동네 목욕탕으로 향하던 풍경은 많은 이들의 기억 한켠에 추억으로 남아 있다. 이웃들과 정겨운 인사를 나누며 함께 담소를 나누던 공중 목욕탕은 단순한 목욕 공간을 넘어 동네 사람들이 모이는 커뮤니티의 중심이었다. 그러한 모습은 어느덧 찾아보기 어려운 과거의 일이 됐지만, 공중 목욕탕은 여전히 어르신, 1인 가구 등 주거 취약 계층에게 건강과 치유, 소통을 위한 생활 공간이다. 특히 쾌적한 환경에서 편하게 온수를 사용하기 어려운 열악한 주거 환경에 놓인 주민들에게 공중 목욕 시설은 여전히 꼭 필요한 곳이다. 그러나 도시화와 개인 욕실의 보편화로 인한 낮은 수익성 등으로 인해 많은 공중 목욕탕이 문을 닫고 있는 것이 현실이다.

이제 목욕탕은 단순히 몸을 씻는 공간이 아니라, 사람과 사람을 이어주는 온기의 장소로 다시 태어나야 한다. 성동구는 그 온기를 지켜내기 위한 새로운 길을 찾고 있다.

복지의 온기를 지키다

성동구 사근동에는 오랜 기간 공중 목욕탕이 한 곳도 없었다. 사근동 주민들은 목욕을 하기 위해 옆 동네인 행당동이나 왕십리도선동으로 차를 타고 가거나 먼 거리를 걸어가야 하는 불편을 감수해야만 했다. 고령 인구와 1인 거주 비율이 높은 지역 특성상 "집 가까이에서 쾌적하게 이용할 수 있는 목욕탕이 필요하다"는 민원이 지속적으로 제기되어왔지만, 낮은 수익성과 공간 문제로 인해 민간에서의 신규 목욕탕 개설은 거의 불가능했다.

민간이 할 수 없다면 공공이 나서야 한다는 생각의 전환이 필요했다. 목욕탕을 만들기 위해서는 공간 확보가 가장 큰 과제였는데, 마침 사근동 청사 신축 계획이 있었다. 나는 이를 활용하기로 했다. 서울시 자치구 최초로 공공 복합청사 내에 목욕탕을 조성하는 혁신적인 도전이었다. 청사 신축 설계 단계부터 주민과의 간담회 및 설명회 등 여러 의견 수렴 과정을 거쳐 청사 내에 복지 시설, 도서관, 체육 시설과 함께 공공 목욕탕을 포함하기로 결정했다.

2017년 3월, 1년 8개월에 걸친 공사와 준비 끝에 공공 목욕탕이 들어

2017년 사근동 공공 복합청사 개청식

사근동 공공 목욕탕

선 사근동 공공 복합청사가 문을 열었다. 사근동 주민들의 오랜 숙원 사업이 해결되는 순간이었다.

청사 지하 2층에 조성된 공공 목욕탕은 146㎡ 규모의 작은 목욕탕이지만 사우나 시설까지 갖추고 있다. 어르신 및 장애인 이용자의 편의와 안전을 위해 내부에 안전 손잡이를 설치했고, 개장 전 안전 점검과 소방, 보건소와 연계한 현장 안전 교육, 소방·전기·가스 등 시설물 정기 점검 등 체계적인 사전 준비 과정을 거쳤다. 주 4일(월·수·금·토) 오전 6시부터 오후 6시까지 운영하며, 이용 요금은 4,000원(성동구 주민 기준)으로 누구나 저렴하고 쾌적하게 이용할 수 있게 했다. 탈의실과 목욕 비품, 청결 관리 등도 민간의 공중 목욕탕 못지않게 세심히 관리하고 있다.

성동구가 공공 복합청사에 공공 목욕탕 설치를 추진할 당시 가장 큰 어려움 중 하나는 '공공 예산을 투입해 목욕탕을 짓는 것에 대한 부정적인 인식'이었다. 일부에서는 "집에 욕실이 있는데 굳이 왜 공공 목욕탕을 지어야 하나?"라는 의견도 있었고, 민간 목욕 업계 역시 기존 업소의 피해로 이어질 것이라는 우려를 표하기도 했다.

더불어 실제 운영 과정에서의 적자 가능성도 고민거리였다. 목욕탕은 인건비와 시설 유지비 부담이 크고, 수익성 확보가 쉽지 않아 지방정부 입장에서는 조심스러운 사업이기 때문이다. 이런 고민을 해소하기 위해 성동구는 사전에 주민설명회 및 간담회 등을 통해 지역 주민들의 의견을 수렴했다. 더불어 공공 목욕탕이 단순한 위생 시설이 아니라 취약 계층을 돌보고 주민 복지를 실질적으로 높여주는 사회적 역할을 한다는 점을 적극 홍보했다.

그렇게 조성된 공공 목욕탕에 대한 주민들의 반응은 뜨거웠다. 목욕

성동구립 용답체육센터 전경

탕 개장 첫해 6,410명을 시작으로 2023년 9,368명, 2024년 1만1,022명까지 이용자는 꾸준히 증가했다. 턱없이 부족했던 지역의 공공 목욕 시설이 주민의 기본적인 건강권을 보장하는 복지의 거점으로 작용했다. 나아가 따뜻한 이웃과 정을 나누는 소통의 공간으로 자리 잡았다. 주민들은 "목욕탕이 집과 가까워 몸이 훨씬 가벼워졌다", "노인 복지 센터와 문화 프로그램을 한 공간에서 누려 앞으로도 자주 찾아갈 것"이라며 깊은 만족감을 표시했다.

사근동 공공 목욕탕의 성과에 힘입어 성동구는 2021년 성동구립 용답체육센터 지하 1층에 두 번째 공공 목욕탕을 개장했다. 목욕탕은 약 346㎡의 면적으로, 온탕·냉탕 및 찜질방 시설이 갖추어져 있다.

이제 성동의 공공 목욕탕은 단순한 복지 시설이 아니라, 이웃이 서로를 돌보는 마음의 쉼터가 됐다. 따뜻한 물에 피로를 녹이고 나면 몸뿐 아

성동구립 용답체육센터 내 목욕탕

니라 마음도 한결 가벼워진다. 구청이 만든 공간이지만 그 온기는 결국 주민이 만들어가는 것이다. 성동구는 오늘도 이 따뜻한 순환이 이어지길 바라며 사람 사이의 거리를 조금 더 좁혀가고 있다.

용답동 공공 목욕탕은 코로나19 방역 지침에 따라 단계별로 운영을 시작했다. 현재는 월요일을 제외하고 주 6일 운영 중이다. 화요일에서 금요일까지는 오전 8시부터 오후 8시까지, 토요일과 일요일은 오후 6시까지 문을 연다. 이용 요금은 사근동 목욕탕과 같은 4,000원(성동구 주민 기준)으로 저렴하다. 이용자는 2022년 1만3,756명이었으며, 2023년 4만152명, 2024년 4만6,418명으로 꾸준히 늘고 있다.

이처럼 공공 목욕탕 사업은 주민에게 필요한 복지는 행정이 직접 책임진다는 지방정부 혁신 복지의 좋은 사례다. 공공이 공간을 제공하는 의미에 그치지 않고, 주민 교류 강화 및 공동체 회복, 사회적 고립 해소까지 아우르는 공공복지 모델로 지역 사회에 온기를 더하고 주민들의 삶의 질을 실질적으로 높여주는 대표적 생활 밀착 행정의 한 형태로 자리 잡고 있다.

공공 목욕탕 사업은 주민에게 필요한 복지는 행정이 직접 책임진다는 지방정부 혁신복지의 좋은 사례가 되길 바란다. 공공이 공간을 제공하는 의미에 그치지 않고, 주민 교류 강화, 공동체 회복, 사회적 고립 해소까지 아우르는 공공복지 모델로 지역 사회에 온기를 더하고 주민들의 삶의 질을 실질적으로 높여주는 대표적 생활 밀착 행정의 한 형태로 자리 잡기를 성동구는 바라고 있다.

몸이 녹으면 마음이 풀리고, 마음이 풀리면 관계가 다시 이어진다. 한 번의 목욕이 하루를 바꾸고, 그 하루들이 모여 더 따뜻한 성동을 만들어가고 있다.

PART 4

공간을 바꾸면 도시가 바뀐다

유휴 부지 활용, 주민 휴식 공간 명소화 ○ 플랫폼 원칙 기반 성수동 도시재생 ○ 크리에이티브×성수 ○ 성동생명안전배움터 ○ 성동형 스마트 쉼터 ○ 성동형 스마트 횡단보도 ○ 겨울 온열 의자, 여름 그늘막 ○ 모두의 1층 조성 사업 ○ 모두의 도서관 조성 사업 ○ 성동형 위험 거처 개선 사업 ○ 성공버스

방치됐던 공간을
핫플레이스로 바꾸다

(유휴 부지 활용, 주민 휴식 공간 명소화)

잊힌 공간에서 도시의 숨결이 피어나다

도시를 걷다 보면 크고 작은 빈터가 눈에 들어온다. 한때 사람들의 발길이 오갔지만 이제는 쓰임을 잃고 조용히 남은 자리들이다. 무심히 지나치면 그저 낡고 쓸모없어 보이지만, 시선을 조금만 달리하면 새로운 가능성이 열린다. 나는 그런 공간들을 다시 바라보려 했다. 잊힌 땅에도 이야기가 남아 있고, 그 이야기를 되살리는 것이 행정의 또 다른 책임이라고 생각한다.

나는 방치된 공간의 잠재력을 발견하고, 세심한 관리와 재해석을 통해 주민과 방문객 모두가 즐길 수 있는 새로운 장소로 만드는 데 많은 관심을 기울여왔다. 화려한 건물이나 거대한 개발이 아니어도 좋았다. 쓰이지 않던 공간이 사람들의 웃음소리와 발자국으로 채워질 때, 주민들은 변화를 가장 먼저 느낀다. 도시의 온도는 사람이 머무는 시간으로 결정된다.

그 변화의 현장은 이미 곳곳에서 피어나고 있다. 아시아 최대 규모의 ESG 플랫폼 언더스탠드에비뉴, 봄의 정취를 품은 힐링 정원 대현산 장미원, 오염된 하천이 친환경 수변 공간으로 다시 태어난 전농생태하천, 아이들의 상상력으로 완성된 행당어린이꿈공원, 그리고 산책로의 숨결을 이어주는 용비쉼터까지. 이들은 모두 성동이 지향하는 도시 철학의 증거이자, 사람 중심 행정이 만들어낸 변화의 얼굴들이다.

언더스탠드에비뉴로 아시아 최대의 ESG 플랫폼을 선보이다

|||||||||||

서울숲 바로 앞 텅 빈 공간은 오래도록 버려진 땅으로 남아 있었다. 나는 서울숲과 성수동을 연결하는 핵심 통로이며 서울숲역에서 가까운 초역세권 공간의 가치를 모두 살리는 방법을 구상했다. 그 결과 성수동의 지역적 특성과 어울리는 사회적 경제 기반의 지속 가능한 공익 문화 공간이자, 사회 혁신 단체, 사회적 기업, 예술가, 청년 창업가가 모여들어 동네의 에너지를 살리는 아시아 최대의 ESG 플랫폼 언더스탠드에비뉴 UNDER- STAND AVENUE가 탄생했다.

언더스탠드에비뉴 조성을 위해 서울시 사회적경제지원센터, 롯데면세점, 희망제작소, 문화예술사회공헌네트워크(아르콘), 성동구가 힘을 합쳤다. 공공, 민간, 사회적 기업이 함께한 프로젝트에는 100여 명 이상의

언더스탠드에비뉴 조성 전 모습

언더스탠드에비뉴 전경

전문가가 참여해 단계별 계획을 치밀하게 세웠다. 부지는 재활용 컨테이너 116개로 창의적이면서도 경제적으로 재구성했고, 환경 부담을 줄이는 모듈형 건축 구조로 완성했다. 독특한 컨테이너 건물은 그 자체로 포토 스폿이 되어 방문객의 발길을 끌었다. 공간의 형식이 지역의 가치와 만날 때 지속 가능성은 생활 속에서 자란다.

언더스탠드에비뉴는 공간 제공을 넘어 경제적 자립, 창의적 발굴, 사회적 연대를 아우른다. 취약 계층 청소년과 여성, 창업 초기 스타트업과 예술가가 활동 기반을 얻을 수 있도록 기능별 특화 공간을 배치했다. 혁신 청년의 창업 허브 파워스탠드, 신진·로컬 아티스트의 전시와 창작을 지원하는 아트스탠드가 대표적이다. 각 테마 공간은 독립적으로 작동하면서도 전체의 사회적 가치를 통합적으로 구현한다.

2016년 공식 개관 이후 2024년까지 누적 1,440만 명이 방문하며 성수동의 대표 문화 공간으로 자리 잡았다. 환경 분야의 생활 실천 교육과 ESG 네트워킹, 사회적경제 분야의 창업·창직 교육과 일자리 매칭, 문화예술 분야의 전시와 쇼룸 등 프로그램이 꾸준히 이어졌다. 개관 이후 누적 39만여 명이 프로그램에 참여했고, 최근 3년간의 ESG 가치 실현 성과는 소상공인과 소셜벤처, 장애인, 청년, 예술인을 포괄해 4억9,863만 원으로 집계됐다. 숫자는 결과를 말하지만, 주말마다 컨테이너 사이로 번지는 음악과 대화가 이 공간의 의미를 확장한다.

언더스탠드에비뉴는 세대와 계층을 잇는 공간으로 성장했다. 한때 빈터였던 이곳은 청년의 도전과 지역의 창의성이 피어나는 무대가 됐다. 개관 이후 지방자치단체와 비영리 기관, 기업 사회 공헌팀 등 약 100개 단체 600여 명이 벤치마킹을 위해 찾았고, 국내 PPP Public Private Partnership

언더스탠드에비뉴 아트스탠드 전시장

언더스탠드에비뉴 야경

협력 모델의 대표 사례로 자리매김했다. 안전하고 쾌적한 환경은 지역 전반의 긍정적 변화를 이끌었고, 성수동의 경제 활력과 문화 교류의 장을 넓혔다. 공간을 빌려준 것이 아니라, 다시 시작할 마음을 나눠준 셈이다.

힐링 정원 대현산 장미원으로 초대하다

대현산 일대는 한때 무허가 주택과 창고, 파쇄장이 뒤섞이고 낡은 통행로와 잡풀이 우거진 채 방치된 공간이었다. 녹지 관리가 미흡해 접근성이 낮았고 도심의 사각지대로 남아 주민에게 불편과 부정적 이미지를 주었다.

나는 이 유휴 부지를 자연을 느낄 수 있는 힐링 정원으로 바꾸기 위해 장기적 조경·공원화 계획을 세우고 주민 의견을 폭넓게 반영했다. 핵심은 장미 공원이라는 독창적 정체성을 구축하는 일이었다.

2018년부터 정비한 이 공간은 지금 약 1만1,700㎡ 규모다. 48종, 약 4만8,000그루를 식재해서 사계절 다른 풍경을 만들었다. 친환경 산책로와 장미 아치, 로즈월 같은 뷰 포인트, 벤치와 해먹 등 휴식 공간도 더했

대현산 장미원

다. 완공된 장미원은 꽃을 감상하는 수준을 넘어 다양한 문화·사회 활동이 가능한 복합 공간으로 자리 잡았다. 인근 유아숲 체험장과 숲속나무 이야기길, 2024년에 문을 연 대현산숲속책쉼터와의 연계로 여가 거점으로 확장됐다.

꽃이 많아진 것만으로는 충분하지 않았다. 매년 5월 열리는 〈대현산 장미 축제〉는 만개한 장미와 음악, 문화 퍼포먼스를 함께 즐길 수 있는 봄꽃 축제의 명소가 됐다. 해를 거듭할수록 가족과 연인 방문이 늘며 지역의 활기를 키우고 있다. 한 어르신은 장미터널 아래에서 "향기와 함께 쉰다"고 표현했다. 그 짧은 표현에 이 정원의 쓰임이 담겼다. 대현산 장미원은 도시에서 자연의 가치를 되살리고 공간을 새롭게 해석할 수 있음을 보여준 사례다. 이곳에서 사람과 계절은 다시 관계를 맺는다.

친환경 수변 공간으로 전농천이 다시 태어나다

성동구 용답동 전농천은 한때 자연수 유입이 끊겨 기능을 잃고 여름마다 악취가 나던 곳이었다. 나는 대대적 복원 사업을 통해 이 하천을 자연 생태와 주민 생활의 중심 공간으로 바꾸었다. 방치되던 하천은 이제 친환경 수변 공간이자 산책과 휴식의 쉼터가 됐다. 하천의 회복은 수질 지표에서 시작됐지만, 변화는 사람의 발걸음에서 완성됐다.

2019년부터 나는 제방 산책로 환경 개선, 하천 수질 개선 및 생태 회복, 생활 체육 시설 등 주민 편익 시설 조성이라는 세 축으로 전농천 악취 저감 및 주민 친화 공간 조성 사업을 추진했다. 사업 타당성 검토와 함께 수십 차례의 현장 답사와 간담회를 통해 공감대를 넓혔고, 주민들은 1,000건이 넘는 청원으로 힘을 보탰다. 그 결과 시비 102억 원을 확보해 본격 추진에 들어갔다. 초기 단계에서는 수질과 주변 환경을 면밀히 분석하고 하수·오수 유입을 차단했으며, 악취 저감 시설과 초기 우수 박스를 설치해 오염원을 근본적으로 줄였다. 동시에 주민이 직접 접근하고 활용할 수 있도록 폐쇄적 구조물을 정리하고 풀숲을 걷어냈다.

주차난 해소를 위해 제방 도로 주차면을 확대하고, 꽃과 나무로 어우러진 산책로와 부족했던 체육 시설을 더해 일상의 여가 공간으로 바꾸었다. 설계와 공사 과정에서 나는 주민 의견을 적극 반영하고 환경 전문가와 협력해 생태 시스템에 맞는 공간을 만들었다. 그렇게 만들어진 전농생태하천은 이제 자연 속 쉼터이자 만남의 장소, 일상을 공유하는 커뮤니티 공간으로 기능한다. 물 흐르는 소리를 따라 걷다 보면 하루의 속도가 느려진다. 하천 복원은 공학의 성취이면서, 서로의 안부를 다시 묻게 한 생활의 회복이었다. 막연하게 생각하면 절대 풀지 못할 문제 같지만, 끈질긴 대화가 있다면 결국 방법을 찾을 수 있다는 걸 다시 한번 배웠다.

아이들이 그린 행당어린이꿈공원을 만들다

소월아트홀 앞 공터는 한때 노후 구조물과 일시 점유로 방치되면서 주취 폭력으로 인한 안전 민원이 이어지던 곳이었다. 인근에 구립 어린이집 두 곳까지 있어 해결이 더욱 시급했다. 다른 지역의 사례를 살펴보면 이런 공터에 벤치나 조형물을 배치하는 경우가 많은데 실효성이 높진 않았

정비 전 전농천 모습

새롭게 태어난 전농생태하천의 모습

PART 4 · 공간을 바꾸면 도시가 바뀐다

다. 인근 학부모님들이 "아이들이 뛰어놀 수 있는 공간으로 조성"하면 어떻겠느냐는 의견을 줬다. 나는 여기서 더 나아가 어른이 만드는 놀이터보다는, 아이들 의견을 설계에 직접 반영하고자 했다. 그렇게 프로젝트가 시작됐고 행당어린이꿈공원이 탄생했다.

설계 초기부터 어린이와 지역 주민이 주체로 참여했다. 성동구 어린이위원회를 중심으로 워크숍과 인터뷰를 거듭해 아이들의 솔직한 생각과 바람을 설계와 조성에 반영했다. 다섯 차례 이상 열린 워크숍에서 모인 다양한 의견은 공원의 디자인으로 구현됐다. 이 과정에서 아이들은 놀이터의 규칙을 스스로 제안했고, 어른들은 그 제안을 존중하며 안전과 창의를 함께 담는 방식을 찾았다.

공원에는 짚라인, 트램펄린, 맞춤형 조합 놀이대와 놀이 언덕, 공놀이가 가능한 멀티 코트 등 기존 놀이터에서 보기 힘들던 시설을 다양하게 갖췄다. 모래 놀이 공간과 작은 쉼터도 마련해 모험과 휴식이 공존하는 안전한 환경을 만들었다. 여름에는 워터 드롭, 워터 터널, 바닥 분수 등 물놀이 시설이 운영되어 호응이 높다. 아이들은 이곳에서 순서를 정하고, 서로를 기다리며, 작은 다툼을 스스로 조정하는 법을 배운다. 공터 재활용을 넘어, 우리는 아이들과 함께 도시의 문화를 새로 썼다.

우리는 이 경험을 바탕으로 마장어린이꿈공원, 하왕십리미소어린이꿈공원, 옥수어린이꿈공원을 만들었다. 이를 통해 어린이 친화 도시의 면모를 강화하고자 했다. 가족 단위 방문이 늘면서 공원은 지역의 만남과 교류의 장소가 됐다. 어린이의 상상력이 정책의 언어가 될 때, 도시는 다음 세대를 위한 약속을 실천하게 된다. 그 약속이 성동의 미래를 단단하게 만든다.

중랑천 산책로 휴식 공간, 용비쉼터를 만들다

중랑천변 산책로는 시민의 일상 속 자연 공간이지만 편의 시설 부족과 쉼터의 부재가 늘 아쉬웠다. 나는 용비교 하부 유휴 공간의 잠재력에 주목해 2022년 3월 자연 속 쉼터 용비쉼터를 열었다. 용비쉼터는 도시와 자연의 연결을 강화하며 시민에게 여유와 휴식을 선사하는 장소다. 쉼터는 쉬는 시간이 아니라, 다시 걸어갈 힘을 준비하는 시간이라는 사실을 이곳에서 확인했다.

용비쉼터는 159㎡ 규모로 화장실과 휴게 공간, 자전거 공기 주입기 등 주민 편의 시설을 갖췄다. 한편에는 음료, 즉석 라면 등을 즐길 수 있는 공간도 마련했다. 쉼터 매점은 어르신 등 취업 취약 계층을 채용해 안정적 일자리를 제공하며 지역 경제에 힘이 되고 있다. 쉼터가 자리한 곳은 한강과 중랑천의 풍경이 아름답고, 계절별 꽃길로도 유명하다. 이전에는 편의 시설이 거의 없어 하드 코스로 불리던 구간이었으나, 쉼터가 문을 연 뒤 한강·중랑천·서울숲을 잇는 최적의 위치에 만남의 광장이 생겼다. 2022년 3월부터 2025년 7월까지 약 65만 명 이상이 이용했다.

무엇보다 나는 여름철 집중 호우로 침수가 잦은 점을 고려해 이곳을 부양식으로 만들었다. 건물 하부에 밀폐 공간을 두어 물이 차면 부력으로 자동 부양하도록 설계했고, 고정 쇠기둥이 떠내려감을 막는다. 최대 9m 수위를 지탱할 수 있으며, 기록

용비쉼터

용비쉼터 정원

매우 만족, 정원오입니다

적 폭우가 내렸던 2023년 여름에도 침수 없이 시설을 지켰다. 기술적 장치는 안전을 보장했고, 안전은 일상의 신뢰를 만들었다. 신뢰는 사람들이 다시 찾아오게 하는 가장 강력한 인프라다.

2025년 10월, 나는 용비쉼터 매점 앞 유휴 부지에 팽나무, 낙상홍, 억새, 에키네시아 등 수목과 화초를 심고, 그네 의자와 조형 벤치를 더했다. 하천의 바람을 느끼며 잠시 머물 수 있는 일상 정원을 만들었다.

한 주민은 내게 이렇게 말했다. "예전엔 산책하다 쉬고 싶어도 앉을 곳이 없어 불편했는데, 쉼터가 생긴 뒤로는 이곳에서 시간을 보내는 게 즐겁습니다. 공간이 깨끗하고 안락해서 친구들과도 자주 와요." 나는 이 말을 오래 기억하고 있다. 행정의 성과는 그런 한마디에 담겨 있다고 믿는다.

용비쉼터는 이제 도심 속에서 자연과 사람이 다시 연결되는 상징이 됐다. 강을 따라 걷다 보면 아이의 웃음소리, 자전거 바퀴의 리듬, 꽃잎이 흩날리는 풍경이 한 장면처럼 이어진다. 도시의 한켠을 이렇게 고요하게 만들어주는 일도 행정이 감당해야 할 책임이라고 나는 생각한다. 사람들의 하루 속에서 평온과 여유를 되찾게 하는 것, 그 믿음이 오늘의 성동을 지탱하고 있다.

낙후된 공장 지대를 세계가 주목하는 성수로 키우다

플랫폼 원칙 기반 성수동 도시재생

도시의 가능성을 읽다

나는 일찍이 성수동이 큰 잠재력을 가진 지역이라고 확신했다. 한강과 중랑천이 감싸고, 강남과 강북 도심을 연결하는 뛰어난 입지 조건을 갖추고 있다. 넓은 평지임에도 불구하고 낙후된 준공업 지역이라는 이미지와 그로 인한 상대적으로 낮은 지가는 오히려 발전 가능성을 더 크게 만들었다.

성동구가 성장하려면 준공업 지역인 성수동의 경제적 발전이 필수적이었다. 하지만 이를 위해서는 무엇보다도 먼저 사람들이 모여드는 장소가 되어야 한다고 생각했다. 도시가 지속 가능하려면 삶터, 일터, 쉼터의 기능이 균형 있게 조화를 이뤄야 하는데, 당시 성수동에서 가장 먼저 강

| 새로운 도시 발전 전략 - 지속가능한 창조도시 이론 |

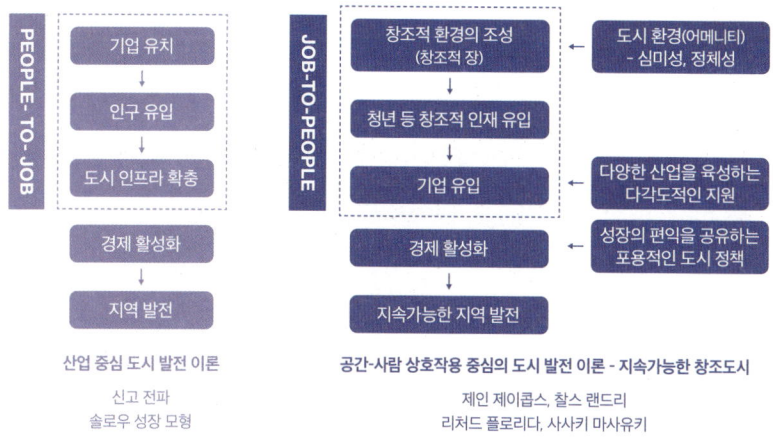

화해야 할 기능은 일터였다. 리처드 플로리다의 창조도시Creative City 이론은, 기업이 있는 곳에 사람이 간다people to job는 전통적인 도시 계획의 관점과 달리 사람이 있는 곳에 기업이 간다job to people는 전제를 따른다. 도시를 멋진 곳으로 만들면 사람이 모이고, 사람이 모이면 기업이 온다는 철학이다.

그래서 나는 성수동이 고유의 멋과 특색을 지키면서도, 사람들이 스스로 찾는 매력적인 동네가 되어야 한다고 생각했다. 그렇게 사람이 먼저 모이면, 기업은 자연스럽게 뒤따라오게 될 것이라고 믿었다.

도시재생의 핵심 사업을 생각하다

마침 성수동에는 그 변화의 조짐이 보이기 시작했다. 자그마치, 대림창고

2015년 성수동과 2025년의 성수동

처럼 오래된 공장을 리모델링해 복합 문화 공간으로 탈바꿈시키는 문화예술가들이 나타났다. 이때 나는 성수동 개발 방식을 전면 철거가 아닌, 지금의 독특한 지역 분위기를 유지하는 도시재생으로 생각하게 됐다.

그러던 중 성수동 도시재생을 추진하기 위해 고민하고 있을 때 디자이너 지춘희 선생님을 만났다. 선생님은 "성수동에 많았던 붉은 벽돌이 점차 줄고 있으니, 이것을 보존하고 매력적으로 활용해야 한다"고 조언했다. 그 말을 들은 뒤로 그저 평범하게만 여겼던 붉은 벽돌이 준공업 지역이 남긴 소중한 산업 유산으로 새롭게 다가왔다. 도시재생의 핵심 사업으로 붉은 벽돌 지원 사업을 시작하게 된 계기였다.

한편, 소셜벤처 등 젊은 혁신가들도 성수동에 둥지를 틀기 시작했다. 카우앤독, 루트임팩트, 소녀방앗간, 사단법인 점프, 인액터스 등은 10여 년이 훨씬 지난 지금 우리 사회의 한 축을 담당하는 기업이 됐다. 당시 우리 사회에서 돈을 벌면서도 사회에 도움이 되겠다고 나선 청년들을 보면서, 이것이 곧 한국 사회의 새로운 동력이 될 수 있겠다는 생각이 들었다. 그리고 기성세대로서 이 청년들의 꿈을 지켜주고 싶다는 책임감을 느꼈다. 이들은 성수동을 떠나고 싶지 않다고 이야기했다. 오랫동안 이곳에서 함께 일하고 또 살고 싶다고 했다. 그래서 시작한 것이 소셜벤처 육성 정책과 젠트리피케이션 방지 정책이다.

이렇게 다른 사람들이 전해준 이야기로부터 영감을 얻고, 또 다른 사람들의 바람을 이어받아 성수동을 새롭게 바꾸겠다고 나서자, 자연스럽게 문제 해결 방식도 플랫폼이어야 한다는 생각에 이르렀다. 그래서 2015년 성수동 도시재생 사업의 슬로건은 'Be Platform'이었다. 이것은 2025년 출범한 성수타운매니지먼트에도 그대로 적용되어 있다. 민관이 협력해서 지역을 관리하는 구조다.

이렇게 현장에서 길어 올린 구체적인 해법들이 뭉쳐 지금의 성수동을 만들었다. 재개발 구역 해제, 붉은 벽돌 지원 사업, 젠트리피케이션 방지 정책과 성수타운매니지먼트까지, 이 해법이자 과정 하나하나를 자세히 설명해보고자 한다.

붉은 벽돌 건물 지원 사업을 하다

내가 가장 먼저 한 일은, 지금의 서울숲 카페 거리로 불리는 아뜰리에길 일대를 뚝섬 주변 지역 지구단위계획 특별계획구역에서 해제한 것이었다. 당시 이곳은 재개발이 예정되어 있었지만, 나는 그 계획을 다시 들여다봐야 한다고 판단했다. 만약 그때 계획대로 재개발이 추진됐다면, 오늘의 서울숲 카페 거리는 지금처럼 고유한 개성과 매력을 지닌 거리 대신, 서울 어디서나 볼 수 있는 평범한 아파트 단지로 바뀌었을지도 모른다.

성수동 붉은 벽돌 공장 지대의 역사는 1960년대로 거슬러 올라간다. 1963년 문구 기업 모나미가 마포에서 성수동으로 이전하고, 1967년에는 금강제화가 금호동에 공장을 세우면서 구두와 가죽 관련 업체들이 성수동에 밀집하기 시작했다. 1970년대부터는 본격적으로 붉은 벽돌 건물이 지어졌고, 인쇄, 기계, 자동차 정비소 등 대규모 공장과 창고들 역시 당시 유행하던 붉은 벽돌로 건축됐다. 이러한 흐름 속에서 성수동만의 독특한 분위기가 형성됐다.

하지만 시간이 흐르면서 한때 성수동의 상징이었던 붉은 벽돌 건물들

성수동의 붉은 벽돌 거리

이 점점 사라지고 있었다. 성수동 도시재생을 추진하며 고민하던 중 지춘희 선생님이 한 붉은 벽돌 건물의 매력에 대한 조언을 곱씹으며, 나는 평범하게만 여겼던 이 건축물들을 준공업 지대가 남긴 소중한 산업 유산으로 새롭게 바라보게 됐다. 이 가치를 보전하기 위해 붉은 벽돌 건물 지원 사업을 본격적으로 설계했다.

성수동의 도시재생을 추진하면서 나는 미국 뉴욕의 브루클린을 하나의 벤치마킹 사례로 삼았다. 성수동을 한국의 브루클린이라고 표방했고, 덕분에 국내외 언론에서도 성수동을 그렇게 부르게 됐다. 물론 반드시 브루클린을 닮아야 한다고 생각한 것은 아니다. 아직 실현되지 않은 미래에 대해 사람들이 함께 상상하고 공감할 수 있도록, 참고할 만한 레퍼런스를 제시하고자 선택한 이름이었다. 브루클린 역시 과거에는 낙후된 공장 지대였지만 젊은 예술가와 스타트업이 모이면서 문화 예술과 창조 산업이 번성한 곳이고, 비슷한 조건을 가진 성수동에도 자연스럽게 그 모습이 연상될 수 있었다. 동시에 브루클린의 경험을 통해 우리가 앞으로 마주할 빛과 그림자도 미리 짐작하고 대비할 수 있었다.

2017년에는 「성동구 붉은 벽돌 건축물 보전 및 지원 조례」를 제정했다. 이에 따라 붉은 벽돌 건물을 리모델링하거나 신축할 경우 전체 공사비의 절반, 최대 2,000만 원과 적정 용적률 인센티브를 제공해 붉은 벽돌 리모델링과 신축을 모두 적극적으로 장려했다. 그 결과 지난 10년간 130개 동의 붉은 벽돌 건물이 새롭게 들어섰고, 보존과 개발이 균형을 이루는 성수동 특유의 정취가 살아나는 거리가 탄생했다. 그 대표적인 곳이 바로 지금의 아뜰리에길, 그리고 서울숲 카페 거리다.

소셜벤처 육성 정책을 꽃피우다

소셜벤처 육성 정책은 소셜벤처들이 이미 성수동에 있었기에 가능한 일이었다. 2014년 12개였던 소셜벤처는 2024년 12월 기준 297개로 늘었고, 이 범위를 사회적경제 영역까지 넓히면 600개에 달한다. 이 덕분에 '국내 최초'라는 타이틀도 많이 얻을 수 있었다. 성동구는 2014년 사회적경제 활성화 기금 조성을 시작으로, 2015년 소셜벤처 육성을 위한 조례를 제정했다. 같은 해 전담 조직을 만들고, 성동임팩트펀드를 조성하고, 전국 최대 규모의 소셜벤처 허브센터를 운영하는 일도 이어갔다. 서울숲소셜벤처엑스포를 통해 신진 소셜벤처를 꾸준히 발굴하고 지원했고, 이들끼리 네트워크를 촉진해왔다.

성수동에서 꽃피운 소셜벤처는 이제 성수동을 넘어 국가 단위로 확장됐다. 업계 용어처럼 쓰이던 소셜벤처밸리는 2018년 정부 공식 지정을 통해 정책 사업이 됐다. 이를 통해 소셜벤처 허브센터 등 성동구의 소셜벤처 지원 사업 패키지가 전국으로 확산됐다. 또한 2021년 「벤처기업육성법」 개정으로 소셜벤처기업에 대한 개념 정의가 신설되면서 소셜벤처에 대한 법적 근거도 마련됐다.

한편 성수동에서 시작한 소셜벤처가 미치는 영향의 범위가 성수동이라는 지역을 넘어서면서, 성수동 안에서는 이 소셜벤처들이 만들어내는 문화가 더 깊게 스며들고 있었다.

성수동에서 활동하는 기업들은 사회적 가치를 추구하는 것을 단순히 선한 일이나 일시적이거나 일회적인 행위로 생각하지 않는다. 기업이 사회에 책임을 지는 것은 기본이라는 인식이 성수동 기업 대다수의 미션에

성수 타운매니지먼트 출범식

서울숲 소셜벤처 EXPO 혁신 경연 대회 시상식과 전경

깔려 있다. 전 세계적으로도 이를 기업 경영의 표준이라는 의미로 ESG라고 부른다. 클리오는 경력 보유 여성과 협약을 맺었고, SM엔터테인먼트와 무신사도 지역과 함께 다양한 활동을 펼치고 있다. 나는 성수동에서 ESG가 활발한 이유 중 하나가 소셜벤처가 활성화되면서 기업가 정신 역시 살아났기 때문이라고 생각한다.

젠트리피케이션 방지 정책을 만들다

젠트리피케이션 방지 정책은 앞서 말한 새로운 사람들과 기존 주민 모두를 지키기 위한 선택이었다. 모든 도시에는 빛과 그림자가 있다. 도시는 살아 움직이고, 상권이 활성화되면 더 많은 사람들이 몰려든다. 발길이 늘어나면 임대료가 오르는 것, 이것은 누구도 부정할 수 없는 자연스러운 시장의 흐름이다.

문제는 그다음이다. 임대료가 일정 수준을 넘어서는 순간, 그 비용을 감당할 수 있는 쪽은 결국 자본력이 큰 대기업 프랜차이즈뿐이다. 골목은 금세 어디서나 볼 수 있는 똑같은 간판으로 채워지고, 지역만의 개성과 매력은 사라진다. 그 순간부터 사람들은 굳이 그곳까지 찾아올 이유를 잃는다. 신촌이 그랬고, 가로수길이 그랬으며, 경리단길도 마찬가지였다. 한때 뜨겁게 주목받던 상권들이 결국 단조로워지고, 활력을 잃고, 수명마저 짧아져버렸다.

나는 이것이야말로 젠트리피케이션의 본질이라고 본다. 단순히 임대료가 오르는 문제가 아니라, 상권이 무너지고, 거리가 활기를 잃고, 공실이 늘어나는 악순환으로 이어지는 것. 바로 뜨는 도시의 역설이다. 이 역설을 막기 위해 나는 2015년, 전국 최초로 「지역공동체 상호협력 및 지속가능발전구역 지정에 관한 조례」를 제정했다. 이후 10년 넘게 정책을 이어오면서 매번 새로운 산을 오르는 듯한 기분을 느꼈다. 이만하면 다 된 것 같다가도 또 다른 문제가 생겨 다시 고개를 넘어야 했다.

성수동과 함께한 10년은 강산이 몇 번이고 변한 듯한 시간이었다. 도시는 끊임없이 변한다는 것, 문제도 새롭게 나타난다는 것을 배웠다. 그리고 행정은 그 변화에 기민하고 유능하게 대응해야 함을 체득했다.

문제 해결에 왕도는 없다. 결국 본질을 붙잡아야 할 때가 온다. 나는 그 해법이 안정적인 임대료 수준이라고 보았고, 그래서 가장 먼저 상생협약을 추진했다. 2015년부터 2018년까지 건물주와 구청 직원을 일대일로 매칭해 설득했고, "황금알을 낳는 거위의 배를 가르지 말자"라는 말로 마음을 두드렸다. 성수동이 젊은이들로 활기를 되찾고, 창의적 공간과 기업들이 속속 들어서는 모습을 보면서 건물주들도 점차 고개를 끄덕여주었다.

그 결과 건물주, 구청, 임차인이 함께 맺은 상생협약에는 성수동 건물주 219명이 참여했고, 2019년 기준 임대료 상승률은 2%대에 머물렀다. 그러나 이후에는 참여가 이어지지 못했다. 마음이 변해서가 아니라 법이 바뀌었기 때문이다. 성동구는 다른 지방정부들과 함께 상가임대차보호법 개정 운동에 나섰다. 연구 모임에서 출발한 「젠트리피케이션 방지와 지속 가능한 공동체를 위한 지방정부협의회」가 결성됐고, 정책 개발과 제도 개선을 함께 추진했다. 맘상모(맘편히장사하고픈상인들의모임), 소상공인연합회 등 당사자·시민단체와의 3년 연대 끝에 2018년 「상가건물임대차보호법」 개정이 이루어졌다. 이 개정으로 임대차 계약 기간은 5년에서 10년으로 늘었고, 임대료 상한율은 9%에서 5%로 낮아졌다.

그러나 여전히 아쉬움이 남는 대목이 있다. 「상가건물임대차보호법」을 개정할 때 핵심 쟁점이던 '환산보증금' 조항을 끝내 폐지하지 못하고, 6억 원에서 9억 원으로 상향하는 선에서 합의한 것이다. 당시 서울 기준 9억 원이면 전체 임차인의 95%가 보호를 받을 수 있었다. 하지만 상권이 활성화된 성수동은 불과 몇 년 사이에 상황이 달라졌다. 지금은 상가의 20% 가까이가 이 기준을 넘어서면서 법의 울타리 밖에 놓여 있다.

환산보증금이라는 것은 보증금에 월세의 100배를 더한 금액인데, 이 기준을 넘어가면 계약 갱신 요구권도, 임대료 인상률 제한도 적용받지 못한다. 나는 그때도 폐지를 주장했지만, 반대 측은 '부자 임차인까지 보호할 필요는 없다'는 논리를 폈다. 그러나 임대차 관계라는 것은 본질적으로 불균형하다. 건물을 가진 임대인이 갱신 여부를 좌우하고, 임차인은 소득과 상관없이 언제든 종속적일 수밖에 없다. 임대차는 소득의 문제가 아니라 권리의 문제다. 높은 임대료를 감당한다고 해서 더 짧게 장사하거나 더 빠른 임대료 인상을 감수해야 할 이유는 없다.

결국 보호받지 못하는 임차인은 갱신 권리를 잃고 신규 계약을 맺어야 하고, 임대인은 임대료를 몇 배로 올릴 수 있다. 그 결과 기존 상인은 떠나고, 그 자리를 대기업과 프랜차이즈가 메운다. 지역의 얼굴은 바뀌고, 오래된 가게들이 사라지며, 발길은 줄고, 거리는 공실로 채워진다. 성수동은 아직 공실률 5% 미만을 유지하고 있지만, 다른 지역에서는 상권이 활짝 폈다가 젠트리피케이션으로 무너지고, 프랜차이즈로 채워졌다가 다시 문 닫는 악순환이 반복되고 있다.

팝업의 성지, 성수의 미래를 생각하다

|||||||||||

그리고 최근 성수동이 더욱 명소가 되자 여러 가지 문제가 더해지고 있다. 팝업 문제부터 소음, 청결, 인파 문제 등이 대표적이다. 이 문제를 어떻게 풀어야 이 지역의 활력이 유지될 수 있을까를 고민하면서 나는 이 문제 해결 역시 가장 성수동스러운 방식을 택해야 한다고 생각했다. 그래서 우리나라에서 처음으로 민관이 함께 타운매니지먼트를 시도하고 있고, 반드시 성과를 낼 것이라 확신한다. 성수동은 이미 도시재생, 상생협약, 안심 상가 정책을 통해 "지속 가능한 성장은 무엇인가"라는 질문을 지역 공동체가 스스로 던지고 답해온 경험이 있기 때문이다. 건물주, 상인, 기업, 주민, 로컬 크리에이터가 함께 모여 긍정적 측면은 살리고 부정적 문제는 공동으로 관리하고 있다.

성수타운매니지먼트에는 민간 팝업 운영자, 무신사·SM엔터테인먼트 같은 대기업, 로컬 창업자가 함께 참여한다. 다 같이 "어떻게 성수동을 지속 가능하게 만들 것인가"를 논의하고, 문제를 함께 해결하며, 지역 축제를 직접 기획하고 운영한다. 공공 팝업과 성수팩토리투어 같은 사업도 이 과정에서 추진됐다. 이 구조는 행정이 일방적으로 통제하는 것이 아니라, 다양한 주체가 함께 성수동의 매력을 살려가는 방식이다.

해외에서는 이를 BID Business Improvement District 또는 TMO Town Management Organization라고 부른다. 뉴욕의 타임스퀘어나 도쿄의 마루노우치가 활력을 잃지 않고 관리되는 이유도 이 제도 덕분이다. 성수동 역시 이 모델을 도입해 지역의 공동 주체들이 직접 관리하고 운영하는 구조를 만들고 있다.

공공 팝업스토어로 사용되는 성수산업혁신공간

대표적인 사례가 팝업이다. 팝업은 새로운 세대와 새로운 브랜드가 실험할 수 있는 공간으로서 상권에 활력을 불어넣고, 지속적인 새로운 매력을 제공한다.

그러나 단기 임대의 특성상 높은 임대료가 형성되면서 주로 대기업 위주의 팝업이 운영되고, 이로 인해 전체 임대료를 끌어올리거나 때로는 공실처럼 보이는 단점도 있다. 설치와 철거 과정에서 대량의 쓰레기가 발생하는 문제 역시 크다. 그래서 나는 팝업의 장점은 살리고, 단점은 보완하는 방향으로 변화를 주기로 했다.

작년에 '성동형 팝업 매뉴얼'을 만들었고, 올해는 이를 보완해 사업자가 준비부터 운영, 종료까지 반드시 지켜야 할 사항을 단계별로 정리한 '성동형 팝업 가이드북'을 내놓았다. 소음과 폐기물 문제를 선제적으로 관리하기 위함이다. 설치·철거 과정에서 발생하는 폐목재는 분리배출을 유도해 바이오 연료로 재활용하고, 주야간 단속반이 현장을 돌며 계도하고 있다. 폐기물 처리는 전산화해 투명하게 관리할 수 있도록 환경부에 제도 개선을 건의했고, 「서울특별시 성동구 폐기물 관리 조례」를 개정해 처리 업체의 역할과 의무를 명확히 했다. 구청 홈페이지에는 배출 신고 시스템도 마련했다.

또한 올해 6월, 성수역 앞 산업혁신공간을 리모델링해 첫 번째 공공 팝업스토어를 열었다. 구가 보유한 (초)역세권에 마련한 이 공간은 중소상인과 중소·중견기업이 성수동에서도 팝업을 열 수 있는 기회를 제공하기 위해 조성한 것이다. 주변 시세보다 낮은 임대료로 운영해 임대료 과열을 막아온 안심 상가의 방식을 팝업에도 확장한 것으로, 민간 팝업 시장의 임대료 가이드 역할을 하고 있다. 공공 팝업은 특정 업체 보호를 넘어 시장 전체 임대료 상승을 완화하고, 소규모 기업과 로컬 상인들이 쉽게 참여할 수 있는 상생의 장을 만든다.

도시를 위해 치열하게 균형을 지키다

나는 10년 전 도시재생을 설명할 때 성수동을 "한국의 브루클린"이라고 말하면서 동시에 'Be Platform'이라는 슬로건도 내걸었다. 행정이 모든 것을 다하겠다는 것이 아니라, 플랫폼이 되어 다양한 주체들이 참여할 수 있도록 하자는 의미였다. 그것이 곧 성동구가 어떤 도시를 지향하는지를 보여주는 메시지라고 생각한다.

사람들이 성수동을 찾는 이유는 "여기서는 늘 새로운 것을 만날 수 있다"는 기대감이다. 나는 이 균형을 지켜내는 것이야말로 성수동이 지속 가능하게 살아남는 길이라고 믿는다. 그것이 내가 젠트리피케이션을 반드시 막아야 한다고 말하는 진짜 이유다.

성수동은 가장 익숙했던 붉은 벽돌을 새로운 도시의 유산이자 자산으로 삼아 '성수스러움'을 만들어왔고, 그 힘으로 지난 10여 년간 지속적으로 발전해왔다. 나는 그 과정에서 함께해온 분들과 성수동을 더 오래, 더 새롭게 지켜가기 위해 매일 변화를 감지하며 속도와 정도를 맞춰가고 있다. 때로는 지루하리만치 세밀하게, 또 치열하게 말이다.

성수동을 지켜낸다는 것은 해답을 하나로 고정해두는 일이 아니라는 것을 지난 12년 동안 배웠다.

변화는 늘 찾아오고, 균형은 늘 흔들린다. 중요한 것은 그 균형을 이어가려는 의지다. 이 의지가 성수동이 성수동답게 살아남을 수 있도록 계속 지켜봐주고, 함께해줄 것이라 믿는다. 행정은 조연일뿐, 주연은 언제나 시민들이니 나는 주연이 빛날 수 있도록 뒤에서 힘껏 받쳐줄 것이다.

도시가 축제가 되고
축제는 미래가 되다

> 크리에이티브×성수

지역의 잠재력을 깨우다

축제를 넘어 지역 상생의 플랫폼이 우리 곁에 존재한다면 어떨까. 나는 오랫동안 이 질문을 가슴에 품어왔다. 성수동은 준공업 지역이라 낡은 공장들 사이에 젊은 창작자들, 소셜벤처, 스타트업 등이 모여들었다. 성수동은 도시재생, 지역 경제 활성화 정책 성공, 붉은 벽돌 거리의 인기라는 여러 요소가 맞물리면서 세계적인 핫플레이스로 성장했다. 성수동이 창의적인 도전과 지속 가능한 문화 혁신의 중심지로 자리 잡으면서, 지역 정체성을 표현하는 동시에 지역 가치를 증대시킬 수 있는 축제가 필요하다고 느꼈다. 이 필요성은 나 혼자만의 고민이 아니었다. 그러나 성수동 일대에서 그동안 개최된 축제들이 성수동 전체 지역의 창작자, 기업, 주민들을 유기적으로 연결하면 더 좋겠다는 아쉬움이 지역 사회에 커져갔다. 지역 정체성을 반영한 통합적이고 지속 가능한 행사가 있다면 성수동의 잠재력이 온전히 발휘될 것이라는 기대도 함께 있었다.

성동구와 성동문화재단은 지역 자원을 유기적으로 연결하여 주민 참여와 산업적 지속 가능성을 함께 도모하는 새로운 축제를 만들기로 했다. 이것이 〈크리에이티브×성수〉의 시작이다. 단순한 볼거리를 넘어 지역 경제와 문화가 동반 성장하는 지속 가능한 생태계를 만들겠다는 발상이었다.

성동구는 미국 텍사스주 오스틴에서 매년 열리는 산업 축제 〈사우스 바이 사우스웨스트 SXSW〉를 롤모델로 삼아 우리나라 유일의 문화 산업 축제를 기획했다. 〈크리에이티브×성수〉의 기획 위원회와 실행 위원회는 패션, 음악, 순수 예술, 식음료, 정보 통신 기술, 웹툰, 미디어 관계자와 학생, 행정 기관 등으로 구성됐다. 민간과 공공, 기업과 학계가 협력하는 지역 축제의 실험적 시도는 그렇게 시작됐다.

축제로 도시, 사람, 미래를 연결하다

〈크리에이티브×성수〉는 2023년에 시작됐다. 성수동이 가진 역동적인 문화 산업을 기반으로 예술과 기술이 어우러진 글로벌 창조 산업 축제를 만들고자 했다. 컬처 테크놀로지 CT 페어, 콘퍼런스 필드, 키노트 스피치 등 9개 프로그램으로 기획됐다. 성수동 일대 72개 장소에서 에스팩토리, 루트임팩트, 유니크굿컴퍼니 등 210개의 기업 및 소상공인의 참여로 진

2023 〈크리에이티브×성수〉 키노트 스피치. 정경선 루트임팩트 창립자, 정원오 성동구청장, 김경민 서울대학교 교수, 허재형 루트임팩트 대표가 함께했다.

행됐다. 성수동만의 특색을 살린 축제로 구성하고자 49개의 세부 프로그램을 만들었다. 프로그램들은 전시, 공연, 패션쇼, 네트워크, 오픈 스튜디오, 포럼, 미션 게임 등이었다. 다채롭고 풍부한 프로그램은 성수동을 찾는 사람들의 흥미와 공감을 불러일으켰다. 첫 번째 축제를 찾은 관객은 총 4만 8,922명으로 집계됐다.

두 번째인 2024 〈크리에이티브×성수〉는 일주일간 성수동 전역에서 개최됐다. 2024년 1월부터 기본 계획 수립과 기획·실행 위원회 구성을 시작으로 13회에 걸쳐 439명이 기획 회의에 참여했다. 우리는 첫 번째 축제에 대한 분석과 개선책을 담아 한층 업그레이드된 지역 축제를 만들겠다는 공동의 목표가 있었다. 기업과 아티스트 섭외, 안전 관리 계획 수립, 세부 운영 계획을 포함해 모든 단계가 체계적으로 진행됐다. 이 과정

| 크리에이티브×성수의 민·관·산·학 거버넌스 추진 체계 |

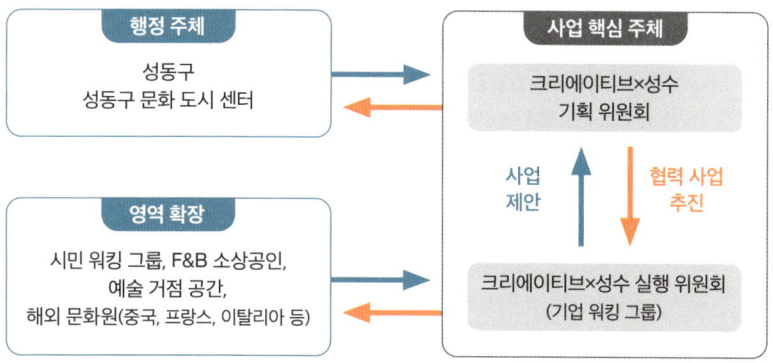

에서 주민들과 기업의 협력을 위한 사업 공유회가 열려 축제에 대한 이해와 협력을 높였으며, 축제 후에는 성과 평가 공유회를 통해 행사 전반을 점검하고 피드백을 수렴했다.

우리는 사람이 어떻게 모이고 움직이는지 가장 먼저 살폈다. 시간대별 인파의 흐름을 분석하고, 위험할 수 있는 구간을 예측했다. 진입로와 대피로를 명확히 구분하고, 안내 요원 배치와 실시간 모니터링 체계를 강화했다. 모두가 편안하게 머물고 움직일 수 있는 리듬을 만드는 데 초점을 맞췄다.

그 결과 예측 가능한 안전 시스템과 현장 중심의 대응 방식을 통해 사람 중심의 안전 관리라는 새로운 기준을 세웠다. 이제 성수동은 활기와 안전이 공존하는 도시 축제의 모델로 자리 잡고 있다.

이러한 준비 과정을 거쳐 2024 〈크리에이티브×성수〉가 개최됐다. 성수동 일대 총 139개소에서 패션, 음악, 미디어, 식음료, IT 등 11개 사업, 40개 분야, 85개의 프로그램이 365개의 기업과 1,296명의 참여로 진행

| 크리에이티브×성수 구성 프로그램 |

CT 페어 최첨단 문화 기술 기업과 문화 콘텐츠 기업의 협력 프로젝트 박람회 *협력: 에스팩토리 등 38개	**체인지메이커 콘퍼런스** AI와 함께 만드는 지속 가능한 내일을 주제로 한 컨퍼런스 *협력: 루트임팩트 등 27개
트레저 성수 GPS 기술을 통해 현대적 방식으로 재탄생시킨 신개념 보물찾기 게임 *협력: 유니크굿컴퍼니	**성수 아트페어** 80명의 작가가 선보이는 거점형 아트페어 *협력: 이너스페이스 등 22개
뮤직 성수 스트리트 퍼레이드와 도심형 뮤직 페스티벌 등 누구나 즐길 수 있는 대중 공연 *협력: 일일공일팔 등 16개	**패션 성수** 문화 다양성, 친환경, 한글과 한복, 모나미 룩을 주제로 한 야외 패션쇼 *협력: ㈜이상봉 등 4개
트립 성수 성수동의 다양한 매력을 발견하고 경험하는 특별한 여행·체험 프로그램 *협력: 사계절공정여행 등 27개	**필름 성수** 외국 문화원과 협력, 각국의 우수 영화를 상영하는 글로벌 영화 페스티벌 *협력: 해외문화원 등 17개
웹툰 성수 웹툰을 소재로 한 다양한 토크쇼 및 체험 프로그램 *협력: 한양여대(웹툰학과) 등 4개	**크래프트 성수** 100여 개 공예품 업체, 다양한 수공예품이 한자리에 모이는 문화예술 마켓 *협력: ㈜포이엔 등 101개
테이스티 성수 성수동 소재 F&B 매장과 함께 즐기는 푸드 트립 *협력: 성수교과서 등 73개	**기타 연계 사업** 소셜벤처 엑스포 등 기타 사업 연계 및 후원 *협력: 레드불 등 35개

매우 만족, 정원오입니다

되며 성수동 전역을 하나의 거대한 문화 테마파크로 만들었다.

주요 행사로는 최첨단 문화 기술 기업과 문화 콘텐츠 기업의 협력 프로젝트 박람회인 CT 페어(문화 창조 산업 페어), 인공지능과 지속 가능한 내일을 주제로 한 체인지 메이커 컨퍼런스, GPS 기반 신개념 보물찾기 프로그램 트레저 성수로 구성됐다. 이 외에도 작가 80명이 선보이는 거점형 아트 페어인 성수 아트 페어, 스트리트 퍼레이드와 도심형 뮤직 페스티벌인 뮤직 성수(성수 뮤직 페스티벌), 디자이너 이상봉과 함께하는 야외 패션쇼인 패션 성수, 성수동의 다양한 매력을 발견하고 경험하는 여행·체험 프로그램인 트립 성수, 외국 문화원과 협력하여 각국의 우수 영화를 상영하는 글로벌 영화 페스티벌인 필름 성수, 웹툰을 소재로 한 다양한 토크쇼와 체험 프로그램인 웹툰 성수, 100여 개 공예품 업체의 작품이 한자리에 모이는 크래프트 성수(공예 마켓), 성수동 소재 F&B 매장과 함께 즐기는 테이스티 성수 등이 방문객들에게 풍부한 경험을 제공했다.

함께 만든 축제로 도시를 성장시키다

성수동은 한 편의 거대한 실험장이 된다. 〈크리에이티브×성수〉라는 이름 아래 87만 명이 넘는 사람들이 오프라인과 온라인을 넘나들며 한 도시에 생기를 불어넣는다. 숫자로 보면 2025년 기준 약 827억 원의 경제적 파급 효과였지만, 그 이면에는 돈으로 계산되지 않는 열정과 협력의 이야기가 숨어 있었다.

무엇보다 인상적이었던 건 이 축제가 누군가가 만들어놓은 행사를 구경하는 자리가 아니라 주민들이 스스로 주인공이 된 무대였다는 점이다. 예술가들은 재능을 나눴고 사람들은 티켓을 사며 그 가치를 응원했다. 그렇게 모인 수익은 다시 지역으로 흘러들어가며 성수동은 즐기는 공간에서 나아가 함께 살아 숨 쉬는 공동체로 변했다.

이 변화는 눈에 보이는 성과로도 이어진다. 513개의 새로운 일자리, 320명의 고용 유발 효과. 그보다 더 중요한 건 축제를 통해 서로의 얼굴을 기억하게 됐다는 사실이다. 지역의 산업과 예술이 손을 잡은 그 안에서 사람들의 일상이 조금 더 단단해졌다.

성수동의 실험은 협력이 얼마나 큰 힘을 갖는지 보여준다. 민간 기업과 지방정부, 주민들이 각각의 자리에서 손을 내밀며 자생적인 운영 구조를 만들어냈다. 이 축제는 한 해의 이벤트로 끝나지 않았다. 도시와 사람이 함께 성장할 수 있다는 작지만 확실한 증거로 남았다.

〈크리에이티브×성수〉가 남긴 메시지는 분명하다. 문화 축제는 단지 며칠간의 흥거운 이벤트가 아니라 사람과 산업, 행정과 교육이 함께 엮여 새로운 가치를 만들어내는 플랫폼이 될 수 있다는 것이다. 성수동의 거리에서 이 가능성은 이미 작게나마 증명됐다. 서로 다른 주체들이 한 자리에 모여 '함께 만든다'는 감각을 공유할 때 축제는 지역 경제의 실질적인 엔진으로 움직이기 시작한다.

하지만 이 여정은 이제 막 첫걸음을 뗐을 뿐이다. 언젠가 이 축제가 영국의 에든버러 프린지 페스티벌이나 브라질의 리우 카니발처럼 한 도시의 정체성과 역사로 이어지기 위해서는 앞으로 함께 풀 과제가 많다. 시민들이 다시 찾아오고 싶어질 새로운 콘텐츠, 더 많은 성수동 기업이 자발적으로 참여할 수 있는 사업 구조, 그리고 지역의 이야기를 세계로 전

〈크리에이티브×성수〉 현장

할 수 있는 확장된 상상력이 더욱 채워져야 한다.

결국 중요한 건 지속성이다. 성수동이 가진 고유한 브랜드와 문화적 에너지를 세계 무대에서 증명하기 위해서는 꾸준한 투자와 신뢰에 기반한 협력이 필요하다. 〈크리에이티브×성수〉의 진짜 의미는 바로 그 과정 속에서 완성될 것이다.

〈크리에이티브×성수〉는 성수의 도시재생이 그러했듯이, 산업의 변화와 지역 주민의 참여 위에서 자라난 하나의 '살아 있는 플랫폼'이 됐다. 이곳에서는 문화가 소비되는 대신 만들어지고 나누어졌다. 축제는 지역이 스스로를 갱신하는 방식이 될 수 있음을 보여줬다. 이 실험의 파장은 서울을 넘어 퍼지고 있다. 또한 한 지역의 이야기가 어떻게 산업과 문화, 공동체의 변화를 이끌 수 있는지를 증명하며 대한민국의 문화 정책과 축제 모델이 앞으로 나아갈 방향을 미리 보여준 사례로 남았다. 결국 이 축제의 진짜 성과는 화려한 무대가 아니라 '함께 만드는 문화'의 가능성을 눈앞에서 보여줬다는 데 있다.

스스로를 안전하게
지키는 힘을 기르다

성동생명안전배움터

재난의 현실 속에서 안전 배움의 장이 태어나다

우리 사회는 더 이상 자연재해로부터 안전하다고 말할 수 없다. 2016년 경주에서 발생한 규모 5.8의 강진은 국내 관측 사상 가장 큰 지진으로 기록됐다. 이듬해 포항에서도 규모 5.4의 지진이 일어나 수능이 연기되는 초유의 사태가 있었다. 그 뒤로도 충남 당진, 경북 경주, 강원 삼척, 충북 충주와 옥천 등 전국 곳곳에서 중·소규모의 지진이 이어졌다. 지진은 먼 나라의 일이라는 인식은 완전히 사라졌다.

2025년 3월에는 경북 의성에서 발생한 산불이 강풍과 건조한 날씨를 타고 번지며 우리나라 역사상 최대 규모의 산불로 기록됐다. 31명의 목숨이 희생되고 400여 채의 주택이 불탔으며, 산림 10만 헥타르가 사라졌다. 피해 면적만 따지면 서울의 약 80%에 해당한다. 기후위기와 맞물려 자연이 내던지는 경고는 우리의 일상과 맞닿은 현실이 됐다.

지진, 산불, 폭우, 태풍, 한파에 이르기까지 재난은 점점 더 예측하기 어려워지고, 피해의 범위는 커지고 있다. 이는 우리나라만의 문제가 아니라 전 세계가 함께 겪고 있는 기후위기의 그림자다. 인간이 만든 산업의 편리함이 결국 인간의 안전을 위협하는 아이러니한 시대. 언제 어디서 재난이 닥칠지 모른다는 불안감이 사회 전반에 자리 잡으며, 이제 안전은 선택이 아닌 생존의 기본 조건이 됐다.

이제는 누구나 생명과 안전을 지킬 수 있는 역량을 가져야 한다. 골든 타임 안에 정확히 행동할 수 있는 능력, 즉 재난 대응력은 지식이 아니라 몸이 기억한 습관에서 비롯된다. 위기 상황에서 사람을 구하는 것은 머리로 아는 매뉴얼이 아니라 반복된 훈련을 통해 체화된 행동이다.

성동구는 이러한 인식 아래 2015년에 서울시 자치구 중 최초로 지역형 종합 안전 교육 체험관인 성동생명안전배움터를 건립했다. 구민 누구나 예기치 못한 위험에 대비하고 생활 속에서 안전 문화를 익힐 수 있도록 한 것이다. 이곳에서는 재난 대응의 원칙을 머리로 배우는 데서 그치지 않고, 몸으로 익히는 실질적 체험을 통해 안전을 생활의 습관으로 만드는 교육이 진행된다. 성동구가 만든 이 배움터는 행정이 제도를 세우고, 주민이 참여하며, 지역이 함께 성장하는 체험형 안전 도시의 출발점이 됐다.

성동의 체험 교육 혁신이 시작되다

성동생명안전배움터는 주민 누구나 직접 참여하고 체험하며 재난 대응법을 익힐 수 있도록 조성된 열린 배움의 공간이다. 정보를 전달하는 데 그치지 않고, 실제 상황에 가까운 환경 속에서 몸으로 배우는 실질적 안전 교육을 제공하기 위해 문을 열었다. 전문 강사가 상주하며 심폐소생술CPR, 화재 시 대피 요령, 소화기·완강기 사용법, 구명조끼 착용법 등 생활 안전 전반을 교육하고, 모든 과정은 실제 재난 현장처럼 구성된다. 지식과 행동으로, 이론과 습관으로 남는 교육을 지향한다.

2017년에는 한층 다양한 재난 상황을 체험할 수 있도록 공간을 증축하고 시설을 개선했다. 전국 최초로 5축 시스템을 적용한 지진체험장과 선박 탈출체험장을 개설해, 주민들이 실제 재난과 유사한 상황을 온몸으로 느끼며 대응 훈련을 할 수 있게 했다. 진동, 소리, 시각적 자극이 결합된 이 체험은 위기 대응을 지식의 영역에서 신체의 기억으로 전환시키는 과정이었다. 이는 성동생명안전배움터의 운영 철학, 즉 몸으로 체득하는 안전을 실천한 대표적 변화였다.

배움터의 가장 큰 특징은 대상별 맞춤형 교육이다. 연령과 생애 주기별 위험 요소를 반영해 아동부터 노년층까지 모두 참여할 수 있도록 프로그램을 구성했다. 생명 안전 교육에서는 심폐소생술, 자동 심장 충격기AED 사용법, 하임리히법 등 생명을 지키기 위한 기본 기술을 중심으로 교육한다. 생활 안전 교육에서는 화재 대피, 완강기 사용, 엘리베이터 고립 시 대처법 등 실생활에서 자주 발생할 수 있는 위기 상황을 다룬다.

재난 체험 교육의 몰입도 또한 높다. 지진 시뮬레이션 체험에서는 진

성동생명안전배움터 지진체험

도 5~7 규모의 진동을 재현해 피난 요령을 익히고, 선박 탈출 체험에서는 실제 해양 사고 상황을 가정해 구조와 탈출 절차를 배우게 된다. 참여자들은 위험을 피하는 법이 아니라, 위험 속에서도 침착하게 행동하는 법을 배우며 자신감과 대응력을 함께 키운다.

이와 함께 성동생명안전배움터는 변화하는 사회에 맞춰 새로운 프로그램을 꾸준히 도입하고 있다. 잦은 강력 범죄 발생에 대응해 생활 호신술 교육을 신설했고, 여름철 물놀이 사고 예방을 위한 생존 수영 교육도 진행 중이다. 배움터 방문이 어려운 주민을 위해 줌ZOOM을 활용한 비대면 안전 교육을 운영해, 가정에서도 다양한 안전 행동 요령을 학습할 수 있도록 했다.

또한 교육 소외 계층의 접근성을 높이기 위해 찾아가는 안전 체험 교육을 실시하고 있다. 영유아 보육 시설, 학교, 복지 시설, 공동 주택 등으로 직접 찾아가 구민 누구나 위험 상황을 체험하고 대응법을 익힐 수 있도록 한 것이다.

이러한 꾸준한 노력 덕분에 성동생명안전배움터는 2024년 10월, 행정안전부가 지정하는 어린이 안전 교육 전문 기관으로 선정되어 체계적이고 전문적인 교육 모델로 인정받았다.

성동구는 교육의 현실성을 높이기 위해 기술적 혁신도 병행하고 있다. 2024년에는 가상 현실VR 기술을 도입해 몰입형 교육 환경을 구축했다. 여름 장마철을 앞두고 실시한 전국 최초의 VR 침수 탈출 교육은 차량 침수, 반지하 주택 침수 등 실제로 일어날 수 있는 상황을 테마로 구성했다.

특히 성동구의 실제 지형을 반영해 현실감을 높였다. 참가자들은 가

상 공간에서 재난 상황을 생생하게 체험하며 실제 대응 능력을 효과적으로 습득했다. VR 기반 교육은 기존의 물리적 한계를 극복하고, 비대면 교육의 몰입도를 높이는 방식으로 큰 호응을 얻었다. 성동구는 앞으로도 다중 인파 밀집 사고 등 사회적 이슈를 반영한 새로운 VR 프로그램을 지속적으로 개발해 안전 교육의 혁신을 이어갈 계획이다.

이처럼 성동생명안전배움터는 안전 지식을 전하고 생활 속 안전 문화를 확산시키는 지역 거점으로 자리 잡았다. 2015년 3,977명으로 시작된 교육 수료자는 2023년 1만1,434명, 2024년 1만3,787명으로 늘었으며, 2025년 8월 기준 이미 1만1,676명이 교육을 이수했다. 매년 성장하는 이 수치는 행정의 성과라기보다, 주민 스스로가 안전의 중요성을 인식하고 행동으로 옮기기 시작했다는 증거다.

성동생명안전배움터는 이제 구민에게 안전을 가르치는 공간을 넘어, 지역 전체를 안전 특구로 만드는 초석이 되고 있다. 이곳의 성과는 시설의 규모나 장비보다, 누구나 참여할 수 있는 포용적 구조와 실제 효과에 있다. 앞으로도 성동구는 스마트 기술과 혁신적 콘텐츠를 결합해 구민의 안전과 행복을 지켜나갈 것이다. 안전을 지식에서 문화로 확장시키는 행정의 중심에는 언제나 성동이 있다.

보행자와 지구를 위한
미래형 버스 정류장을 만들다

성동형 스마트 쉼터

기다림에 기분을 더하다

기후의 불확실성과 대기 환경의 악화는 더 이상 예외적인 사건이 아니다. 그것은 우리가 매일 마주해야 하는 일상의 현실이 됐다. 한여름의 극한 폭염, 예고 없이 쏟아지는 게릴라성 폭우, 매서운 한파, 그리고 미세 먼지와 황사까지. 도시는 점점 더 거칠고 예측 불가능한 환경 속에 놓여 있다.

이 변화의 한가운데서 가장 먼저 불편을 느끼는 사람들은 대중교통을 이용하는 주민들이다. 버스를 기다리는 짧은 시간조차 혹독한 날씨에 그대로 노출되어 있기 때문이다. 특히 임산부, 어르신, 어린이, 장애인 등 교통 약자들에게는 이 짧은 기다림이 곧 위험이 될 수 있다. 갑작스러운 폭우, 급격한 온도 변화, 긴 대기 시간은 단순한 불편을 넘어 건강과 안

스마트 쉼터 내부

전의 위기로 이어질 수 있다. 버스를 기다린다는 평범한 행위가 때로는 두려운 일이 되는 것이다.

걷기 좋은 도시는 단지 걸을 때만 좋은 도시가 아니다. 걷는 동안 보이는 풍경, 머무는 순간의 감정, 길 위에서 마주치는 작은 배려들까지 모두 좋아야 비로소 걷기 좋은 도시가 된다. 그래서 2017년, 겨울바람을 피할 수 있도록 버스 정류장에 대형 맞춤형 텐트를 설치했다. 이름은 온기 누리소. 차가운 바람을 막고 따뜻한 온기를 나누자는 취지였다. 결과는 놀라웠다. 주민들은 "잠시지만 정말 따뜻했다"고 말했다. 단순한 텐트 하나가 누군가의 하루를 바꾸는 시작이 된 것이다.

하지만 나는 거기서 멈추지 않았다. 겨울뿐 아니라 사계절 내내, 누구나 편히 숨 쉴 수 있는 정류장을 만들 수 없을까 생각했다. 이 물음에서

성동구 스마트 쉼터(여름과 겨울)

성동형 스마트 쉼터 안전 및 편의 기능: 총 21종

1. 버스 등 종합 교통 정보 제공
2. 실시간 버스 도착 영상 안내
3. 미세 먼지 정화
4. 냉난방
5. UV 공기 살균
6. 열 영상 카메라-출입문 연계
7. IoT 원격 제어
8. 지능형 CCTV 영상 관제
9. 이상 음원 감지 기능
10. 비상벨
11. 무정전 전원 공급
12. 자동 스크린 도어
13. 휠체어·유아차 배려 공간
14. 휴대폰 유·무선 충전
15. 공공 와이파이
16. 태양광 발전
17. 투명 LED 전광판 홍보
18. 힐링·치유 음악 재생
19. IoT 전동 블라인드
20. 히어링루프
21. 심장 충격기

새로운 시도가 시작됐다. 버스 정류장을 단순한 승하차 공간이 아니라, 주민이 잠시 머물며 보호받을 수 있는 생활 안전의 거점으로 바꾸기로 한 것이다.

나는 도시의 가치는 거대한 건물과 화려한 랜드 마크에서만 생겨난다고 믿지 않는다. 누군가의 하루가 조금 더 안전해지는 일, 그 평범한 변화된 일상이 도시를 바꾼다. 성동형 스마트 쉼터는 바로 그 결과다.

기술에 따뜻함을 더하다

||||||||||||

2019년 초, 우리는 새로운 목표를 세웠다. "버스 정류장이 단순한 정차점이 아니라, 도시의 품격을 보여주는 공간이 된다면 어떨까."

그 생각에서 미래형 스마트 쉼터의 구상이 시작됐다. 성동구는 주민 설문과 전문가 의견을 모아 현실적이면서도 혁신적인 방향을 잡았다. 그리고 국토교통부의 스마트 챌린지 공모 사업에 참여해 추진 동력을 확보했다. 같은 해 11월, LG전자와 손잡고 ICT 기반의 통합 관제 솔루션 개발에 착수했다.

IoT를 활용한 원격 관제, 냉난방 조절, 대기질 정화, 에너지 절감 기능 등 첨단 기술이 시민의 일상 속으로 들어오는 순간이었다. 기술이 목적이 아니라, 사람이 중심이 되는 도시를 만들고 싶었다. 그래서 우리는 도시 경관과 어우러지는 디자인을 함께 고민했다. 그렇게 탄생한 것이 바로 이용자 중심의 성동형 스마트 쉼터 표준 모델이었다.

설계는 데이터에서 출발했다. 성동구 내 모든 버스 정류장의 승하차 인원, 도로별 유동 인구를 빅데이터로 분석해 가장 효율적인 설치 장소를 찾아냈다. 그 위에 보행 동선, 지형적 특성, 주변 환경을 반영했다. 스마트 쉼터는 사람의 발걸음이 완성한 공간인 셈이다.

2020년 8월, 드디어 전국 최초로 성동형 스마트 쉼터가 왕십리 등 주요 가로변에 첫선을 보였다. 쉼터는 기술과 배려가 공존하는 공간이었다. 내부에는 대형 영상 안내판이 설치되어 버스와 지하철 도착 정보를 실시간으로 확인할 수 있다. 생활 정보와 기상 상황도 함께 제공됐다.

장시간 대기를 위해 휴대폰 유·무선 충전기와 공공 와이파이가 마련됐고, 냉난방 설비는 사계절 내내 쾌적한 온도를 유지한다. 고성능 미세 먼지 정화 장치와 UV 공기 살균기는 눈에 보이지 않는 불안으로부터 주민을 지켜준다. 태양광 패널과 단열 필름, IoT 기반 전동 블라인드는 에너지 절감 효과를 높인다.

배려는 공간의 가장 기본이 되어야 한다. 이동이 불편한 주민을 위해 휠체어, 유아차, 보행 보조기를 위한 공간을 세심하게 마련했다. 청각 장애인을 위한 히어링 루프(보청기 유도 시스템)와 자동 심장 충격기도 2023년에 추가로 설치했다.

성동형 스마트 쉼터는 기다리는 곳을 바꾸는 작업이 아니었다. 그것은 도시가 사람에게 어떻게 배려를 표현할 수 있는가에 대한 대답이었다. 기술은 차가울 수 있다. 그러나 성동은 그 기술에 따뜻함을 입혔다. 그 결과, 도시는 조금 더 안전해졌고, 기다림은 조금 더 편안해졌다.

사람의 안전이 시작되다

성동형 스마트 쉼터가 처음 세상에 모습을 드러낸 시기는 코로나19 팬데믹 한가운데였다. 도시의 일상이 멈추고 사람들의 불안이 극대화되던 시기였다. 나는 그때 생각했다. "기술은 편의를 위한 도구에서 나아가 생명을 지킬 수 있는 방패가 되어야 한다." 그리고 스마트 쉼터의 설계에 그대로 녹여냈다.

스마트 쉼터에는 열화상 카메라와 연동된 자동 출입문, 공기 살균 시스템이 갖춰졌다. 단순히 버스를 기다리는 공간이 아니라 감염병 시대의 방역 쉼터였다. 발상의 전환과 기술의 융합으로 만들어진 이 공간은 첨단 방역 기술을 활용한 K-방역의 대표 사례로 해외 언론의 주목을 받았다. 작은 쉼터 하나가 안전한 도시라는 대한민국의 이미지를 전 세계에 알린 셈이다.

스마트 쉼터는 안전에서도 한층 더 진화했다. IoT 기반의 원격 제어 관제 시스템과 각종 센서가 쉼터 내부를 24시간 실시간으로 모니터링한다. 이상 음원이 감지되면 즉시 관제 센터로 경고가 전송되고, 지능형 CCTV와 스마트 비상벨이 자동으로 작동한다. 정전이 발생해도 무정전 전원 공급 시스템이 쉼터를 대피소로 전환해 주민을 보호할 수 있도록 설계됐다.

이 통합 안전망은 우리 현실에서 긍정적인 결과로 이어졌다. 2018년 대비 2021년, 성동구의 5대 범죄 발생 건수는 23.7% 감소했다. 강간·강제 추행 20%, 절도 27.2%, 폭력 22%가 감소됐음을 알 수 있었다. 기술이 안전을 현실로 바꿔낸 것이다. 스마트 쉼터 내 비상벨은 2025년 5월 기준 1만4,966회나 사용됐다. 위급 상황에서 신속한 구조 요청 창구로 자리 잡은 것이다.

실제로 데이트 폭력의 위협을 피해 뛰어들어온 여성이 스마트 쉼터에서 구조 요청을 한 적이 있다. 갑작스러운 경련을 겪게 된 이용자가 비상벨을 눌러 119 구급대가 신속히 출동해 목숨을 구한 일도 있었다. 심야에 주취자를 발견해 경찰과 함께 심폐 소생술로 생명을 지켜낸 일도 있었다.

성동형 스마트 쉼터는 이제 사람이 안심할 수 있는 곳이 됐다. 24시간 운영되는 관제 센터, 실시간 모니터링, 복합 안전 시스템이 서로 얽혀 도시의 일상 속에 새로운 안전망을 만들었다.

물론 반대의 목소리도 있었다. 처음 스마트 쉼터를 한 곳에 시범 설치했을 때 "너무 비싸다"는 이야기를 들었다. 큰 것은 1억, 작은 것은 5,000만 원. 숫자만 보면 적지 않은 비용이다. 그런데 나는 늘 이렇게 설명하곤 했다. 차량 한 대가 머무는 주차면 하나를 만드는 데 적게는 2억 원, 많게는 3억5,000만 원이 든다고. 자가용 한 대를 위해서는 그만한 예산을 쓰면서, 하루에도 수십, 때로는 수백 명이 머무는 버스 정류장에는 왜 그 정도의 투자를 주저해야 하느냐고.

이 말을 들은 분들은 하나같이 고개를 끄덕였다. 생각해보지 못한 비교였다며, 알고 나니 이해가 된다는 반응이었다. 그리고 나는 그 순간마다 확신을 다시금 굳혔다. 스마트 쉼터는 단지 예산의 문제가 아니라, 우리가 어떤 이동 방식을 우선순위에 둘 것인가에 대한 선택이라는 점을.

이 시설은 누구나 이용할 수 있고, 대중교통을 더 편하게 만드는 일이다. 더 많은 사람이 버스를 선택하게 돕는 일이고, 결국 도시의 교통 문제를 선순환으로 풀어가는 시작점이다. 나는 그래서 이 투자가 충분히 가치 있다고 믿는다.

도시가 미래를 바꾸다

스마트 쉼터는 도시 전체의 흐름을 바꾸기 시작했다. 향상된 편의성과 강화된 안전성 덕분에 2024년 성동구의 버스 이용률은 전년 대비 17만 4,000명 가까이 늘었다. 대중교통을 더 많이 이용하게 되면서 도시는 자

A 디자인 어워즈 수상과 상패

연스럽게 탄소 중립으로 나아갔다. 한국환경공단의 지자체 온실가스 감축 사업 가이드라인에 따라 분석한 결과, 스마트 쉼터 설치 정류소의 이용자 증가는 소나무 2,086그루를 심는 것과 같은 탄소 감축 효과를 냈다.

스마트 쉼터는 이제 성동의 교통 인프라를 상징하는 아이콘이 됐다. 2025년 5월 현재, 성동 전역에는 중형 28개, 소형 28개 등 총 56개 쉼터가 설치되어 있다. 누적 이용 인원은 1,125만7,810명을 넘어섰다.

2024년 3월 주민 이용 만족도 조사에서는 무려 96.1%가 "만족한다"고 답했다. 이 수치는 '기다림의 불편함이 사라진 도시'가 현실이 됐다는 증거였다.

우리가 만든 이 쉼터의 형태는 전국으로 퍼져나갔다. 성동구는 국토교통부 스마트 시티 솔루션 확산 사업의 등대 도시로 선정됐다. 서울 동작, 은평, 양천구를 비롯해 광명, 수원, 성남, 대구, 충주, 광주 서구, 여수 등 전국 지방정부의 벤치마킹 대상이 됐다. 성동이 만든 미래형 정류장은 이제 전국의 표준이 됐다.

그 영향은 바다도 건넜다. 미국 AP, CNN, 〈뉴스위크〉, 영국 로이터, 〈가디언〉, 프랑스 〈파리스매치〉, 스페인 〈엘 콘피덴셜〉 등 세계 주요 언론이 성동형 스마트 쉼터를 잇달아 보도했다. 〈뉴스위크〉는 이렇게 썼다.

"한국의 새로운 버스 정류장은 마치 우리가 공상 과학 영화 속에 살고 있는 듯한 착각을 불러일으킨다."

해외 유튜버들도 스마트 쉼터를 소개하며 열광했다. "한국은 2085년을 살고 있다.", "작은 스타벅스가 버스 정류장에 생긴 것 같다."

이들의 반응은 놀라움과 부러움이 섞인 찬사였다. 그 후, 뉴욕시를 비롯해 칠레, 카자흐스탄, 일본, 페루 등 여러 나라의 지방정부 관계자들이 성동을 직접 방문했다. 도시의 변화를 직접 보고 배우기 위해서였다. 성과는 국내를 넘어 세계 무대에서 인정받았다.

대중교통 이용자 보호와 탄소 감축 성과를 높이 평가받아 성동형 스마트 쉼터는 영국 그린애플 어워즈 2024에서 은상, 그린월드 어워즈 2025에서 은상을 연이어 받았다. 또한 세계 최고 권위의 디자인상인 A 디자인 어워드 2025에서 공공 디자인 부문 플래티넘상을 받으며, 국내 지방자치단체로서는 최초의 영예를 안았다. 이 상은 전 세계 응모작 중 상위 1%에만 주어지는 최고 등급으로, 도시 공간의 안전과 미관, 기술을 통합적으로 평가한다.

성동형 스마트 쉼터는 이제 기술, 디자인, 환경, 행정이 만난 K-스마트 도시의 상징으로 자리 잡았다. 더 나은 도시를 향한 상상력이 현실이 됐을 때, 사람의 일상이 얼마나 아름답게 바뀔 수 있는지를 보여주는 증거가 됐다고 생각한다.

스마트 쉼터는 공공 공간의 혁신 모델로 평가받는다. 동시에 스마트 기술과 행정이 결합해서 지역 공동체 전체의 삶과 도시 경쟁력을 비약적으로 높일 수 있음을 증명했다. 앞으로도 성동형 스마트 쉼터는 더 똑똑하고 촘촘한 안전 도시, 그리고 모두가 안심하는 지속 가능 도시의 세계적 기준으로 널리 회자될 것이다.

교통사고를 줄이는
횡단보도를 만들다

성동형 스마트 횡단보도

사람이 먼저 걷는 도시에 기술을 더하다

초록불이 켜져도 고개를 숙인 채 스마트폰을 보는 사람들, 갑자기 도로로 뛰어드는 아이들, 그리고 느린 걸음으로 조심스레 길을 건너는 어르신들. 비장애인과는 다른 속도, 다른 방법, 다른 시선으로 다니는 장애인들. 도심의 횡단보도는 이렇게 서로 다른 보행자들이 함께 오가는 일상의 무대다. 그러나 운전자의 잠깐의 방심, 혹은 보행자의 한순간 실수는 언제든 큰 사고로 이어질 수 있다.

한국교통안전공단의 통계는 그 현실을 적나라하게 보여준다. 2017년부터 2019년까지 전체 보행 사망자의 절반이 넘는 56.8%, 즉 2,536명이 도로를 건너다 목숨을 잃었고, 그중 1,000명은 횡단보도에서 사망했다.

이제 도시는 더 이상 사고 뒤의 대책에 머물 수 없다. 변화하는 생활 습관과 교통 환경에 맞춰 사고를 예측하고, 미리 막는 도시로 나아가야 했다. 나는 그 전환의 출발점을 횡단보도에서 찾았다.

스마트폰을 손에 쥔 채 걷는 보행 습관, 아이들과 어르신이 함께 오가는 통학로, 사고 다발 구간들. 이 모든 곳에 인간의 부주의를 보완하기로 결심했다.

스마트 횡단보도를 도입하다

2019년 7월, 우리는 전국 최초로 성동형 스마트 횡단보도를 구축했다. 첫 설치지는 구청 앞과 무학여자고등학교 앞. 작은 시도였지만, 그 의미는 크고 분명했다. 성동형 스마트 횡단보도의 가장 큰 특징은 기술의 융합과 현장 맞춤형 설계다. 집중 조명, 차량 번호 자동 인식, 음성 안내 장치, 방범 CCTV, 보행량 측정, 로고 라이트(고보 조명), 보행자 유도등, 바닥형 신호등 등 여덟 가지 스마트 기술이 보행자의 시선과 움직임을 세밀하게 따라간다.

야간이나 비 오는 날에도 횡단보도를 환히 비추는 집중 조명, 바닥에 켜지는 신호등은 고개를 숙인 보행자에게까지 신호를 전달한다. 시각 장애인과 고령자를 위해 음성 안내가 신호 변화를 반복해 알려주며, 정지선을 넘은 차량은 자동으로 인식되어 전광판에 번호가 표시된다. 보행량을 측정하는 CCTV는 교통 패턴을 분석해 사고 위험 구간을 찾아낸다.

이 모든 시스템은 성동구청 통합 관제 센터에서 실시간으로 제어된

스마트 횡단보도 전경과 바닥 신호등

다. 현장의 모든 움직임이 하나의 화면 안에서 관리되고, 이상이 감지되면 즉시 정비팀이 움직인다. 기술이 행정의 속도를 앞질러, 사고 이전에 대응하는 시스템이 완성된 것이다.

그 효과는 명확했다. 설치 전 하루 5,810대였던 정지선 위반 차량이 설치 후 911대로 줄어, 84.3% 감소했다. 스마트 횡단보도 설치 지역의 전체 보행자 교통사고는 21.5% 감소, 중상자는 46.4% 감소, 경상자는 12.9% 감소했다. 특히 왕십리역 4번 출구와 한양시장 인근에서는 사고가 각각 60%, 71.4% 줄었고, 2019년 이후 이 구간에서는 보행자 사망 사고가 단 한 건도 발생하지 않았다.

정책에 대한 주민들의 반응 또한 뜨거웠다. 주민을 대상으로 한 만족도 조사에서 88.4%가 "만족한다"고 답했다.

행정안전부를 비롯한 50여 개 기관이 벤치마킹을 요청했다. 광주, 경기, 충남, 전북, 경남 등 전국으로 확산됐다. 2021년도 국토교통부 스마트 시티 솔루션 인증 사업에 스마트 쉼터와 함께 스마트 횡단보도가 추가됐다. 스마트 시티 시현을 위해서는 스마트 쉼터와 스마트 횡단보도가 필수적인 기본 조건이라는 뜻이다. 그리고 2024년 7월, OECD 공공 부문 혁신 사례로 선정되며 세계적으로도 인정받았다.

성동형 스마트 횡단보도는 기술이 안전을 지켜주는 거리가 어떤 형태인지를 보여주는 시작이 됐다. 사고가 난 뒤 '왜'를 묻지 않고, 사고를 미리 '어떻게' 대비할지 준비하는 행정. 그것이 내가 믿는 지방정부의 역할이다.

성동구는 앞으로도 통학로와 사고 다발 지역 등 보행량이 많은 구간을 꼼꼼히 분석해 스마트 횡단보도를 지속적으로 확충할 것이다.

우리가 쌓아온 데이터와 현장의 경험은 결국 하나의 목표로 향한다. 사람이 안전하게 걷는 도시, 모두가 신뢰할 수 있는 거리. 그 길 위에서 성동은 지금도, 조용히 신호를 바꾸고 있다.

걷는 사람을 위한
작은 배려로 지구를 살리다

> 겨울 온열 의자, 여름 그늘막

거창한 사업보다 더 중요한 것을 보다

도시는 거창한 사업보다 시민의 일상 가까이에서 시작되는 작은 배려로 먼저 달라진다고 믿는다. 버스를 기다리는 시간이 조금 덜 춥고, 횡단보도 앞에서 서 있는 시간이 조금 덜 뜨거워지면 시민의 하루가 달라지고, 그 하루가 모여 도시의 품격이 달라진다.

성동구는 폭염과 한파를 기후 문제가 아니라 생활 속 불편으로 바라보았다. 우리는 이 불편을 행정이 해결해야 한다고 생각해왔다. 그 마음에서 스마트 냉온열 의자, 무더위 그늘막 그리고 무더위 그늘막의 겨울 버전인 온기누리소, 온기누리소에서 더 발전된 스마트 쉼터가 만들어졌다.

스마트 냉온열 의자를 놓다

성동구는 올해 스마트 냉온열 의자 162개소를 운영한다. 이 의자는 여름에는 시원하고 겨울에는 따뜻한 버스 정류장용 의자이며, 2022년 1월 첫 설치(17개소) 이후 같은 해 12월 119개소로 확대됐다. 2023년에는 추가 3개소 설치 등을 거쳐 현재 162개소 체계로 운영되고 있다. 버스 도착 안내 전광판이 있는 곳처럼 전기 인입이 준비된 장소에 설치가 가능하다. 전기가 없는 버스 정류소에는 태양광 기반 모델을 활용했다.

전력 낭비에 대한 우려는 실제 운영 방식으로 충분히 해소된다. 이 의자는 설정된 시간대와 외기 온도 조건이 충족되어야만 본격적으로 작동하며, 그렇지 않을 때는 저전력 모드로 유지된다. 예컨대 냉난방 기능이 작동하지 않는 시기에는 의자당 월 1,000원 미만의 전기 요금이 발생했고, 정상 가동되는 시기에도 월 약 1만8,000원 수준이었다. 체감 효과에 비하면 매우 경제적인 비용이다.

또한 각 의자에는 인체 감지 센서가 있어 사람이 실제로 앉지 않으면 출력이 올라가지 않는다. "혼자 앉았을 때는 미지근했는데, 사람이 늘어나니 더 따뜻해졌다"는 시민 의견도 있었는데, 이는 센서가 이용자 수를 감지해 출력을 자동 조절한 결과다. 필요한 순간에만 에너지를 쓰는 똑똑한 구조다. 스마트 냉온열 의자의 목적은 시민이 대중교통을 더 편안

스마트 냉온열 의자

하게 이용하도록 돕는 것이다. 버스를 기다리는 시간이 편안해야 시민의 선택이 바뀌고, 그 선택이 모여 지속 가능한 도시로 이어진다고 믿는다.

사람들의 무더위를 생각하다

폭염은 하나의 재난이다. 도시는 햇볕 아래 서 있는 시간이 조금이라도 견딜 만해지도록 돕는 역할을 해야 한다고 생각한다. 그늘막 아래에서 땀을 닦으며 숨을 고르는 시민들, 아이 손을 잡고 잠시 쉬어가는 부모님, 신호를 기다리며 햇빛을 피하는 어르신을 볼 때마다 작은 그늘 하나의 가치가 얼마나 큰지 다시 느낀다.

성동구는 2017년부터 무더위 그늘막 167개소를 운영 중이다. 그늘막은 보행량이 많은 횡단보도, 어르신들의 동선, 통학로, 버스 정류소 등 시민이 여름에 가장 힘들어하는 지점을 직접 찾은 생활 안전시설이다.

그늘막은 필요할 때 자동으로 펼쳐지고 바람이 강하면 자동으로 접히는 안전장치를 갖추고 있다. 햇빛·바람 센서로 구조에 안정성을 확보했고, 설치 후 매일 순찰 관리도 하고 있다. 덕분에 계절 내내 함께하는 시설이 됐다.

여름이 이토록 덥다면 겨울은 더욱 춥다. 온기누리소는 버스를 기다리는 동안 잠시라도 칼바람을 피할 수 있는 공간이다. 어르신, 학생, 대중교통 이용자들에게 특히 큰 도움이 된다.

불편을 해결한 경험이 인정받게 되다

이러한 경험은 이후 스마트 쉼터로 발전했다. 냉난방, 공기질 관리, 폭염·한파 대응 기능을 갖춘 스마트 쉼터는 무더위 그늘막에서 시작된 생활밀착형 행정이 어떻게 진화했는지를 보여주는 상징적 사례다. 그늘막이 한 계절을 지켰다면, 스마트 쉼터는 사계절 내내 시민의 생활을 지키는 기반시설로 자리 잡았다. 무더위 그늘막, 온기누리소, 스마트 쉼터는 서로 다른 시설처럼 보이지만 결국 같은 마음에서 출발하였다. "어떤 계절에도 시민이 조금은 덜 힘들었으면 좋겠다." 이 마음이 행정의 방향이 되었고, 그 방향이 도시의 일상을 바꾸어왔다.

스마트 냉온열 의자, 무더위 그늘막, 온기누리소, 스마트 쉼터는 모두 생활 속 불편을 그냥 두지 않는 행정이라는 철학에서 비롯됐다. 이러한 정책들이 쌓이며 "내가 내는 세금이 아깝지 않다"는 주민들의 말이 나오기 시작했다.

지방정부가 주민의 하루를 직접 바꾸는 경험을 만들어낼 때만 얻을 수 있는 가장 값진 평가이다. 주민이 선택한 지방정부가 생활의 구체적 변화를 만들어낼 때, 주민은 '내 선택이 도시를 바꾼다'는 사실을 체감하게 된다. 이것이 지방자치의 본령이다.

성동구는 이러한 생활 밀착형 행정을 넘어 성동생명안전배움터 개소, 전국 최초 '안심이 앱' 시행 등 안전과 혁신을 결합한 정책을 꾸준히 이어왔다. 그 결과 2017 민원서비스 종합평가 대통령상, 2018 재난관리평가 대통령상, 2018 행정혁신평가 대통령상 등을 연달아 받았다. 안전과 혁신은 서로 반대되는 가치라는 인식이 많지만 성동구는 두 분야를 동시에 발전시킬 수 있음을 증명했다.

　도시는 결국 사람을 위한 공간이다. 잠시 서 있을 때 햇볕을 피할 그늘이 있고, 버스를 기다리는 시간이 춥지도 덥지도 않으며, 위급할 때 바로 도움을 받을 수 있는 도시가 좋은 도시이다. 성동구가 설치한 무더위 그늘막, 온기누리소, 스마트 냉온열의자, 스마트 쉼터는 시민을 세심하게 돌보고자 하는 마음의 표현이다. 생활이 바뀌면 도시가 바뀐다. 나는 시민의 하루를 더 편안하게 만드는 행정이 곧 좋은 행정이라 생각한다. 세금이 아깝지 않도록 쓰는 일, 시민이 직접 느끼는 안전, 일상을 나아지게 만드는 혁신은 서로 따로 있는 가치가 아니라 하나로 결합된 행정의 기본 원칙이라 믿는다.

한 뼘의 경사로로 모두를 환영하는 도시를 만들다

> 모두의 1층 조성 사업

작은 턱 하나가 거대한 벽을 만들 수 있음을 생각하다

나는 매일 동네를 걸으며 한 뼘을 자주 본다. 카페, 약국, 편의점의 출입구 앞에 놓인 턱. 대부분의 사람에게는 대수롭지 않은 높이지만, 누군가에게는 세상에서 가장 높은 장벽이 된다. 법은 말한다. "누구든 공공장소의 1층에 동등하게 들어갈 권리가 있다."

그러나 현실의 문턱은 차갑다. 그동안 장애인 편의 시설은 300㎡ 이상 대형 점포나 공공기관 중심으로 설치되어왔다. 정작 장애인, 노인, 임산부 등 이동 약자들이 자주 찾는 동네 카페, 병원, 시장 입구는 여전히 닫혀 있다. 유아차를 미는 부모, 목발을 짚은 노인까지 포함하면 우리나라 인구의 3명 중 1명은 이동 약자다. 이들에게 작은 턱 하나는 일상의 제약이자 사회적 단절의 상징이었다. 장애인 편의 시설은 특별한 배려가 아니라 모두의 일상을 가능하게 하는 기본권이어야 했다.

모두의 1층, 함께하는 경사로를 만들다

이 문제를 먼저 주목한 것은 공익법단체 두루였다. 이들은 편의 시설이 미비한 매장들을 상대로 차별 구제 소송을 제기해, 편의 시설 설치 의무를 법적으로 인정받았다.

이후 「장애인·노인·임산부 등의 편의 증진 보장에 관한 법률」 시행령이 개정되어 50㎡ 이상 점포로 의무 범위가 확대됐지만, 기존 건물은 여전히 사각지대에 남아 있었다. 법은 바뀌었지만, 사람의 일상은 그대로였다. 두루는 지하철 교통 약자 환승 지도 제작 등 이동권 개선 캠페인을 이어온 비영리 단체 무의와 손잡고 모두의 1층 프로젝트를 시작했다.

그 첫 번째 장소는 성수동이었다. 성수동 아뜰리에길의 매장 접근성을 조사한 결과, 휠체어로 접근 가능한 곳은 13%뿐이었다. 경사로 설치를 제안한 30곳 중 수락한 점포는 4곳에 불과했다. 팀은 점주들의 부담 요인을 조사하고 해결책을 찾기 위해 2023년 10월 토크 콘서트를 열었다. 그 자리는 비용의 문제가 아니라 인식의 문제라는 사실을 드러냈다.

나는 그들의 제안서를 받고 깊이 공감했다. 장애인의 접근성 보장은 법 이전에 사회적 양심의 문제였다. 그래서 성동구는 전국 최초로 '경사로 설치 지원 정책'을 추진하기로 결정했다. 지방정부가 소규모 민간 점포의 접근성을 직접 지원하는 전례 없는 시도였다.

작은 문턱을 없애는 일이 도시를 바꾸다

2024년 1월, 성동구는 전국 최초로「장애인 등을 위한 경사로 설치 지원 조례」를 제정했다. 이 사업은 경사로 설치 의무가 없는 동네 1층 점포(카페, 의원, 약국, 편의점, 서점, 제과점 등)를 대상으로 시설 주의 신청을 받아 현장 실사를 거쳐 맞춤형 경사로를 설치해주는 방식이다.

그해 7월, 행당동 음식점 앞에서 문턱 없는 가게 1호점 현판식이 열렸다. 그날의 한 뼘은, 도시의 평등을 향한 첫 걸음이었다. 이후 5개월간 성동구 내 51곳의 점포에 경사로가 설치됐다. 현장 환경에 맞게 설계된 성동형 경사로는 휠체어 이용자, 유아차 이용자, 노약자 모두가 같은 출입문을 통과할 수 있게 했다. 점포에는 홍보 자료와 종사자 인식 개선 교육도 함께 진행했다. 나는 이 정책이 단순한 시설 지원에 그치지 않도록 이해와 공감을 중심에 두었다.

2024년 4월에는 장애인의 달을 맞아 서울숲과 왕십리역 광장에서 장애인 복지 시설·단체들과 함께 캠페인을 열었다. 5월에는 성수종합사회복지관, 한양사이버대학교 중앙 동아리 한사인 학생들과 성수동 일대 점포를 돌며 편의 시설의 필요성을 알렸다. 한 학생은 이렇게 말했다. "평소 아무렇지 않게 드나들던 가게들이 이동약자의 시선에서는 가지 못할 곳이더라고요." 이 한마디가 이 정책의 이유를 다시 확인시켜주었다. 같은 해 6월에는 카카오 자회사형 장애인 표준 사업장 ㈜링키지랩 직원들과 함께 성수동 일대에서 캠페인을 이

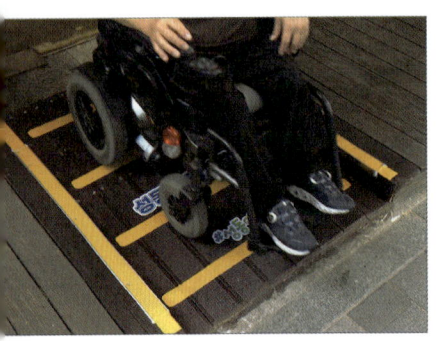

어갔다. 장애인 편의 시설이 장애인만을 위한 것이 아니라 모두의 편안한 일상을 위한 것임을 시민들에게 직접 알렸다. 이후 한양대, 신금호역 인근에서도 지역 단체들과 연계 캠페인을 지속했다.

모두의 1층 정책은 성동구를 넘어 서울시 전역으로 확대됐다. 제주도, 용산구, 화성시, 고성군 등 13개 지방자치단체가 벤치마킹에 나섰다. 그리고 2024년 12월, 의미 있는 대법원 판례가 마침내 세상의 빛을 보았다. 대법원은 처음으로 장애인의 접근권이 헌법이 보장하는 기본권임을 분명히 선언하면서 이 권리를 24년 동안 외면해온 국가에 배상 책임이 있다고 판결했다. 판결문에는 '모두의 1층'이라는 말도 짧게 등장했다.

1984년 9월 19일이었다. 지체장애인이었던 34세 김순석 씨는 "서울 거리의 턱을 없애달라"는 유서를 남기고 스스로 생을 마감했다. 장애인의 이동권 문제를 이 나라에서 처음으로 세상에 던진 절박한 목소리였다. 그로부터 정확히 40년 만에, 우리 사회는 이 문제를 헌법의 언어로 다시 받아들였다. 이번 판결은 단순히 한 시행령의 잘못을 바로잡는 결론이 아니다.

우리는 '턱 하나'가 누군가에게는 삶과 죽음을 가르는 경계가 될 수 있다는 사실을 다시 확인했다. 접근권은 특정 집단의 요구가 아니라 모두의 존엄과 안전에 관한 문제라는 점을 다시 깨닫게 하는 결정이다. 나는 믿는다. 도시의 품격은 가장 작은 곳에서 증명된다고. 모두의 1층은 장애인 접근성의 문제를 넘어, '모두의 권리'가 현실이 되는 공간을 만들어가고 있다. 그 시작은 한 뼘에 변화를 주는 일이었지만, 그 한 뼘이 우리 사회의 평등을 조금 더 가까이 끌어왔다.

다양한 시민이 즐기는 도서관을 만들다

모두의 도서관 조성 사업

도서관의 규칙을 새롭게 바라보다

도서관은 누구나 드나드는 공간이라고 말하지만, 실제로는 많은 시민에게 문턱이 있다. 조용해야 하고, 정해진 자세를 유지해야 하고, 안내와 프로그램이 음성 중심으로 이루어진 구조는 일부에게는 자연스럽지만, 다른 누군가에게는 처음부터 사용할 수 없는 조건이 된다. 나는 이 익숙함을 낯설게 보기로 했다. 이 규칙들이 누군가를 도서관 바깥으로 밀어내고 있다면, 그중 대표적인 시민은 장애인일 것이라는 생각에서 출발했다. 그렇게 도서관의 기준을 다시 세운 공간이 와글와글도서관과 공공수어도서관이다.

와글와글도서관의 문을 열다

와글와글도서관은 2023년 문을 연 발달 장애인과 느린 학습자를 위한 도서관이다. 이들이 도서관에 적응하는 것이 아니라, 도서관이 이들의 표현 방식을 받아들여야 한다는 판단에서 시작했다. 그래서 이곳에는 '조용히'라는 규칙이 없다. 책을 큰 소리로 읽어도 되고, 바닥에 누워도 되고, 잠시 움직이거나 몸을 흔들어도 된다. 이런 행동을 통제해야 할 문제가 아니라, 그대로 존중해야 할 표현이라는 점이 더 중요했다.

1,500권의 장서 구성도 발달 특성에 맞춰 새로 짰다. 촉감 도서, 소리

도서, 짧고 단순한 구조의 책들, 보호자를 위한 상담, 심리 관련 서적까지 함께 비치했다. 도서관에 들어서면 76인치 대형 스마트 칠판이 가장 먼저 보인다. 손으로 직접 그림을 그리며 감각을 조절할 수 있도록 한 장치다. 한쪽 벽면에는 여섯 개의 촉각 판을 설치해 톱니바퀴를 돌리거나 표면을 만지며 집중력을 스스로 조절할 수 있게 했다. 이 공간은 책을 읽는 장소이면서 동시에 안정과 주의를 찾는 장소다.

바닥은 온돌로 만들고, 동선은 넓게 두었다. 편안하게 드나들고 머무는 경험이 곧 도서관 문화를 배우는 과정이 되기 때문이다. 와글와글도서관은 발달장애인이 처음으로 "도서관이 편한 공간일 수 있다"는 감각을 얻는 장소가 되었다. 그리고 보호자에게는 함께 쉬어 가는 작은 사랑방이 되었다.

그러자 도서관을 자주 찾는 이용자들끼리 새로운 관계가 형성되기 시작했다. 또래를 만나고 일상을 나누며, 고등학교 졸업 후 줄어들었던 네트워크를 다시 만들어가는 모습이 자연스럽게 나타났다. 이 변화는 도서관이 단순한 시설을 넘어서 사회적 관계망을 회복하는 장이 될 수 있음을 보여준다.

공공수어도서관을 만들다

공공수어도서관 역시 같은 철학에서 출발했다. 청각·언어장애인은 도서관 안내와 프로그램이 음성 중심으로 이루어져 있을 때 정보 접근에 어려움을 겪는다. 성동구는 기존 자료에 수어 서비스를 추가하는 방식이

아니라, 언어의 기준을 수어 중심으로 재설계하는 방식을 선택했다. 농인이 요청한 희망 도서와 수어 영상 도서를 비치하고, 음성을 자막으로 변환하는 안경과 시각·텍스트 기반의 스마트북을 도입했다.

이곳에서는 수어로 책을 읽어주는 낭독 프로그램과 비농인을 위한 수어 교육 프로그램도 함께 운영한다. 서로 다른 언어를 사용하는 시민들이 한 공간에서 자연스럽게 교류할 수 있도록 하기 위해서다.

특히 수어 교실의 참여도가 매우 높다. 2024년 한 해 동안 1,720명이 수어 교실에 참여했고, 수어 동아리는 두 차례 공연을 열었다. 비단 수어만 제공하는 것도 아니다. 국어와 일본어 문해 교육 프로그램도 운영하며, 매년 약 400명의 시민이 이 과정을 거쳐 갔다. 다양한 언어를 감각하고 이해하는 공간으로 확장되고 있다.

도서관을 통해 포용 도시의 모습을 보여주다

두 도서관처럼 공공 기관이 장애인을 보호의 대상이 아니라 '정상적 이용자'로 전제하는 순간, 도시는 다르게 작동한다. 규칙이 바뀌고, 이용 권리가 넓어지고, 시민 간의 접촉 기회가 자연스럽게 늘어난다. 모두의 도서관은 이런 변화를 일상에서 실험하는 장소다.

포용 도시는 선언으로 완성되지 않는다. 익숙한 규칙을 다시 바라보고, 공공의 기준을 다시 설계하는 과정에서 만들어진다. 도시는 더 많은 시민의 삶을 담아낼 수 있어야 한다. 도서관에서 시작된 이 작은 변화가 성동구의 다른 공간으로, 더 나아가 다른 지역의 도서관으로 이어지기를 바란다.

최저 주거 기준의 한계를 보완하다

성동형 위험 거처 개선 사업

이상 기후가 일상화된 시대를 고민하다

반지하는 본래 집이 아니다. 방공호였다. 전쟁과 냉전의 시대는 점차 흐릿해져갔지만 방공호는 완벽하게 누군가의 일상을 보듬는 하나의 집이자 삶의 무게를 버티는 마지막 선택지가 되곤 했다. 물이 가장 빨리 스며들지만 가장 늦게 구조가 되는 장소, 반지하. 우리는 2022년 8월 그것을 또 한 번 다시 보았다.

정말 세차게, 대차게 내렸다. 시간당 140mm를 넘는 비였다. 서울에 80년 만에 기록적인 폭우가 내린 것이다. 그 비로 반지하에 살던 한 가족 세 명과 또 다른 한 명이 생명을 잃었다. 이듬해 기상청은 이날의 폭우에 '극한 호우'라는 이름을 붙였다. 기후위기가 숫자로 체감되는 시대가 됐다. 도시는 이제 전혀 다른 준비를 해야 한다는 사실을 그날 나는 뼈아프게 확인했다.

도시는 이미 여러 번 비가 지나간 자리의 상처를 겪어왔다. 2010년 태풍 곤파스는 서울 전역에 1만2,518동의 침수 피해를 남겼다. 그 대부분은 반지하에서 생겼다. 이후 서울은 신축 반지하를 막는 정책을 추진했지만, 문제의 핵심은 이미 존재하는 기축 반지하였다. 재개발 없이는 사라지지 않는 구조, 시간이 지날수록 더 노후해지는 공간, 그 틈 사이로 물은 삶을 파고들었다. 그리고 2022년, 우리는 또다시 같은 비극을 마주했다. 이제는 정말 끊어내야 한다고 결심했다.

이상 기후가 일상화된 시대에 과거 방식으로는 부족하다고 판단했다. 성동구는 2022년 9월, 6,321호의 반지하를 전수조사했다. 건축사들이 침수 가능성과 공기질 등 위험 항목을 우선 점검하며 종합 평가를 진행했다. 그 결과 주거용 반지하는 4,777호였고, 이 중 위험도가 높은 C등급 이하 10호를 선정해 집수리를 시행했다. 즉시 이주가 필요했던 두 가구에는 지상 보금자리로 옮길 수 있도록 전 과정을 지원했고, 비게 된 반지하는 자활 프로그램 공간으로 재활용했다.

침수 방지 시설도 2,164가구에 설치했다. 차수판, 침수 경보기, 방범창, 스마트 환풍기 등 7종이었다. 여기까지 1년 4개월이 걸렸다. 여름에 시작한 일이 겨울이 되어 마무리됐다.

위험 거처라는 새로운 기준을 만들다

|||||||||||

하지만 일회성 조치만으로는 이 구조적 문제를 해결할 수 없다고 판단했다. 반지하라는 형태가 그대로 남아 있는 한 누군가는 또 그곳에서 살아야 하고, 위험은 반복된다. 그래서 나는 공간 자체의 질을 바꾸는 방향으로 접근해야 한다고 보았다. 이미 지어진 반지하는 면적을 넓히거나 구조를 올릴 수 없다. 그렇다면 지금의 상태에서 더 악화되지 않도록 위험 요소를 제거하고, 위험을 멈춰 세우는 방식이 현실적이라고 판단했다.

2023년 12월, 성동구는 「위험 거처 개선 및 지원에 관한 조례」를 제정했다. 이어 2024년에 위험 거처 기준을 만들었다. 5개 분야, 30개 항목으로 구성된 기준은 침수, 온열, 습도, 화재, 낙상 등 다양한 위험 요소를 수치로 평가할 수 있게 했다. 전문가의 정성 평가까지 더해 종합 등급을 판정하도록 했다. 새로운 기준이 필요한 이유는 기존 최저 주거 기준이 지나치게 추상적이기 때문이다. "쾌적한 환경을 유지해야 한다"는 선언만으로는 실제 개선을 이끌 수 없다. 현장에서 실현 가능한 최소 기준을 새로 정의해야 한다고 보았고, 그 과정에서 위험 거처라는 개념이 태어나게 됐다.

2024년에는 연탄 난방 가구를 대상으로 가스관 삽입까지 지원하며 보일러 교체를 도왔다. "새벽에 연탄 갈러 깨지 않고 푹 잔 게 몇십 년만인지 모르겠다"는 주민의 말은 숫자보다 더 깊이 마음을 울리는 증언이었다. 옥탑방에는 냉난방 꾸러미를 지원했고, 2025년부터는 30년 이상 된 노후 주택까지 실태 조사를 확대했다. 냉난방 꾸러미를 지원받으신 어르신 한 분은 자신의 일기장을 보여주셨다. 그 일기장에는 텅 비어 있는 날들이 있었다. 더위 탓에 잠을 이루지 못해 아무것도 기록할 수 없었다는 것이다. 그런 일상의 틈에서, 작은 에어컨 하나가 삶을 잇게 해주는 버팀목이 된다는 사실을 확인했다. 지금까지 2,476가구에 맞춤형 지원을 이어왔다. 물막이판 설치부터 낙상 방지 집수리까지, 크고 작은 변화가 쌓여 한 사람의 삶을 조금씩 안전한 방향으로 옮겨놓았다.

끝까지 가보겠다는 마음으로 일하다

6,000세대 넘는 반지하를 조사하고, 침수 방지 시설을 설치하고, 이사를 설득하고, 지상에 있는 주택으로 이사하실 수 있도록 돕는 일은 결코 간단하지 않았다. 이사를 두려워하는 어르신, 편견에 가로막혀 거절당하는 임차인, 어긋나는 계약 조건 같은 변수들이 매 순간 있었다. 그럼에도 끝까지 가보는 것이 중요하다고 생각했다. 실패하더라도 어디서 다시 시작해야 하는지 알 수 있고, 누군가 그다음을 이어갈 수 있는 토대를 남길 수 있기 때문이다.

그 과정에서 많은 이들의 헌신을 보았다. 공무원들은 동네 구석구석을 누비며 한 가구 한 가구를 설득했고, 건축사회는 자기 집을 고치듯 꼼꼼하게 조사했다. 전문가들은 방향성을 잡아주었다. 그 모든 노력이 모여 정책은 현실이 됐다.

성과도 있었다. 성동구의 반지하 전수조사는 다음 해 서울 전역으로 확산됐다. 「위험 거처 개선 및 지원에 관한 조례」는 법제처 우수 조례로 선정됐고, 국토교통부 주거 복지 대상도 받았다. 무엇보다 2024년부터 국가의 인구 주택 총조사에 반지하와 옥탑방이 공식 항목으로 포함됐다. 이제는 국가가 이 문제를 부정할 수 없게 됐다.

아직 끝이 아니다. 여전히 한계는 있다. 위험한 거처를 지방정부가 직접 조사하고 판정하고 조치할 수 있는 명확한 권한이 필요하다. 성동구가 만든 기준이 국가 기준으로 확장되어야 한다고 믿는다. 일정 기준에 미달하는 집을 영국의 HHSRS나 미국의 하우징 코드Housing Code처럼 정부가 직접 조사하고 규제하고 지원할 수 있는 체계가 한국에도 필요하다. 지방자치 30년, 우리는 제도적 책임을 감당할 만큼의 역량을 이미 쌓아왔다고 나는 생각한다.

정책을 추진하며 배운 점은 분명하다. 완벽한 정책은 없다. 현장에서 배우며, 배운 만큼 수정하고, 수정한 만큼 진화하는 것이 정책의 길이다. 그래서 나는 다짐한다. 모르는 것을 두려워하지 않고, 몰랐던 것을 숨기지 않고, 이제야 알게 된 것을 부끄러워하지 않겠다고. 그런 겸허함으로 앞으로도 정책을 대하고, 사람을 대하고, 삶을 대하겠다.

반지하 문제는 결코 그 공간을 없애는 일로 해결되지 않는다. 나는 해법이 위험한 거처를 지우는 것이 아니라, 위험을 체계적으로 관리하고 안전한 주거로 바꾸는 구조를 만드는 데 있다고 본다. 이제 도시는 새 집을 짓는 속도만큼, 이미 존재하는 집을 잃지 않도록 관리하는 속도가 중요하다. 주택 관리는 더 이상 복지 차원의 보조 사업이 아니다. 도시 전체의 주택 공급을 지키는 핵심 정책이다.

우리는 흔히 공급을 새 아파트 건설로만 생각하지만, 실제 공급은 두 축으로 이루어진다. 하나는 새 집을 짓는 일, 다른 하나는 지금 있는 집을 시장에서 사라지지 않도록 지키는 일이다. 관리되지 않은 집은 더 빨리 낡고 결국 멸실된다. 문제는 이렇게 사라지는 집들이 대부분 서민이 살던 저렴한 주택이라는 사실이다. 한 채가 없어질 때마다 서민의 삶이 흔들리고, 도시 전체의 주택 재고가 줄며 전반적 주거비마저 밀어 올리는 연쇄적 부담이 발생한다.

내가 반지하나 위험 거처를 중요하게 보는 이유도 여기에 있다. 이를 단순히 저소득층 지원으로만 이해하면 문제의 절반만 보는 것이다. 최소한의 기준을 유지하는 일은 곧 도시 전체의 주택 품질과 공급량을 지키는 일이다. 저렴한 집이 시장에 남아 있어야 주거 시장의 균형이 유지되고, 그 균형이 쌓여 도시의 최저 주거 기준 전체가 한 단계 높아진다. 이것이 결국 서울의 주거 품질을 전반적으로 끌어올리는 힘이 된다.

도시가 지속 가능하려면, 집을 짓는 속도만큼이나 집을 잃지 않는 속도가 중요하다. 그래서 나는 이 문제를 도시 정책의 최전선에서 다뤄야 한다고 믿는다. 위험한 거처를 안전한 집으로 바꾸는 일, 그 과정이야말로 우리가 어떤 사회로 나아갈지를 가장 명확하게 보여주는 일이라 생각한다. 그래서 나는 끝까지 해볼 생각이다.

이동이 편리하면
도시가 커진다

성공버스

성공버스로 15분 생활권을 완성하다

도시는 건물과 도로로만 완성되지 않는다. 그 안을 살아가는 사람들의 이동이 있어야 비로소 도시의 맥박이 뛴다. 나는 늘 이렇게 생각해왔다. 누구든 자신이 사는 곳에서 자유롭게 오갈 수 있어야 한다고. 이동권은 곧 기본권이다. 이 권리를 보장할 수 있는 도시야말로 진정으로 포용력 있는 사회라고 믿는다.

하지만 현실은 그 이상과 거리가 있다. 마을버스가 닿지 않는 주택가, 지하철이나 버스 정류장에서 멀리 떨어진 고지대, 그리고 좁은 골목길은 누군가에게 일상의 장벽이 된다. 거동이 불편한 어르신, 유모차를 끄는 부모, 장애인, 혹은 단지 다리가 불편한 어느 날의 우리 모두에게 말이다. 누구든 한순간 그 불편함의 주체가 될 수 있다. 나는 그 벽을 허물고 싶었다. 그렇게 성공버스가 시작됐다.

성동구의 교통 정책은 탁상 위에서 출발하지 않았다. 오랜 시간 대중교통의 그늘 속에 있었던 주민들의 목소리에서 시작됐다. 골목길과 고지대가 많은 지형, 기사 부족으로 인한 마을버스의 긴 배차 간격, 그리고 늘 지연되는 시내버스. 이 모든 현실적 어려움이 주민의 불편으로 이어지고 있었다. 마을버스 적자 지원, 노선 확대 등 여러 시도가 있었지만, 민영제라는 마을버스의 운영 구조 한계 탓에 새로운 노선을 신설하기란 쉽지 않았다. 게다가 서울시의 행정 체계가 시와 자치구로 나뉘어 있어 조정 절차가 복잡했고, 정류장이 네 곳 이상 중복되면 안 된다는 조례 규정은 또 하나의 벽이었다.

그때 나는 깨달았다. 민영 체계로는 해결되지 않는 사각지대를 공공이 직접 채워야 한다. 그래서 우리는 성동구의 공공시설을 다니는 무료 셔틀버스를 직접 운영하기로 했다. 그 이름이 성공버스였다. 이 새로운 대안을 현실로 만들기 위해서는 마을버스 업계와의 협력, 기사 처우 개선, 적자 구조 완화 같은 공존의 전략이 필요했다. 나는 행정의 속도를 늦추더라도 사람의 설득과 대화를 택했다.

성공버스의 노선은 빅데이터에서 출발했다. 2023년 9월부터 12월까지 교통과 인구 데이터를 분석해 마을버스와 지하철이 닿지 않는 지역, 즉 대중교통의 사각지대를 구체적으로 드러냈다. 성동구 공공시설 무료 순환 셔틀버스, 줄여서 성공버스는 이렇게 탄생했다. 주민들이 구청, 체육 시설, 도서관, 보건소, 공원 등 주요 공공시설을 쉽게 오갈 수 있도록 한 것이다. 자동차 의존도를 낮추어 교통 혼잡을 줄이고, 환경에도 긍정적인 변화를 가져왔다. 공공이 직접 운영하기에 지역의 수요와 특성에 꼭 맞춘 맞춤형 서비스가 가능했다.

함께 만든 교통, 함께 가는 도시를 만들다

2024년 7월, 우리는 전국 최초로 「성동구 공공시설 셔틀버스 운영 조례」를 제정했다. 같은 달 진행된 주민 설문에서 체육 시설, 구청, 서울숲, 도서관, 보건소 순으로 정차를 희망했다. 주민들은 환영했지만, 마을버스 업계는 적자 심화를 우려하며 반발했다. 나는 그들의 걱정을 충분히 이해하고 있었다. 그래서 직접 마을버스 업체와 수차례 간담회를 진행했다. 낯선 것이라 두려울 뿐, 나는 분명 확신이 있었다. 우리는 대중교통의 새로운 한 획을 그을 것이고 성공버스는 궁극적으로 마을버스에도 도움이 될 것이라고 말이다. "이 버스는 경쟁이 아니라 보완입니다. 기존 노선을 침범하지 않습니다. 교통의 빈틈을 메우는 것이 목적입니다." 그렇게 여러 차례의 면담과 협의를 거쳐 주민-마을버스-성동구 모두가 상생하는 모델로 방향을 잡았다.

그 결과 1노선(신금호-응봉-왕십리-성수)이 확정됐다. 주민 대표, 마을버스 조합, 유관 기관이 모두 참여해 결정한 결과였다. 나는 행정이 주도하는 일방적 정책이 아니라, 이용자의 목소리에서 출발하는 교통 정책을 원했다. 성공버스는 그렇게 함께 만든 교통이었다.

2024년 10월 첫 운행을 시작한 성공버스는 하루 평균 838명이 이용하며 큰 호응을 얻었다. 2025년 5월에는 2노선(용답-마장-사근-왕십리-

상왕십리-보건소)과 3노선(송정-왕십리)이 추가되어 총 3개 노선, 16대의 셔틀버스가 성동구 59개 주요 공공시설을 잇게 됐다. 금호, 응봉, 행당동 같은 주거 지역과 성수동의 상업 지역이 처음으로 직접 연결되면서 주민들은 15분 생활권을 체감할 수 있게 됐다.

2025년 11월부터는 옥수동과 왕십리를 잇는 4노선이 신설되어 성공버스 이용 편의를 더 많은 주민들이 누리게 됐다. 이제 성동구 17개 전동에 성공버스가 다닌다. 왕십리역은 성공버스의 대표 환승 센터 역할을 한다. 이제 성공버스와 마을버스를 통해 성동구에서 단절 없는 이동이 가능해진 것이다. 더 많은 주민이 성공버스를 통해 도시를 오가게 될 것이다. 나는 믿는다. 길을 여는 일은 단지 이동의 문제가 아니라, 일상을 잇는 일이다. 그 길 위에서 사람들은 다시 만난다. 그리고 도시의 진짜 품격은 그 만남 속에서 완성된다.

누구나 편리하게 무료로 이용할 수 있다는 점도 성공버스의 공공성을 높이고 있다. 애플리케이션에서 QR 코드 탑승권을 받아 승차 시 단말기에 접촉하면 된다. 디지털 기기 취약 계층인 65세 이상은 신분증 제시만으로, 13세 이하 어린이는 별도 인증 없이 자유롭게 이용이 가능하다.

성공버스는 이러한 세심한 설계를 토대로 성동구 곳곳의 대중교통 사각지대를 채우고 있다. 특히 기존의 대중교통 체계에서는 불가능했던 관내 주요 지역 간 환승 없는 연결을 실현해 주민 이동권을 보장하게 됐다.

성공버스의 장점은 주민들의 큰 호응을 얻어 2025년 5월 현재 일평균 1,195명의 승객이 버스를 이용하고 있다. 또한 실제 이용객들을 대상으로 한 만족도 조사(2025년 1월) 결과 87%가 만족, 94%가 재이용 의향을 보였다. 2024년에는 주민들이 직접 뽑은 성동구 10대 뉴스 1위로 선정

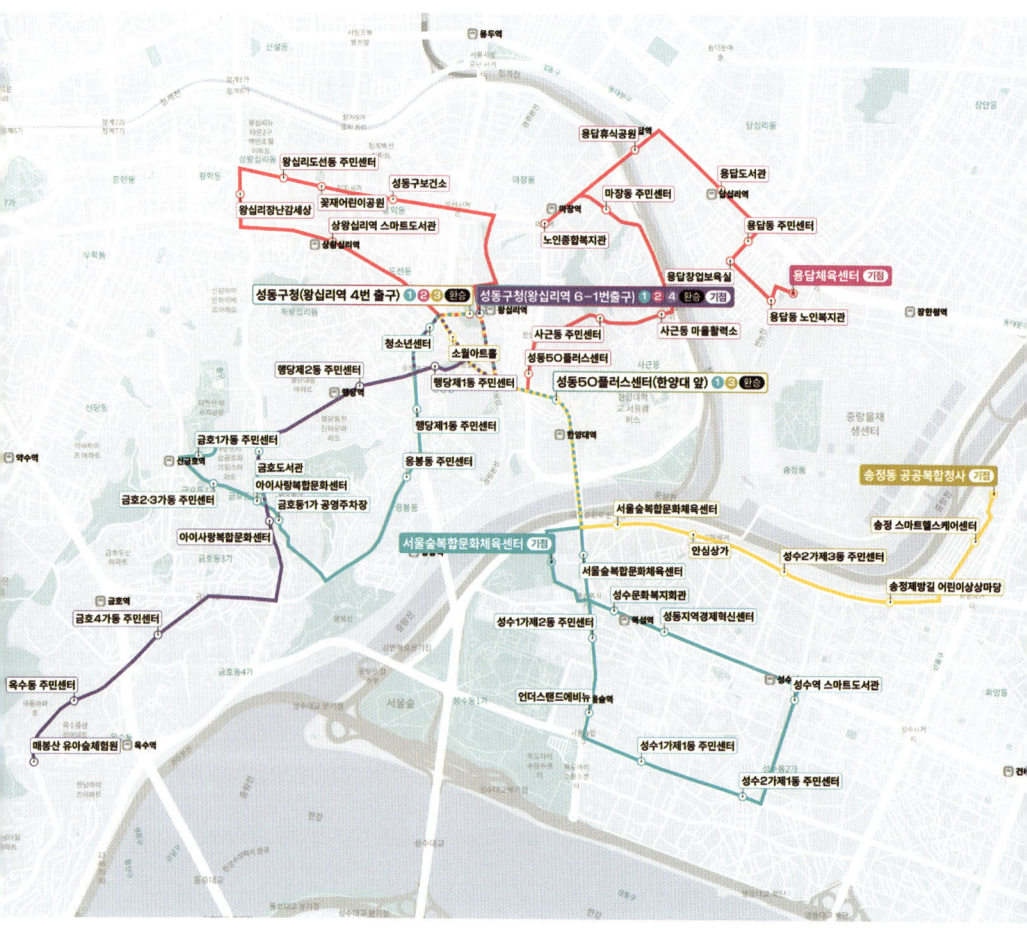

| 성공버스 운행 노선 |

운행노선	경로	운행거리	운행시간	배차간격
1노선	신금호-응봉-왕십리-성수	12.6km	07:30 ~ 19:38	17분
2노선	용답-마장-사근-왕십리-상왕십리-보건소	13.2km	07:20 ~ 19:20	20분
3노선	송정-왕십리	8.2km	08:00 ~ 19:25	50분
4노선	왕십리-옥수	8.9km	08:00 ~ 19:45	60분

되며 지역에 가장 큰 변화를 가져온 정책이라는 평가를 받았다.

"공공 버스 덕분에 기존 마을버스 기사도 줄지 않아 처우가 나빠지지 않았다", "민간과 공공이 상생한 결과다"라는 현장의 평가도 이어졌다. 정책의 여러 영향을 고려하여 노선 중복을 최소화로 설계하고, 매달 마을버스 기사 수당으로 30만 원을 지원하며 채용률을 약 20% 증가시키면서 운수 회사와의 상생 약속도 성실히 이행하려고 노력했기에 가능한 성과였다.

2024년 환경부가 발표한 감축 사업별 단위 적용 가이드라인을 참고해보면, 연간 셔틀버스 1대당 온실가스 감축량은 0.31톤이다. 성공버스 도입을 통한 연간 온실가스 감축량은 다음과 같다. 1노선 감축량은 이산화탄소 0.31톤×5대×7개월(7/12)로 계산할 수 있다. 이때 이산화탄소 감축량은 0.9042톤이다. 같은 계산에서 개월 수를 1개월로 지정한 2, 3노선의 감축량은 총 0.1291톤이 된다.

그리하여 성공버스가 바꾼 변화는 편의성에만 있지 않다. 자가용 이용률 감소로 인해 단거리 차량 이동이 줄어 도심 혼잡 또한 완화됐다. 나아가 성공버스 운행에 따른 연간 온실가스 감축량은 1대당 1.033톤에 이르러 탄소 저감을 통한 친환경 도시를 실현하는 데에도 기여하고 있다. 대중교통 접근성 개선, 교통량 분산, 친환경 저탄소 인프라 구축 등은 성동구가 지향해온 지속 가능한 스마트 탄소 중립 도시 실현과도 맞닿아 있다.

또한 성공버스가 마을버스 생태계를 해치지 않고 대중교통의 활용도를 높이는 결과를 가져왔다는 사실도 확인할 수 있었다. 성공버스 도입 이후의 마을버스 이용률 통계를 조사한 결과, 성공버스 도입 전 같은 달

대비 7.18%가 오히려 증가한 것으로 나타났다(2024년 10월~ 2025년 6월 전년 동월 대비 마을버스 탑승 인원. 서울시 평균을 기준으로 2.36% 증가).

궁극적으로 성공버스는 전 세계적으로 새로운 도시의 표준 모델로 자리 잡고 있는 15분 도시 실현에도 기여하고 있다. 프랑스 소르본대학교의 석학 카를로스 모레노 교수가 제안한 15분 도시는 주거, 업무, 교육, 문화, 돌봄 등 도시의 모든 핵심 기반 시설에 도보로 15분 이내에 접근할 수 있도록 한다. 주민들의 삶의 질을 높이고 지역 경제 활성화, 탄소 저감, 범죄 예방, 평생 학습, 사회적 연대 강화를 도모하는 도시 모델이다. 성공버스는 한국의 특성에 맞는 15분 도시를 구현한다. 생활 필수 인프라를 직접 연결하고 도시 기능의 효율적 순환을 촉진하고, 지속 가능한 지역 사회의 미래상에 한 걸음 더 다가가게 하기 때문에 그 의미가 깊다.

성공버스는 이제 대중교통 사각지대를 허무는 공공 교통의 혁신으로, 주민 요구와 지역 현실을 충실하게 담아낸 교통 복지 정책의 모범 사례로 자리매김하고 있다. 성동구의 사례는 서울 중구, 노원구, 금천구, 관악구, 경기도 등으로 확산되고 있다. 더 많은 지역에 이동의 평등과 15분 도시 실현을 이뤄줄 동력이 되고 있어 이 모든 과정을 함께한 분들께 감사하다.

추천사: 정원오를 직접 경험한 시민들의 후기

성동구청장님 하면 늘 솔선수범하시고 말보다 행동으로 보여주시는 모습이 가장 먼저 떠오릅니다. 성동구의 다양한 정책들이 시민들의 목소리를 세심하게 경청하고 적극적으로 반영해온 노력의 결실이라 생각합니다. 그런 정성과 실천이 모여 우리의 일상속에서 "살기 편하다"는 행복을 느끼게 했습니다. 생활 가까이에서 체감할 수 있는 여러 분야의 정책들 덕분에 성동구는 진정으로 살고 싶은 도시로 자리 잡았고 성동구에서 나고 자라, 그리고 지금까지 살고 있다는 자체가 행운으로 느껴집니다. 매우만족 정원오입니다. _3194님

살면서 구청장에 관심 가져 본 게 처음이었어요. 대통령, 시장은 몰라도 내가 사는 동네 구청장 이름을 외우고 산 적이 없었거든요. 그것도 긍정적인 이유로. 처음 정원오 구청장님을 인식한 건 스마트형 버스 쉼터였어요. 어느 날 퇴근 길 뚝섬역에 신기한 캡슐 같은 정류장이 있는 걸 봤고, 저건 뭐야? 하고 들어가봤더니 코로나 시기라 얼굴 인식으로 문이 열리고 공기 청정까지 되고 있더라고요. 다음 날 회사 가서 소문을 냈고, 그 뒤로 복잡한 왕십리역 오거리의 횡단보도가 바뀌는 걸 하나하나 목격했죠. 그리고 성동구 일 진짜 잘한다고 생각하기 시작했어요. 행정에 크게 관심이 없었는데, 그냥 매일 지나는 길을 지났을 뿐인데 몸으로 와닿게 되니까 구청이 하는 일에도 점점 관심이 생기고 여러가지 건의도 해게 되고 선순환이 일어나더라고요. 구청 블로그도 구독하고 어떤 행사가 생겼구나 알게되고. 정원오 구청장님 아니었으면 저는 아직도 성동구가 어떻게 돌아가는지 모르는 채로 살았겠죠. 좋은 행정가가 구민의 관심을 끌어 더 좋은 행정을 불러오는 선순환의 예를 만들어주셨던 것 같아요. 구청장님의 성동구민이라 행복했습니다! _2316님

사방팔방 어디든 가기 쉬운 편리한 서울 교통의 허브. 점차 발전해나가는 성동구가 기대됩니다. _0920님

성동구는 정원오가 있기 전과 후로 나뉜다!!! 정원오 매직!! _8565님

"성동에 살아요"가 자랑이 되는 순간! 사람들한테 성동구에 산다고 하면 "다들 거기 구청장이 일 엄청 잘한다며? 우리 구에도 오면 좋겠다"고 말합니다. 성동구 거주민으로서 너무 자랑스러워요. 날마다, 해마다 좋아지는 성동! 늘 감사하고 행복합니다. _9334님

성동구 성수동에 위치한 신용카드 사회공헌재단 후원으로 운영되는 신용상담센터 재직자입니다. 정원오 구청장님은 청년들이 필요로 하는 여러가지를 신경 써주시는 세심한 구청장이세요. 늘 응원하는 마음입니다. _9321님

내가 여러 구에 살면서 구청장의 이름을 알고 있던 적이 있던가! 정원오 구청장이 유일한 것 같다. 구청장이 무슨 일을 하고 구를 위해 얼마나 중요한 존재인지 알게 해준 정원오구청장님! 정말 매우 만족! _9818님

"내 옆에 있는 구청장님." 늘 가까운 곳에서 주민의 목소리에 귀 기울이고, 성동구의 크고 작은 필요를 살피며 즉시 움직여주시는 믿음직한 구청장님이십니다. 구청장님께서 가시는 길을 앞으로도 진심으로 응원하고, 함께 걸어가고 싶습니다. _1593님

성동구의 변화에 중심에 서서, 성동구민으로서 성동을 사랑하고, 3선의 민선 구청장으로서 붉은 벽돌·소셜벤처·젠트리피케이션 방지 등의 굵직한 성과로 성동구의 변화의 상징이 된 정원오 구청장의 이 책을 적극 추천합니다. 방송을 통해 행정의 달인으로, 이재명 대통령과 비견되는 행정으로 혁신을 이룬 성동구 구청장의 인기는 접하고 있지만, 이 책을 통해 현재는 물론 미래에 국가 발전을 위해 기대되는 행정을 배울 수 있지 않을까 하는 기대를 충족하리라 생각됩니다. 제4차 산업혁명시대, AI가 일상과 업무를 바꾸고 국가의 시스템도 변화를 가져오는 이 때에 행정을 통해 성동구를 바꾸어내고 있는 구청장님의 저서를 통해 우리 함께 누리면 좋겠습니다. _3927님

구청장님이 계신 12년동안 성동구에 살며 저는 스마트 쉼터·스마트 횡단보도와 같은 스마트 정책과 성수동 프로젝트를 보며, 성동구의 성장을 몸소 체험할 수 있었습니다. 이제는 서울의 여느 자치구와는 달리 더욱 살기 좋고 또한 살고 싶은 그런 자치구가 되었습니다. 정원오 성동구청장님 저의 유년시절의 고향인 성동구를 발전시키고 가꾸어주셔서 감사합니다! _4469님

언제 어디서나 열정가득한 구청장님과 함께 살고 생활해서 행복합니다. 앞으로도 영원히 함께하고 싶은 욕심입니다. ^^ _3702님

'저 양반이랑 일하는 공무원들, 고달프겠네!' 성동구의 한 빌라에 살고 있는 주민입니다. 지난 겨울 밤, 집 앞 언덕길에 살얼음이 얼어 귀갓길에 미끄러질 뻔했는데요. 이른 새벽에 다시 나와보니 그새 제설이 되어 있더라고요. 우리 동네, 제설에 되게 신경 쓰는구나 싶어서 놀랐고 기분 좋았습니다. 무엇보다 남들 다 자는 새벽에 나와 일하신 분들에 대한 감사함이 컸어요. 동네를 지나다 이거 좀 불편한데? 하면 귀신같이 시정되어 있습니다. 늘 붐비던 성수역 앞이 쾌적해졌고, 뙤약볕을 쬐며 기다렸던 버스도 이젠 스마트 쉼터에서 쾌적하게 기다릴 수 있고요. 이 모든 건 성동구의 살림을 꾸려가는 선장과 선원들 덕분이겠지요. 선장의 지시가 너무 많아 선원들이 피곤하겠지만, 덕분에 배를 타는 승객들은 편하게, 좋은 곳을 향해 갑니다. 늘 고맙습니다! _4330님

성동구는 이제 살 만한데 서울시도 어떻게 안 될까요..? _5565님

몰라 그냥 응원해 _0146님

성동구 토박이입니다. 어느새 뒤돌아보니 저만 성장한게 아니라 성동구도 함께 성장해 있더라고요. 이렇게 성동구에 사는게 자랑스러운 적은 없었습니다. _1960님

성동구민의 92.9%가 '만족'했습니다. 《매우 만족, 정원오입니다》는 성동의 변화와 활력을 지켜본 독자들에게, 정원오 구청장이 최고 책임자로서 어떤 원칙과 철학으로 '만족할 만한' 행정을 이끌어왔는지를 담담하게 보여주는 책입니다. 소통과 주민 친화적 행정을 중심에 둔 성동의 12년을 기록한 이 책은, 자치구가 더욱 활발히 기능하는 미래를 향해 첫걸음을 내디딜 수 있는 실질적인 길잡이가 되어줄 것입니다. _4123님

함께 살아보니, 정치인이 아니라 진정한 행정가였던 구청장님. 덕분에 계시는 동안 성동구에 사는게 편안했습니다. 가지마.. 가야해.. 가지마.. 아쉬움을 남기며 어디서든 응원하겠습니다. _8980님

2018년부터 6년 동안 성수1가에 거주하며, 저는 제 청춘의 한 부분을 성동구의 전성기와 함께 보냈습니다. 그 시절의 성수는 단순한 주거지가 아니라, 도시가 어떤 방향으로 성장해야 하는지 직접 체감할 수 있었던 곳이었습니다. 성수1가의 상권은 뚝섬역 교차로를 기준으로 서울숲 상권과 뚝섬역 상권으로 나뉩니다. 제가 살았던 곳은 서울숲 상권이었는데, 이 지역은 다른 핵심 상권들과 분명한 차별점을 가지고 있었습니다. 바로 누구나 아는 대형 프랜차이즈가 단 하나도 없는, 오롯이 독립 카페와 지역 기반의 소규모 상점들로 이루어진 상권이라는 점입니다. 이러한 환경 덕분에 경쟁력 있는 로컬 브랜드들이 자연스럽게 성장했고, 지역 주민들은 일상 속에서 높은 수준의 문화·상업적 혜택을 누릴 수 있었습니다. 이는 프랜차이즈를 배척하기 위해 만들어진 인위적 조치가 아니라, 지역 소상공인을 보호하고 상권의 고유한 개성을 지키기 위한 전략적 선택이었습니다. 결과적으로 '성수'라는 이름 자체가 하나의 브랜드가 될 수 있었던 핵심 요인이기도 합니다. 저는 이것이 정원오 구청장님의 깊은 고민과 확고한 철학 아래 가능했다고 생각합니다. 구청장님은 변화의 파도를 빠르게 좇는 것이 아니라, 지역의 고유함과 잠재력을 지켜내며 지속 가능한 발전을 만들어가는 데 집중하셨습니다. 그 뚝심 있는 가치 판단이 있었기에 성수는 지금 외국인에게도 사랑받는 글로벌 로컬 명소로 성장할 수 있었습니다. (물론 주민의 입장에서는 늘 복잡해지는 동네가 조금은 아쉽기도 하지만요.) 행정에는 '좋아 보이는 정책'보다 '좋은 도시를 만드는 의지'가 더 중요하다고 믿습니다. 지난 12년간 성동구를 이끌어온 정원오 구청장님의 일관된 철학과 실천이 그 증거이자, 이 책이 더욱 기대되는 이유입니다. 성동구가 앞으로도 '사람이 중심이 되는 도시'로 성장하길 진심으로 응원합니다. _1462님

안녕하십니까, 30년을 넘게 나고, 자라온 성동구민입니다. 거두절미하고 드리고 싶던 말이 있었습니다. 근 12년간 성동구는 정말 많은 변화를 겪었습니다. 공사 단지와 폐건물, 레미콘 공장 등으로 칙칙하고 먼지가 자욱이 날리던 성동구는 정말이지 밝고 청량함이 가득한 아름다운 지역으로 변화를 맞이할 수 있었습니다. 일 잘하는 구청장이 있기에 어디 가서든 자랑스럽게 성동구를 호평하며 말하고 다닐 수 있었고 스마트한 도시로 성동구의 이름을 알릴 수 있었습니다. 늘 어디서든 귀 기울여주시고, 일 잘 하는 "우리 구청장님이 최고다"라고 할 수 있게 해주신 정원오 구청장님의 노고에 늘 감사드립니다. _2432님

옆동네에 삽니다. 지나갈 때마다 부러워서 구청장님 뺏고 싶었는데 서울시 공동으로 사용하는 걸로 통크게 쏘겠습니다. 우리 꼭 사용해봐요. _4259님

휴대전화 번호까지 공개하며 구민 한 사람 한 사람의 작은 불편에도 직접 귀 기울여온 '생활밀착 행정가'의 진심이 이 책의 모든 페이지에 따뜻하게 스며 있습니다. 12년이라는 시간 동안 성동과 성수동의 변화를 가장 가까운 현장에서 이끌며 주민의 목소리를 흔들림 없이 정책으로 옮겨온 발자취가 이 책에 솔직하고 생생하게 담겨 있습니다. 성동구에 자리잡은지 7년 차인 한 명의 구민으로서 매일의 일상 속에서 달라진 동네와 행정을 몸으로 느껴온 만큼, 이 책을 꼭 많은 분들이 함께 읽어주시길 진심을 다해 추천합니다. #성동에살아요 _6339님

안녕하세요 정원오 구청장님. 12년 전 시골 청년이 서울 상경하여 지금은 성동구 송정동에 아이 둘 키우며 행복한 나날을 보내고 있습니다. 제가 살아가는 성동구에서의 날들이 구청장님의 12년 역사와 함께 성장하는 걸 직접 보면서, 한 사람의 생각과 정책 방향이 구민들에게 이렇게나 많은 영향을 끼칠 수 있

구나 생각합니다. 구청장님의 고심과 뚝심 그리고 리더십이 좀 더 많은 분들에게 닿길 바라며 앞으로의 구민, 시민들의 삶에도 살기 좋은 도시, 나라로 번영되길 희망합니다. _1869님

성동구는 30년 넘게 지내며 제가 성장한 곳이에요. 그런 이곳에서 결혼도 하고 너무도 사랑스러운 아이를 만난 게 엊그제 같은데 벌써 초등학교 입학까지 하니 감회가 새롭습니다. 임신부터 출산, 양육까지 성동구의 적극적인 도움은 잊지 못할 거에요. 성동구의 변화를 직접 피부로 느낄 수 있었고 지역 사회의 소중함을 알게 되었답니다. 아이의 월령에 따른 놀이터인 장난감세상, 아이와 이동 시 꼭 필요했던 스마트 정류소, 등하교 걱정을 덜어준 워킹스쿨버스, 중랑천 가족 나무심기 등, 아이의 성장과 가족 사랑에 도움 되는 밀접한 정책은 자연스럽게 성동에 대한 자부심이 되었습니다. 성동구에 계신 저의 든든한 여러 육아 동지분들 고맙습니다. 저 혼자서는 못 키웠을 거에요. 그리고 정원오 구청장님 고맙습니다. 성동구, 앞으로도 함께 아이들 잘 키워주세요^^ _4448님

제기 성인이 되고 이렇게 훌륭한 구청장님을 접한 건 처음입니다. 앞으로 서울시장으로 추천하기 위해 다방면으로 노력중 알게 되어 응원과 추천의 글을 작성합니다. 시민이 우선이어야 시민에게 맞는 올바른 행정이 나온다! _4169님

이론으로만 배웠던 꿈의 지방자치, 성동구에 살면서 현실로 배웠습니다. 아이부터 어른까지, 그 누구도 소외받지 않도록 신경써주시는 성동구청장님 덕분에 항상 성동구는 발전하고 또 발전했던 것 같습니다. 타 구민의 부러움을 받는 성동구민으로서 우리 구가 항상 자랑스럽기도 했습니다. 12년 동안 너무 고생 많으셨고, 앞으로는 더 큰 미래를 위해 도전해주시길 부탁드립니다. _7812님

2000년에 금호동으로 이사왔습니다. 정 구청장님의 12년만큼 다른 구청장님들의 성동구를 경험했었습니다. 아직도 기억납니다. 신금호역 가는 버스가 눈에 밀려서 승객이 다 내려 차를 밀던 시절. 금남시장서 금호역 투명한(?) 보행 도로에서 차들, 오토바이들과 함께 춤추던 기억. 겨울에 언덕에 미끄러지고, 장마철 범람을 걱정하고, 무더운 날 버스 기다리기 지치고, 싱크홀 뉴스에 걱정하던 기억. 많은 공장과 집들이 부서지고 서울 어느 곳이나 풍경처럼 건물들이 올라갈 때도, 내가 사는 곳은 꿀벌통의 애벌레 방 하나 같았던 시절. 구청 같은 건 공과금을 내거나 서류 뗄 때 떠올리는 거였습니다. 그런데 지난 12년 동안은 서울만큼이나 내가 성동구에 산다는 걸 피부로 느끼게 됐습니다. 겨울철 내리막길에 열선으로 눈이 녹아 있고, 장마철엔 노심초사하지 않고, 코로나 때 주민뿐만 아니라 일하는 분들까지 세심하게 챙겨주시는 것에, 국가통신망에 불이 나도 은행보다 자세한 상황을 알 수 있었던 것에, 살다 다쳤을 때 생활안전보험을 떠올릴 수 있던 것에, 길 갈 때나 건널 때나 버스 기다릴 때나 안전을 느끼는 것에. 무엇보다, 내 동네서 불안하고 불편한 걸 접할 때 어디다 얘기할 수 있는지 알게 됐습니다. 몇 년 전 선거에선, 정치는 모르지만 이런 행정이 구청 자리를 무슨 큰 높은 분들 따라 전리품처럼 챙기는 게 아니길 간절히 바라며 소중한 한 표를 찍었습니다. 솔직히, 연임 제한 규정때문에 딴 데 가신다고 하더라도 성동구 챙겨주시길 바라는 이기적인 맘이 앞서기도 합니다. 하지만, 일전엔 구 경계만 건너도 느낄 수 있는, 성동구만의 색다른 풍경, 색다른 행정에 은근히 지인들 사이에서 성동구민인게 자랑스러웠다면, 이젠 이 동네서 해결책 나오면, 다른 동네서도 금방 퍼진다는 것에, 벌집통 오가는 것이 아니라, 동네 살며 가꾸는 데 함께 한단 즐거움을 느낍니다. 그래서 구를 넘어 성동구에서 경험하셨던 것 바탕으로, 또 많은 문제들 파악하고, 해결하시고, 무엇보다 더 안전하고, 덜 싸우고, 동네 가꾸는 모범에 대해 많은 분들이 이 책을 통해 많이들 아시길 바랄 뿐입니다. _7163님

매우 만족, 정원오입니다

초판 1쇄 인쇄일 2025년 12월 9일
초판 1쇄 발행일 2025년 12월 17일

지은이 정원오

발행인 조윤성

편집 구민준 **디자인** 김효정 **마케팅** 최기현
발행처 ㈜SIGONGSA **주소** 서울시 성동구 광나루로 172 린하우스 4층 (우편번호 04791)
대표전화 02-3486-6877 **팩스(주문)** 02-598-4245
홈페이지 www.sigongsa.com / www.sigongjunior.com

글 ⓒ 정원오, 2025

이 책의 출판권은 ㈜SIGONGSA에 있습니다. 저작권법에 의해
한국 내에서 보호받는 저작물이므로 무단 전재와 무단 복제를 금합니다.

ISBN 979-11-7125-885-7 (03330)

*SIGONGSA는 시공간을 넘는 무한한 콘텐츠 세상을 만듭니다.
*SIGONGSA는 더 나은 내일을 함께 만들 여러분의 소중한 의견을 기다립니다.
*잘못 만들어진 책은 구입하신 곳에서 바꾸어드립니다.

WEPUB 원스톱 출판 투고 플랫폼 '위펍' __wepub.kr
위펍은 다양한 콘텐츠 발굴과 확장의 기회를 높여주는
SIGONGSA의 출판IP 투고·매칭 플랫폼입니다.